古典文獻研究輯刊

十五編

潘美月・杜潔祥 主編

第 19 冊

殷墟考古發掘與甲骨文研究（上）

朱彥民 著

國家圖書館出版品預行編目資料

殷墟考古發掘與甲骨文研究（上）／朱彥民　著 — 初版 — 新
北市：花木蘭文化出版社，2012〔民 101〕
目 8+248 面；19×26 公
（古典文獻研究輯刊 十五編；第 19 冊）
ISBN：978-986-322-002-2（精裝）
1. 殷墟文物　2. 甲骨文　3. 文物研究
011.08　　　　　　　　　　　　　　　　101015068

ISBN-978-986-322-002-2

9 789863 220022

古典文獻研究輯刊
十五編　第十九冊　　　　　ISBN：978-986-322-002-2

殷墟考古發掘與甲骨文研究（上）

作　　者　朱彥民
主　　編　潘美月　杜潔祥
總 編 輯　杜潔祥
企劃出版　北京大學文化資源研究中心
出　　版　花木蘭文化出版社
發 行 所　花木蘭文化出版社
發 行 人　高小娟
聯絡地址　新北市永和區中正路五九五號七樓
　　　　　電話：02-2923-1455／傳眞：02-2923-1452
網　　址　http://www.huamulan.tw 信箱 sut81518@gmail.com
印　　刷　普羅文化出版廣告事業
初　　版　2012 年 9 月
定　　價　十五編 26 冊（精裝）新台幣 42,000 元

殷墟考古發掘與甲骨文研究（上）

朱彥民　著

作者簡介

朱彥民（1964 ），男，河南浚縣人。歷史學博士，教授，博士生導師，南開大學歷史學院先秦史研究室主任、中國社會史研究中心研究員，中國殷商文化學會副會長，北京大學中國書法研究院兼職教授。主要研究甲骨學與殷商史、先秦社會生活史。出版有《殷墟都城探論》、《巫史重光——殷墟甲骨文發現記》、《商族的起源、遷徙與發展》、《甲骨文精粹選讀》、《甲骨文精粹釋譯》等學術著作，在《歷史研究》、《中國史研究》等刊物上發表學術論文九十餘篇。

提　　要

　　本書是一部全面綜述與詳盡評介殷墟甲骨文發現與研究的學術史著作。與以往的甲骨學史著作不同的是，本書立意注重殷墟考古的資料新發現不斷推動甲骨學研究的深入與發展的歷程，充分揭示了殷墟考古發掘與甲骨學研究之間的密切關係。在殷墟科學考古發掘之前，甲骨文就通過村民私掘與外人盜掘，逐漸流佈於世，成為世人珍重的古董文物。但是傳世的甲骨文材料因為不是科學考古發掘而來，再加上由於輾轉流徙致使甲骨片支離破碎，猶如「斷爛朝報」，不能很好地服務於學術研究，使得甲骨學長期處於緩慢發展甚至於停滯狀態。1928 年之後，通過考古學家們對殷墟遺址的科學發掘，使得出土的甲骨文資料具有了非常詳盡的信息，包括有出土地點、地層關係和伴出之物等相關數據，使得殷墟甲骨文成為非常可靠的科學的信史資料。如此，甲骨學家在這些考古材料的科學研究基礎之上，將長達二百七十多年的殷墟甲骨文進行分期斷代，還原其本來所在的時代、王世甚至各自不同的組系，這樣不僅使得這些甲骨文資料有了明確的時代歸屬和王世譜系，而且更能夠作為可以信賴的第一手史料，發揮其在復原研究殷商社會歷史文化方面的積極作用。可以說，殷墟甲骨文研究的每一次較大的進境，無不是在殷墟考古發現新材料之後產生的。這不僅包括甲骨文分期斷代、分組分系，而且也包括甲骨文字的考釋、甲骨碎片的綴合、甲骨資料的著錄、商代卜法的溯源、殷易歸藏的揭示、占卜制度的推測、商代歷史的復原、社會觀念的探索等等。該書不僅綜述殷墟甲骨文長達百餘年研究的歷史，而且對殷墟之外的諸如大辛莊甲骨、西周甲骨等的發現與研究，也多有涉及，以期反映甲骨學研究範圍的擴展趨勢。不僅對中國大陸與港臺學者的甲骨文研究學術貢獻多有詳細總結與高度評價，稱道先賢，褒揚時俊，而且對於外國學者之於斯學的學術成就也不掩其美，探隱鈎玄，多所闡揚。努力追求材料翔實，介紹準確，立論公允，評述客觀，意在為中國百年甲骨學研究歷程提供一個平實而可信的學術史文本。

紀念張永山先生

目

次

本書附錄與附表

圖目錄

第一章　世紀之末的驚人發現

一、龍骨的神奇

在彰德府（今河南省安陽市老城）西北郊五華里許，有個很不起眼的村子，叫小屯村。村落不大，祇有幾十戶人家。一條曲曲彎彎的洹河在村子的北邊從西向東流過，到村子的東北角忽而又折向南流。綠水環繞，景色秀麗，自古以來就是一塊風水寶地。

說這話時，已到了晚清的光緒年間。這時，村裏出了個剃頭匠，名叫李成。李成從祖上繼承了這「頭面事業頂上功夫」，每日裏走鄉串街，為人剃頭刮臉，也很是辛苦，掙不了幾個錢。

據說有一年，李成生了一場大病。先是患瘧疾，人拉的肌瘦面黃。窮人家得病，哪裏捨得花錢吃藥，多是硬扛著。等瘧疾好了，由於長時間躺臥，渾身長滿了褥瘡，流膿帶血，又疼又癢，連馬甲都沒法穿到身上。村裏一個上了年紀的讀書人給李成建議，到村邊河岸弄些古骨片來，研碎成末，抹在瘡上，興許能好。無奈之中的李成，祇好去試試，沒報多大希望。

然而不曾料想，這辦法還真的管用。骨末抹到身上，不到一袋煙功夫，身上就覺得乾爽了許多。抹了不幾天，膿瘡漸漸地消平了。苦了李成一冬天的病就這樣給治好了。李成自然要磕頭燒香，感謝神靈菩薩的保祐。

說起河邊那些成堆的古骨片，可算是小屯村的一件稀罕事。村民春秋天犁田耕作，總能在地裏翻出一些骨片來。而別的村子卻少有這種情況發生。

這些骨片，既不像人骨，又不像家養牲口骨頭，而且有些上面還有些橫七豎八的刻劃道道兒。看到骨頭，人們總覺得是件不祥之事。但見得多了，也就習以爲常。不過令人反感的是，遍地的骨頭，妨礙了莊稼活兒的勞作。村民們一見到骨頭，就順手把它們扔到田埂上。田埂上積得多了，爲了方便來往走道，就一筐筐地攏到洹河岸邊的灘地上。日子久了，河邊的古骨片堆得像一座座小山似的。有人用它來墊路上的水坑，有人用它填枯井，還有人把它捶爛，拌上人糞尿，當肥料撒到田地裏。

誰曾想到，這些多少年來沒用的爛骨頭，也能當藥治病！

從此，李成那一頭熱的剃頭挑子上，多了一個裝骨頭末的小箱子。除了給剃頭時掛了彩的顧客止血外，還沿街叫賣這種刀尖藥，爲人治療跌打創傷。後來，李成乾脆放棄了剃頭手藝，改行專賣刀尖藥。各村臨鎮逢三隔五的廟會，李成都要前去趕集，像賣老鼠藥一樣擺攤吆喝，還割破手指，當場表演骨末止血的神奇。當然，價錢賣得很低，幾乎是給錢就賣。

沒有集會可趕的時候，李成等人就到田裏、河邊去揀那些大片成型的骨片，聚攏來拿到府城裏去賣。一開始，中藥鋪也不肯收購。待到李成當場表演了骨片的療傷效果後，藥鋪掌櫃這纔意識到，這些骨片可能就是中藥裏罕見的一味：「龍骨」。於是就以六文制錢一斤的價格收購。對那些刻有道道兒的「龍骨」，認爲不吉利，不願收買。於是村民用刀把那些道道兒削去纔能賣掉。後來見得多了，就覺得這是「龍骨」上本身長就的東西，不再刮削，店家也照收不誤。〔註1〕

小屯村民在農忙之餘，也都揀些「龍骨」片，送到藥鋪中換錢。藥鋪低價買進，稍作加工，或直接轉手倒賣，即可獲得暴利。

其實，「龍骨」治病並不是小屯村人的發明。早在漢代的醫書《傷寒論》、《金匱要略》中，已將它列入方劑。到了明代，著名的醫藥學家李時珍作《本草綱目》時，就把「龍骨」的藥理、藥性、藥用、藥效作了詳盡的論述。「龍骨」可以治療男子陰虛、女子漏下、小兒驚癎、傷寒痢疾、老瘧腹瀉、創傷出血等六十多種醫家視爲棘手的疑難病症。〔註2〕「龍骨」幾乎就是一付神奇的包治百病的靈丹妙藥。

「龍骨」本是一種遠古時代的大型爬行動物如三趾馬的骨骼化石，當是

〔註1〕 明義士：《甲骨研究》，齊魯大學石印本，1933年版。
〔註2〕 李時珍：《本草綱目》第十四卷「鱗部」。

一種很堅硬的東西。小屯村出土的這種骨片，雖具有一定的藥用功效，但它稍研即碎，肯定不是「龍骨」化石。因爲北方「龍骨」少見，就是醫家也很少見到眞的「龍骨」。小屯古骨片也就被誤認作「龍骨」了。

彰德府城中藥鋪和中藥行**裏**的「龍骨」積累得多了，就會派人用麻袋裝了運往河北省的安國縣。那裡是華北最大的藥材集散地，又是中國近現代著名的中藥材批發市場之一。小屯出土的「龍骨」，就是通過這裡發散到全國各地去。

幾百年中，小屯「龍骨」有多少被病人吃掉，醫好了多少疑難病症，恐怕無人能夠說得清楚。

二、祭酒的傳說

人吃「龍骨」，終於有一天吃出了問題。

據傳，前清末葉的光緒二十五年（1899 年），國子監祭酒（相當於國立大學校長）王懿榮先生生病，請名醫看過開了處方，派家人到宣武門外菜市口一帶的達仁堂藥店買了藥。在煎藥服藥時，王懿榮看到了藥味中被稱做「龍骨」的龜版，看到了龜版上那些未被刮削乾淨的刻劃道道兒的痕跡。王懿榮不僅是個達官，也是一個學問深湛的古文字學家。他覺得這不是什麼「龍骨」，而是一種被遺失的古代文字。他馬上派人到京城中所有的中藥店去，買回了全部的「龍骨」。通過研究，他發現這些「龍骨」上的刻劃道道兒是早於周代吉金銘文的另一種篆籀文字，而「龍骨」正是商代人們用來占卜的卜骨和卜甲，是所謂的殷人典冊。〔註3〕這就是流傳甚廣的關於甲骨文發現的故事。

王懿榮（1845～1900），字正孺，號廉生、蓮生。山東福山（今山東省煙臺市福山區）人。光緒六年進士，入翰林院，以翰林學士擢侍讀，自光緒十五年至二十六年，曾三任國子監祭酒，《清史稿》有傳。著有《漢石存目》二卷、《南北朝存石目》八卷、《天壤閣雜記》一卷、《翠墨園語》等書。爲清末著名的古器物收藏家和金石學家。

〔註3〕 汐翁：《龜甲文》，《華北日報・華北畫刊》第 89 期，1931 年版；明義士：《甲骨研究》，齊魯大學 1933 年石印本。

圖 1-1 　清國子監祭酒王懿榮遺像

　　王懿榮因病吃藥發現甲骨文一事，近年來頗引起學者們的爭議。這個故事本身也確實有不少細節值得推敲。如其一，小屯村民將「龍骨」賣到中藥店時，全都將上面的刀刻筆道刮削去掉，上面有字的龍骨被認為不吉祥，中藥店不收的；其二，中藥店賣藥多是把藥材研成粉末狀而不是賣成塊的藥，王懿榮不可能見到整塊的龜版；其三，清朝光緒年間的宣武門外菜市口一帶還沒有達仁堂藥店，菜市口附近倒是有一個非常有名的中藥店，但名字不叫達仁堂，而是從明代就有的西鶴年堂；其四，當時王懿榮家在王府井四眼井一帶的錫拉胡同，與宣武門外菜市口隔著皇城，不能穿行，繞城步行要走一天，王府井附近就有藥店，王家沒有必要走那麼遠去買藥等等。因此也就有人懷疑王懿榮的首先發現之功。

　　如今經過眾多甲骨學家的多方考證，得出結論：在京城中最早發現並收藏甲骨文的學者確實是王懿榮，時間在 1899 年（光緒二十五年）的秋天。這一結論的最有力證據就是當時和稍後一些學者對此事的記載。如劉鶚《鐵雲藏龜》自序說：「庚子歲有范姓客，攜百餘片走京師，福山王文敏公懿榮見之狂喜，以厚價留之。後有濰縣趙君執齋得數百片，亦售歸文敏。」〔註4〕羅振玉《殷商貞卜文字考》自序：「光緒己亥，予聞河南之湯陰發現古龜甲獸骨，其上皆有刻辭，為福山王文敏公所得，恨不得遽見也。」〔註5〕王國維也稱：

〔註 4〕　劉鶚：《鐵雲藏龜》，抱殘守缺齋石印本，1903 年 11 月版。
〔註 5〕　羅振玉：《殷商貞卜文字考》，玉簡齋石印本，1910 年版。

甲骨「初出土後，濰縣估人得其數片，以售之福山王文敏懿榮（聞每字銀四
兩）。文敏秘其事，一時所出，先後皆歸之。」〔註6〕羅振常《洹洛訪古遊記》
亦記：「後村人得骨，均以售范。范亦僅售與王文敏公，他人無知者。」〔註7〕
王懿榮的次子王漢章也曾回憶說：「估取骨之稍大者，則文字行列整齊，非篆
非籀，攜歸京師，爲先公述之，先公索閱，細爲考訂，始知爲商代卜骨，至
其文字，則確在篆籀之前，乃异以重金，囑令悉數購歸。」〔註8〕

　　那麼，王懿榮吃藥發現甲骨文的故事到底是否可信呢？我們認爲，此事
既不可據爲史實，也不可一概否定，可在一定程度上作爲學術研究的參考資
料。因爲據史料記載，王懿榮確曾於 1899 年秋生過一場大病，而當年他就發
現並開始收購甲骨文。〔註9〕甲骨文進入京城，也正是作爲「龍骨」被買進中
藥店的。據著名學者周紹良先生云，當時「龍骨」在中藥店都是成塊、成片
出售的，直到三十年代他到中藥店買「龍骨」還是這樣。至於達仁堂藥店當
時確實不在荣市口，但荣市口有家著名的西鶴年堂中藥店，當時的人很迷信
西鶴年堂，買中藥都要去西鶴年堂藥店，這也有可能是當時誤傳造成的結果。
〔註10〕所以說，王懿榮吃藥發現甲骨文的傳說或者有其事實的影子，祇不過
故事的情節不宜指實，一指實就可能與事實有出入了。

　　王懿榮在不長的時間**裏**，搜集到了 1500 多片甲骨。由於王懿榮是京城中
著名的文物鑒賞家和金石學者，位居高官的他如此收藏「龍骨」，這使得京城
中的大小文物商販認識到，王大人所收藏的這種「龍骨」一定是一種價值非
常之高的文物，於是大家紛紛倣仿，四處搜購。這纔引起世人對此物的重視。
據有些學者認爲，王懿榮在大量收購和鑒藏的基礎上，基本弄清了甲骨文的
時代和性質：甲骨文是商代的占卜文字。〔註11〕

　　這是一個了不起的發現。殷商時代的文字資料、第一手的史料，在湮沒
了三千多年後突然發現，在十九世紀末，立即震驚了國內外的學術界。甲骨
文的發現和確認，與「敦煌經卷」、「流沙墜簡」、「大內檔案」等新史料的發

〔註6〕　王國維：《最近二三十年中中國新發現之學問》，《學衡》第四十五期，1925
　　　　年版。
〔註7〕　羅振常：《洹洛訪古遊記》，上海蟫隱廬書店石印本，1930 年版。
〔註8〕　王漢章：《古董錄》，《河北第一博物院畫報》1933 年第五十期。
〔註9〕　呂偉達：《甲骨文之父——王懿榮》，山東畫報出版社 1995 年 12 月版。
〔註10〕　周紹良觀點見於《中國文物報》1997 年 3 月 16 日第四版來信。
〔註11〕　王漢章：《古董錄》，《河北第一博物院畫報》1933 年第五十期；王宇信：《建
　　　　國以來甲骨文研究》，中國社會科學出版社 1981 年版，第 3、8 頁。

現一起，成爲中國近代文化史上重要的「四大發現」。

但是，歷史沒有給王懿榮以機會和時間，讓他把由他發現的這種古代文字深鑽細研，讓他把由他開創的這一新的事業發揚光大。1900年，也就是他發現甲骨文的第二年，八國聯軍開進了北京。慈禧太后攜光緒皇帝倉皇西逃，王懿榮臨危授命，做了京師團練大臣，負責防守和保衛北京城。王懿榮乃是一介文官，哪有帶兵經驗。況且，京城駐軍互不協統，缺乏鬥志。炮聲一響，清軍一轟而散。王懿榮費盡心機，也無力迴天。聯軍不費吹灰之力，強佔了北京城。王懿榮聽著滿街的槍炮聲、哭喊聲，自覺有辱使命，義不苟生，就奮身投井，自溺身亡。

王懿榮不屈外強的民族氣節與愛國情懷，受到了後人的懷念與景仰；他以淵博的金石學識和精審的古物鑒定經驗，參與了最早發現甲骨文的學術活動，所以有學者賦予了他「甲骨文之父」〔註12〕的稱號。

三、秀才的慧眼

王懿榮吃藥發現甲骨文一事看似偶然，其實內中蘊涵了很大的必然性。乾嘉學派的學術研究，一直影響了整個清代的學風，包括音韻學、訓詁學、文字學在內的「小學」的發達，經典文獻的整理，古代典章制度的考證，三代器物及其銘文的研究，都爲清代學者能夠發現殷商甲骨文做了知識的準備，並打下了堅實的基礎。如果不是王懿榮，其他學者也會確認出這種古代文字。這祇是遲早的事。

有史料表明，在王懿榮發現甲骨文的同時或者更早一點時間，天津的兩位讀書人孟廣慧、王襄也認出了這種古文字。對於這一點，世人很少知道，因此，很值得一提。

早在清光緒二十四年（1898年）秋季的某一天，濰縣古董商人范壽軒（字維卿）在天津兜售古器物。王襄（字綸閣）家是天津有名的世宦名門，又是大收藏家，所以范壽軒像往常一樣來到王襄家裏。此時王襄家中，正有幾位志趣相投的朋友聚會，著名的書法家孟廣慧（字定生）也在座。酒席上，范壽軒說起他在河南某地見到田裏出土刻字古骨頭，被村民當作藥材「龍骨」賣到中藥店裏；有些「龍骨」呈條狀，上面的刻劃既像是字，又不同於吉金

〔註12〕呂偉達：《甲骨文之父——王懿榮》，山東畫報出版社1995年12月版。

文字。他懷疑這是不是古董，沒敢收購。這時，孟廣慧說：「這東西可能是古代簡冊。」催促他下次再來時，帶些來看看。

　　第二年的秋天，范維卿果然帶來了一百多片甲骨，寓居在天津老城西門外大街的一個馬姓客棧中。王襄等人聞訊趕到那裡，在簡陋的小店客房中，他們見到了曾認為是「古簡」的甲骨文。這時可能已是王懿榮在北京發現甲骨文之後了，所以要價很高。大骨片以字計價，一個字一兩銀子，一塊龜骨竟然索價十幾兩銀子。其他前來觀看的人，有的是學者，有的是古董商，看到所謂甲骨原來是如此鏽蝕不堪、品相極差的東西，又要價特高，都紛紛搖頭，退出了客棧。祇有王襄、孟定生知道這些不起眼的玩意的價值，可他們都是清寒的秀才，拿不出很多錢來，但又確實喜歡這種新出的文字材料。不得已，王襄祇是忍痛挑買了些字少價賤的碎片。孟定生設法湊到一筆錢，花了幾十兩銀子買到十幾片。范維卿見這些甲骨片在天津真的賣不出去，就把剩下的甲骨帶到了北京，賣給了王懿榮。〔註13〕

〔註13〕關於此事，王襄先生在其文中反覆言之，如在其文《題所錄貞卜文冊》（《河北博物館半月刊》第三十二至三十三期，1933 年版）中稱：「前清光緒己亥年，河南安陽縣出貞卜文。是年秋，濰賈始攜來鄉求售。巨大之骨，計字定值，字償一金。一骨之值，動即十數金。鄉人病其值昂，兼之骨朽脆薄，不易收藏，皆置而不顧。惟孟定老世叔與予知為古人之契刻也，可以墨跡視之。奔走相告，竭力購求，惜皆寒素，力有不逮，僅於所見十百數中獲得一二，意謂不負所見，藉資考古而已。後聞人云，吾儕未購及未見之品，盡數售諸福山王文敏公矣。」又如在《題易穭園殷契拓冊》（《河北博物館半月刊》第八十五期，1935 年版）中云：「殷契始發見……當發見之時，村農收落花生果，偶於土中撿之，不知其貴也。濰賈范壽軒輩見而未收，亦不知其貴也。范賈售古器物來余齋，座上訟言所見。鄉人孟定生世叔聞之，意謂古簡，促其詣車訪求。時則清光緒戊戌冬十月也。翌年秋，攜來求售，名之曰龜板，人世知有殷契自是始。甲骨之大者，字酬一金。孟氏與余皆困於力，未能博收。有全甲之上半，珍貴逾他品，聞售諸福山王文敏公。」又《簠室殷契》（王襄 1955 年著，王翁如整理發表，《歷史教學》1982 年第 9 期）云：「世人知有殷契，自公元一八九八年（即前清光緒二十四年）始。濰友范壽軒售古器物來言，河南湯陰出骨版，中有文字，徵詢吾人欲得之否？時有鄉人孟定生共話，極慫恿其往購，且言欲得之。孟氏意此骨版為古之簡策也。翌年十月范君來，告以得古骨版，期吾儕到彼寓所觀覽。彼寓西門外馬家店。店甚簡陋，土室壁立，窗小於竇，炕敷葦席。群坐其間，出所謂骨版者，相共摩挲。所見大小不一，沙塵滿體，字出刀刻。既定其物，復審其文，知為三古遺品。與之議定價格，骨之巨者一字一金，小以塊計值。孟氏與襄皆寒士，各就力所能得者，收之而已。所餘之骨版，據云盡售諸王廉生，得價三千金，言之色喜。售王之骨版，使人不能忘情者，即全龜之上半，完整無缺，當時群以為大寶也。」

王襄雖然這次買到的甲骨很少，但他從范估的包袱裏，看到了甲骨片分龜甲、獸骨兩種類型，而且從骨片的「卜」、「吉」等字，推斷這是上古三代的占卜之物。但他這時還沒有確定甲骨文是商代後期的占卜文字。〔註 14〕這就是說，在王懿榮之前，孟定生、王襄等人在未見到實物的情況下，已經猜到了是古代的簡冊。而在與王懿榮發現甲骨文的大致同時，王襄已基本認出了這種古老的文字，弄清了它的用途和性質。

圖 1-2　天津學人孟定生、王襄遺像

過去說到甲骨文的發現，論者多是祇提王懿榮，而對孟廣慧、王襄等人較早發現並研究甲骨文的事實大大地忽略了。這當然是不全面、不科學的。從三十年代到五六十年代，王襄連續發表論文和聲明，介紹他較早發現並收藏甲骨的情況。由此我們可以說，王襄、孟定生也是早期發現甲骨文的學者之一，過去那種將甲骨文的發現祇歸功於王懿榮的做法，應該改改了。

不過，近年來學術界一些學者有一種傾向性的觀點，那就是：天津人首先發現了殷墟甲骨文，王襄是最早確認出甲骨文的學者，並且把甲骨文發現的時間提早了一年，定在 1898 年。〔註 15〕我們從現有的材料來看，這一說法並不正確。因爲沒有任何證據可以表明，甲骨文的發現可以提早一年。王襄等人在 1898 年秋在沒見到甲骨實物時的推測，不能算是眞正的發現。我們祇能這麼說，1899

〔註 14〕王襄：《殷契墨本選集序》，《歷史教學》1982 年第五期。

〔註 15〕孟世凱：《殷墟甲骨文簡述》，文物出版社 1981 年 11 月版；王翁如：《甲骨是天津人發現的》，《天津日報》1983 年 4 月 3 日；李先登：《也談甲骨文的發現》，《光明日報》1983 年 11 月 5 日；王臣儒：《首先識得甲骨文的學者》，《人民日報》（海外版）1987 年 1 月 25 日等等。

年秋，王懿榮在北京發現了甲骨文，大約同時或者更早一點時間孟廣慧、王襄等人也在天津發現了甲骨文。他們都是殷墟甲骨文的發現者和早期收藏者。

後來，孟廣慧摹寫甲骨文中之精美的文字，首開甲骨文著錄摹寫本的先河；他又將甲骨文筆意筆法運用到書法創作之中，取得了極大的成就，成為首先將甲骨文引入書法藝術的書法家。王襄在極其艱苦的條件下，堅持收集和研究甲骨文，出版了《簠室殷契類纂》和《簠室殷契徵文》兩部甲骨學著作。《類纂》是甲骨學史上第一部甲骨字典，而《徵文》一書著錄了大量彌足珍貴的早期甲骨材料。王襄可以說取得了較大的學術成就，成為甲骨學發展史上較有影響的早期甲骨學家。

四、甲骨的由來

甲骨文，一種刻契在龜甲和獸骨上的占卜文字，是我國目前發現的時代最早的有系統的古代文字。甲骨文中出土最多也最為典型的是殷墟甲骨文，即主要發現於河南省安陽市小屯村的殷墟遺址的商代後期的文字。殷墟商代晚期甲骨文之外，還分別在山東桓臺史家遺址發現了岳石文化甲骨文，在河南鄭州二里岡遺址發現了商代早期甲骨文字，在山東濟南大辛莊遺址發現了商代晚期的甲骨文字，還分別在河南鄭州洛達廟、山西洪趙坊堆、陝西岐山鳳雛、扶風齊家、強家、河北邢臺南小汪、北京昌平白浮、房山琉璃河、鎮江營等地遺址中，先後發現了西周時代的甲骨文。當然，這些發現於殷墟遺址之外的甲骨文，數量少且不成規模，其文字細微，刻寫粗糙，無論從何種角度而言，都無法與殷墟甲骨文字相媲美。

其實，殷商時代的文字種類很多，按所承載這些文字的質料，可分為玉文、石文、陶文、金文、甲骨文，而當時主要通行或主要使用的文字形式，應該是契刻或書寫在竹木質地或絹帛質地上的簡書與帛書等，祇不過這些商代的簡帛文字因為質料的問題無法保存長久，今天我們無法見到而已。而刻契在龜甲獸骨上的甲骨文字，因為質地的堅硬而僥幸保存下來，發現的最多，也最典型，從而成為今人釋讀殷商時代的社會歷史和思想行為的珍貴材料。

那麼，為什麼會有甲骨文這種形式的文字材料出現呢？簡單地說，這是與古代人們鬼神迷信觀念和占卜行為模式密切相關的。上古民族於愚昧、懵懂之時，沒有明確、科學的決策模式，大凡行事多是通過各種各樣的形式，求助於冥冥之中的天帝、鬼神的旨意，這就是占卜。「卜以決疑，不疑何卜？」

（《左傳》桓公十一年）占卜之術就是用來「決嫌疑，定猶豫」（《禮記‧曲禮上》）的。這是春秋戰國之時人們對占卜的一種解釋。但是對於此前的我國早期先民們來說，占卜之術並非僅僅局限於「決嫌疑，定猶豫」，而是當時人們的一種極其普遍的習慣性的思維模式和行爲模式。人們時時卜，事事卜，甚至一事多卜，占卜成了人們日常生活中必不可缺的一項重要事情。有些事情是問諸鬼神的，有些事情則是自然會發生的，他們也要占卜。所以這個意義上的占卜，就不是「決嫌疑」一詞可以概括的了。

從我國境內的考古發現資料來看，占卜術是新石器時代在各地各部族中就已經產生的一種生活習俗。〔註 16〕占卜的形式也多種多樣，其中有一種占卜就是利用動物的骨頭如牛、羊、豬、鹿骨做材料，以某種占卜儀式來判斷吉凶禍福、休咎泰否。這種習俗如今仍然還保留在我國的一些少數民族的日常活動中。〔註 17〕

〔註 16〕 中央研究院歷史語言研究所編著：《城子崖》，第 86 頁，表十九，《中國考古報告集》之一，1934 年版；石璋如：《骨卜與龜卜的探源——黑陶與白陶的關係》，《大陸雜誌》，第 8 卷第 9 期，1954 年版；尹達：《中國新石器時代》，三聯書店 1955 年版；甘肅省博物館：《甘肅武威皇娘娘臺遺址發掘報告》，《考古報告》1960 年第二期，第 59 頁；中國科學院考古研究所洛陽發掘隊：《河南偃師二里頭遺址發掘簡報》，《考古》1965 年第 5 期；中國科學院考古研究所甘肅工作隊：《甘肅永靖大何莊遺址發掘報告》，《考古》1974 年第二期，第 38 頁；劉淵臨：《卜骨的攻治技術演進過程之探討》，《中央研究院歷史語言研究所集刊》，第四十六本第一分冊，1974 年版；朱天順：《中國古代宗教初探》，上海人民出版社 1982 年版；中國社會科學院考古研究所編：《新中國的考古發現和研究》，第 93 頁，文物出版社 1984 年版；李亨求：《渤海沿岸早期無字卜骨之研究——兼論古代東北亞諸民族之卜骨文化》，《故宮季刊》，第 16 卷第 1～3 期，1982 年版；《渤海沿岸之甲骨文化與韓國之甲骨文化》，《國際甲骨學學術討論會》，第 45～50 頁，韓國淑名女子大學校中國學研究所，1995 年版；中國社會科學院考古研究所山東發掘隊等：《山東牟平趙格莊遺址》，《考古學報》1986 年第 4 期；張秉權：《甲骨文與甲骨學》，第 31 頁，臺北國立編譯館 1988 年版；河南省文物研究所長江流域規劃辦公室考古隊河南分隊：《淅川下王崗》，第 200 頁，又圖版五三‧8，文物出版社 1989 年版；謝端琚：《中國原始卜骨》，《文物天地》1993 年第 6 期；又宋鎮豪：《夏商社會生活史》，第 515～517 頁，中國社會科學出版社 1994 年版；中國社會科學院考古研究所甘青工作隊：《甘肅武山傅家門史前文化遺址發掘簡報》，《考古》1995 年第 4 期；荒木日呂子：《中國新石器時代的卜骨及其社會意義》，中國殷商文明國際學術研討會論文，山東桓臺，1997 年 8 月；岡村秀典：《商代的動物犧牲》，參見中國社會科學院考古研究所編：《殷墟發掘 70 週年學術紀念會論文》1998 年版。

〔註 17〕 汪寧生：《雲南永勝縣他魯人的羊卜骨》、《彝族和納西族的羊卜骨》，《民族考古學論集》，文物出版社 1989 年版，第 233～258 頁。

　　《禮記‧表記》:「殷人尊神,率民以事神,先鬼而後禮。」歷史發展到商代,迷信觀念越來越強,骨卜風氣愈演愈烈。商代人們十分迷信,認爲世界上的一切存在,都是上天的安排,人們的舉止言行都要聽憑鬼神的旨意。所以,殷商時人時時刻刻都在占卜,有時一卜多事,甚至一事多卜,即同一事情反覆占卜。事無鉅細,都要進行占卜。根據甲骨文材料集大成的著錄書《甲骨文合集》所做的分類,當時占卜的內容約分四大類二十二小類,幾乎包羅了當時政治、經濟、軍事、文化的各個方面。〔註 18〕但更多的內容是對當時被認爲是「國之大事」的戰爭、祭祀、田獵等內容的占卜記錄。

　　商代人們利用動物骨頭(主要是牛肩胛骨和龜腹甲)怎樣占卜?如今恐怕已難以復原其眞。但不少學者還是利用古代文獻的記載,結合發現甲骨的形狀,再參證少數民族的有關材料,對商代的占卜程序做了較爲合理的推測與考證。〔註 19〕

圖 1-3　占卜龜甲與牛肩胛骨

　　占卜之前,先將用於占卜的牛肩胛骨和龜腹甲進行整理加工。以龜卜而

〔註18〕郭沫若主編、胡厚宣編輯:《甲骨文合集》第一冊,中華書局 1982 年 10 月版。
〔註19〕董作賓:《大龜四版考釋》,《安陽發掘報告》第三期,1931 年版;張秉權:《甲骨文的發現和骨卜習慣的考證》,《中央研究院歷史語言研究所集刊》第三十七本下冊,1967 年版,第 855 頁;陳夢家:《殷虛卜辭綜述》,科學出版社 1956 年版,第 10 頁。

言，是先將龜解剖，取下腹甲，塗以牛血，稱爲「釁龜」。然後將龜甲磨製成一定的形狀，並去掉膠質，使它光滑、美觀。牛肩胛骨則削去骨臼的右上角，並將骨棱削平磨光。這樣甲骨質料就算準備好了，可備占卜之用。

當有事要占卜時，就要在甲骨的背面先施以鑽、鑿。一般先鑽後鑿。施鑽是在甲骨背面鑽一圓坑，施鑿是挖一呈棗核狀的長槽，鑽、鑿上寬底窄，一鑽一鑿相配成對，位置垂直。再把燃燒的小碳球放在鑽鑿之中，由於施過鑽鑿的地方較薄，經過火灼，遵循熱脹冷縮的物理原理，自然要在這些地方迸裂。於是在甲骨的正面便出現了相應的裂紋。鑿處的紋路是直的，裂紋較粗，稱做「墨」，也叫兆幹。鑽處的紋路是橫的，裂紋較細，稱做「坼」，也叫兆枝。坼紋較長，又分爲首、身、足三部分：靠近墨的部分稱做坼首，末端爲坼足，而中間的部分即是坼身。負責占卜的貞人正是根據這些兆紋的走向、長短、清晰與否等情況來判斷所占卜之事的吉凶禍福、可行與否的。據說，坼紋的仰首、斂足之相，就是吉兆；反之，坼首上開，內外交駭，坼身折節，就是凶兆。卜師根據占斷的吉凶，決定或提出對某件事可行與否、做與不做的意見。

占卜之後，商代的習俗是要對所占卜的事情記錄下來，以備以後核對應驗之用。記錄的形式即是用青銅刀將占卜的情況契刻在甲骨的正面。契刻的內容包括占卜的日期、地點、負責占卜的貞人、所占問的事由、吉凶的判斷以及後來的應驗結果，分別被稱作敘辭、命辭、占辭、驗辭等。如：「癸未卜，殼貞：旬亡禍？王占曰：有祟，其有來艱。迄至五日丁酉允有來艱自西。沚啟告曰：土方征於我東鄙，哉二邑。舌方亦侵我西鄙田。」（《甲骨文合集》6057）大意是：某年某月的癸未這一天，由一個名叫殼的貞人占卜今後一旬十天的安危禍福。商王武丁親自依卜兆而判斷，認爲可能會有災難的事情發生。過了五天到了丁酉這一日，果然有災難的事情來自西方。駐守西部邊境的將領沚啟向朝廷報告說，敵對方國的土方進攻了商王朝邊境上的東鄙，摧毀了兩個村邑。另一個敵對方國舌方也侵略了邊境上的西鄙村邑。這是一條完整的卜辭，內容是關於武丁時代的一場重要的戰爭。

當然，除了占卜之辭外，甲骨文還包括一些記事刻辭、干支表和家世譜系等。

這就是學術界發現的商代甲骨文的來歷。

第二章　聖地殷墟的十年追尋

一、估人的功過

　　客觀地說，古董商人在甲骨文的發現過程中，有其不可替代的作用，也有其不可饒恕的罪過。

　　說到古董商，人們往往認為他們一身銅臭，奸詐貪婪。確實如此，古董商以販賣文物為生，無意於文物的保護和學術的研究。所以古董商中不乏巧取豪奪、坑蒙拐騙的可惡之人。

　　但對古董商也要一分為二地看待。如果沒有他們的活動參與，許多珍貴的文物就會繼續埋沒而不被發現，散落民間而任其自然損蝕或人為破壞。不管古董商的動機如何，經過他們之手，一些文物被收藏家買去而得到珍藏，一些原來不知為何物的古代器物被幸運地發現。因此客觀地講，古董商的活動也有其收集文物、發現文物、保護文物的積極作用。

　　在甲骨文發現過程的早期階段，古董商的介入，也是使甲骨由藥材而變為古董、由古董而變為文物的重要促進因素。因為古董商不同於其他類型的商人，他們除了有經營的頭腦之外，還具備一定的文物（或古董）知識和歷史常識，而且比別人更具有較強的文物（或古董）收藏意識。當他們看到彰德府藥店中收購採自小屯的「龍骨」上竟然有字道刻劃時，很可能就意識到了這不是一般的藥材，而是一種可待價而沽的古董。一些高明的古董商往往有較多的文物認定經驗，但他們缺少的是學術研究的能力。山東古董商范維卿就是這樣一個古董商。他攜帶「龍骨」北上，即表明他有這種想法而不能

肯定，他要到文化和學術水平較高的大都市去找學者鑒定。如果說王懿榮因病吃藥發現甲骨文的故事出於偶然（這個故事本身的不經推敲及令人懷疑之處已見前述），那麼，古董商把「龍骨」當作古董，學者、收藏家因古董收藏而發現甲骨文的說法，則顯得比較自然合理，即古董商把藥材的「龍骨」變為古董的「龍骨」，學者再從古董的「龍骨」認作文物的甲骨文。這恐怕是以賺錢為目的的古董商范維卿輩所始料未及的。

但是古董商忘不了的是贏利賺錢。正是為了賺錢，古董商把甲骨高價賣給了外國人使得這種珍貴文物流向國外，造成很大的損失，至今不能物歸原主，這是他們不可饒恕的罪過。也是為了賺錢，當學者發現了這種埋沒了幾千年的古代文字並高價收買時，古董商為了獨專其利，壟斷甲骨銷售行情，絕不肯告訴學者們甲骨的真實出土地。收藏家收藏古物時，都喜歡問清古物的出處。在買家的不斷追問下，古董商不得已，就故意聲東擊西，說出一些錯誤的地名來蒙騙這些收藏家，生怕買家自己派人去出土地直接收購，搶了生意，砸了自己的飯碗。甚至他們對同行也指東道西，搪塞敷衍。

所以除了范維卿等幾個少數去過彰德府小屯村的古董商，這時大多數人並不知道甲骨的確切出土地。

二、學者的猜疑

早期的甲骨收藏家，也多是坐在家裏等待商人上門兜售，沒有人去出土地察看。他們大都聽信了古董商的謊言。所以一時間，關於甲骨文的出土地有許多互相矛盾的說法。

1、河南湯陰小商屯說

一些早期甲骨學家，都認為甲骨文出自河南湯陰縣境內。如王漢章言稱其父王懿榮從古董商處得知甲骨文出自河南湯陰小商屯。「回憶光緒己亥、庚子間，濰縣估人陳姓，聞河南湯陰縣境小商屯地方出有大宗商代銅器……乃親赴發掘處查看，見古代牛骨龜版，山積其間。」〔註1〕湯陰縣城以東有一個叫「商城」的村子，縣城以南有一村叫侯小屯，並沒有叫「小商屯」的地方。

2、湯陰羑里城說

更多的學者相信，甲骨文出自湯陰的羑里城。如劉鶚在《鐵雲藏龜》自

〔註1〕 王漢章：《古董錄》，《河北第一博物館畫報》第 50 期，1933 年版。

序云：甲骨出土「在河南湯陰縣屬之古牖里城」。〔註2〕孫詒讓在《契文舉例》
敘中也說：「邇年河南湯陰古羑里城掊土得古龜甲」。〔註3〕日本學者林泰輔和
富岡謙藏也都相信甲骨出土於湯陰和湯陰羑里城。〔註4〕羑里城是古文獻記載
的殷紂王囚拘周文王及周文王演易的地方，在湯陰縣城以北約十里處。據當
地的文物管理部門調查，這是一處厚達 7 米的古文化遺址臺地，遺物及遺址
時代自龍山文化時代持續到殷周之際。〔註5〕現在，此地已被作為「周易」的
發源地而妥善地保護起來。但此處從來沒有發現過甲骨文。

3、河南衛輝說

著名甲骨學家羅振玉在知道甲骨的確切出土地之前，也曾相信甲骨出土
於河南衛輝的說法。如在其《集蓼集》云：「估人諱言出衛輝。」說明范維卿
曾以衛輝為甲骨出土地哄騙過其他古董商或羅氏本人。衛輝今為縣級市（原
汲縣），地在黃河以北，北距安陽二百餘里。此地周圍雖然多有商文化遺跡遺
物零星發現，但尚未發現商代甲骨文。

4、淇縣朝歌說

美國傳教士方法斂從濰縣古董商人手中購買甲骨。但他問及甲骨的出土
地時，古董商騙他說出在古城朝歌，他深信不疑。所以在他所寫的論文《中
國原始文字考》中，聲言甲骨文於「1899 年衛輝附近的古朝歌城故址」發現。
〔註6〕據文獻記載，淇縣朝歌是殷紂王時的都城。當地也有不少關於殷紂王的
傳說，縣城周圍也有一些關於殷紂王的城牆、宮殿、鹿臺、墓葬等「古跡」。
考古工作者曾對這些綫索做過調查發掘，也發現過相當於商代末年的具有都
城規模和性質的遺跡遺物，〔註7〕然而此地從未發現過甲骨文。

5、河南洛陽說

更有甚者，竟然有人相信甲骨文出土於河南的洛陽。據記載，封疆大吏

〔註2〕　劉鶚：《鐵雲藏龜》，抱殘守缺齋石印本，1930 年 10 月版。

〔註3〕　孫詒讓：《契文舉例》，上海蟬隱廬石印本，1927 年版。

〔註4〕　林泰輔：《清國河南省湯陰縣發現之龜甲牛骨》，《史學雜誌》第二十編，第
　　　　8、9、10 期，1909 年版；富岡謙藏：《古羑里城出土龜甲之說明》，《史學研
　　　　究會演講集》第三集，1910 年 7 月版。

〔註5〕　安陽市文化局：《安陽風物攬勝》，1984 年版。

〔註6〕　方法斂：《中國原始文字考》，《卡內基博物館報告》第 4 期，1906 年版。

〔註7〕　金安槐：《湯陰朝歌發現龍山和商代等文化遺址》，《文物參考資料》1957 年
　　　　第 5 期。

端方曾把自己收藏的甲骨作為禮品送人,還用錦盒子盛放著,盒子上寫著「洛陽出土」的字樣。〔註8〕可見端方也是受到了古董商的蒙騙。洛陽固然是九朝古都,夏商周三代遺址、遺跡有很多的發現,而且多數是周代以後的遺存,但到目前為止,這裡還沒有發現商代甲骨文字的材料。

就這樣,雖然甲骨文已經發現,已經面世,人們關於它的時代、性質、內容、形式、文字等的認識越來越清晰,但是學者們卻無從知曉甲骨文的確切出土地。這種局面一直持續到1908年羅振玉訪求、考證出確切出土地。而此時已上距甲骨文發現的時間達十年之久了。

三、羅氏的探究

1906年羅振玉開始了他的甲骨收藏。起初,他也相信了范維卿的謊言,曾說:「光緒己亥,予聞河南之湯陰發見古龜甲獸骨,其上皆有刻辭。」〔註9〕後來,可能是羅氏看到了關於甲骨文的出土地各家說法不一,就懷疑這是古董商搞的鬼。在他的《五十日夢痕錄》中就直接斷言范某所說的話是「詭言」:「……龜甲獸骨,濰縣范姓估人始得之。亡友劉君鐵雲問所自出,則詭言得之湯陰。」〔註10〕

為了找到甲骨文的真正出土地,為了擺脫古董商的騙局,羅振玉下決心要探究這一奧妙。有人曾將羅氏探訪甲骨出土地的過程演繹為一個曲折動人外加香豔色情的故事:說是羅氏訪知最早販賣甲骨的是古董商人趙執齋,而趙執齋有個側室,這個姑娘在她娘家開了個百貨鋪。羅氏就派自己的一個英俊健僕去勾引這個姑娘。健僕得手之後,順利地從她那裡套出了真話。〔註11〕這個故事當然不會是真的。因為這種說法從來不見於各家的記載,羅氏作為一個大學者,也不會出此下作的計策。而且,最早販賣甲骨的是濰縣范維卿而不是趙執齋。不過它說明了為了達到這一目的,羅氏確實下了工夫,費了周折。

工夫不負有心人。經過數年多方的察訪探尋,羅氏終於在1908年的一天套出了范維卿的實話:甲骨的出土地在河南省彰德府洹水之濱的小屯村,即今天的安陽市西郊鄉小屯村。此事被他記錄在一本書的序言**裏**:「光緒戊申,予既訪

〔註8〕 陳夢家:《殷虛卜辭綜述》第十二章「附錄」,第651頁,中華書局1988年版。
〔註9〕 羅振玉:《殷商貞卜文字考》,玉簡齋石印本1910年版。
〔註10〕 羅振玉:《五十日夢痕錄》,《雪堂叢刊》1915年版。
〔註11〕 王德**恒**:《殷墟甲骨歷劫記》第十節,《人民日報》「海外版」1988年7月2日。

知貞卜文字出土之地爲洹濱之小屯，是語實得之山左估人范某。」〔註12〕

在其另一本書的序言**裏**，羅振玉進一步地考證，由甲骨文的出土地而對甲骨文的時代和性質作了正確的推斷：「……並詢之發見之地乃在安陽縣西五里之小屯，而非湯陰。其地爲武乙之墟。又於刻辭中得殷帝王名諡十餘，乃恍然悟此卜辭者，實爲殷室王朝之遺物。其文字雖簡略，然可證史家之違失，考小學之源流，求古代之卜法。」〔註13〕

實際上，羅氏作此判斷，依據的主要是唐宋以來安陽小屯一帶被稱爲「河亶甲城」的記載。我們說，這個記載是個歷史的誤會。羅氏也未在此問題上詳加追究，但他由此對甲骨文的斷定是大致正確的，具有劃時代的意義。

這是羅振玉先生對甲骨文發現和研究的第一大貢獻。正如一位古文字學家所評論的那樣，「把甲骨出土的地點考證出來，是羅振玉主要成績」〔註14〕之一。甲骨文確切出土地小屯被考證出來，對於甲骨學來說，至少有以下幾個方面的重要意義：其一，是減少了甲骨文材料的損失，有利於研究工作的開展。古董商出售甲骨，爲了求得善價，多收集骨大字多的片，而片小字少者往往棄而不顧。羅氏早已注意到了這一點並深深爲之惋惜，他說：「古卜用龜，輔之以獸骨，骨大龜小。賈人但取其大者，每遺龜甲不取。實則龜骨均有異字，必須兼收並蓄……苟非羈於職守，吾將至其地盡量收之，雖龜屑莫遺。」〔註15〕有了這種意識，在當時確屬難能可貴。知道了甲骨文的確切出土地之後，羅振玉就是在這一思想的指導下進行甲骨文的收購的，這使得許多字少片小的甲骨不致再遭到毀滅，從而提供了不少「有新異之字者」，資料的完整性得到了保證，對於學術研究極其重要。其二，是擴大了甲骨文的搜求，爲甲骨學研究提供了更多的資料。從此，學者的收藏不再是僅僅通過中藥店和古董商，而且也可以直接派人到小屯大量收購。羅振玉就曾三番五次地派遣自己熟悉和信賴的古董商到安陽專門爲他採辦甲骨，一年之中，所獲甲骨超過了一萬片。後來還在 1911 年春天派了自己的胞弟羅振常和妻弟范**恒**齋到安陽，直接向小屯村民大事收購。〔註 16〕如此在很短的時間**裏**，羅振玉搜羅到四五萬片的甲骨。這成了他此後著錄和考釋甲骨文字的主要材料。其

〔註12〕　羅振玉：《殷墟古器物圖錄》，影印本 1916 年 4 月版。
〔註13〕　羅振玉：《殷商貞卜文字考》，玉簡齋石印本 1910 年版。
〔註14〕　戴家祥：《甲骨文的發現及其學術意義》，《歷史教學問題》1957 年第 3 期。
〔註15〕　羅振常：《洹洛訪古遊記》，上海蟬隱廬石印本，1936 年版。
〔註16〕　羅振常：《洹洛訪古遊記》，上海蟬隱廬石印本，1936 年版。

三，擴大了殷墟甲骨文以外出土文物的搜求，爲考古學研究積累了材料。安陽小屯一帶，自宋代以來，就有出土大量青銅器的記載。甲骨文發現之後，村民也往往在挖掘甲骨之時，從地下翻出其他文物來。羅振玉在收購甲骨文資料的同時，也十分注意搜集其他器物資料，曾專門著錄成一書《殷虛古器物圖錄》，〔註 17〕搶救、保護和積累了大量的研究資料，對後來的考古學研究，也是一項很有意義的工作。其四，考證出甲骨文的出土地在小屯，對確定小屯村爲商代晚期都城和甲骨文爲商代後期王室遺物的研究也具有重要意義。其五，甲骨文出土地的確定，對後來的殷墟遺址的科學發掘，埋下了伏筆，爲全面揭開殷商歷史文化的眞相拉開了序幕，因而具有重要歷史意義。〔註 18〕

圖 2-1　《洹洛訪古遊記》書影

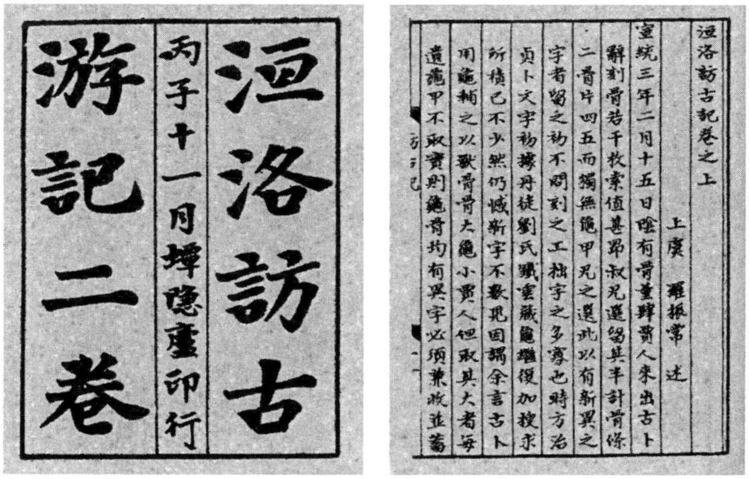
洹洛訪古
游記二卷
丙子十一月蟫隱廬印行

洹洛訪古記卷之上
上虞　羅振常　述
宣統三年二月十五日陰有骨董肆賈人來出古卜
辭刻骨若干枚索值甚昂叔兄選留其半計骨條
二骨片四五而獨無龜甲兄之選此以有新異之
字者留之初不問刻之工拙字之多寡也時方治
貞卜文字初據丹徒劉氏鐵雲藏龜繼復加搜求
所積已不少然仍憾新字不數見因囑余言古卜
用龜輔之以獸骨骨大龜小賈人但取其大者每
遺龜甲不取實則龜骨均有異字必須兼收並蓄

羅振玉不僅首先訪知甲骨文的出土地，考證出小屯爲殷商之舊墟，而且還於 1916 年夏天親赴安陽小屯實地勘察。這是中國學者第一次來到甲骨文的出土地進行踏訪。在此前後，他曾不止一次地談到要「買地洹陽」，卜居殷墟，現場發掘，盡搜材料。這與其他收藏家和學者僅從古董商手中收集甲骨材料的做法明顯不同。結合他的收集甲骨材料不分大小片、注意甲骨的同時也兼顧其他文物材料，這都說明羅振玉已經具備了現代考古學的基本觀念和初步意識。所以我們說，羅振玉是中國近代考古學的先驅，尤其對於殷墟田野考

〔註 17〕羅振玉：《殷虛古器物圖錄》，影印本 1916 年 4 月版。

〔註 18〕王宇信：《甲骨學通論》第 47～51 頁，中國社會科學出版社 1989 年 6 月版。

古和甲骨學研究來說，羅氏的努力探索為之打下了基礎，意義非常深遠。

四、殷墟的考證

就在羅振玉探訪出甲骨文出土地不久，他還考證出甲骨文出土地安陽小屯村一帶就是晚商都城，就是《史記・項羽本紀》等文獻記載的「洹水南殷墟」。具體來說，就是商朝從武乙歷文丁、帝乙三個商王時期的都城遺址。〔註19〕（他開始說此地是「武乙之墟」，其實不僅僅是武乙之墟。後來的考古發掘和進一步的研究表明，此地也不僅是武乙、文丁、帝乙三王時代的商代都城，而且是自盤庚遷殷至殷紂王亡國 273 年整個商代後期的政治、宗教、文化和軍事中心。這正是 3000 年前武王伐紂後被毀棄的殷商故都。）這更為甲骨文是商代後期王室遺物的時代判斷提供了佐證。

其實，河南安陽小屯一代早在西周、春秋、戰國和秦漢時代就被稱作「殷墟」，只不過由於後來的行政區劃的影響而被誤改稱他名。在此有必要對「殷墟」這段沿革歷史作一回顧與考辨。

《史記・宋微子世家》：「其後，箕子朝周，過故殷墟，感宮室毀壞，生禾黍，箕子傷之……乃作麥秀之詩以歌詠之。」箕子是殷商王室的宗親貴族、殷紂王的叔父。在殷商王朝滅亡之後，作為殷商王朝的遺民退居到朝鮮自立為王，但在名義上他還接受西周王朝的統治，是西周王朝的臣民。《史記》此記正是他在商朝滅亡、周朝建立之後的第四年，從朝鮮到西周王朝的都城洛陽去朝拜，經過故國都城時的所見所感。昔日繁華的都城不見了，原來的都城之地已經種上了麥田，一派荒郊野外的淒涼景象。這就難怪心懷亡國之痛的箕子要感慨萬千，歌哭《麥秀之詩》了：「麥秀漸漸兮，禾黍油油。彼姣童兮，不與我好兮！」這說明在西周初年，殷都遺址就已經是一片廢墟，略無遺存了。實際上也正是如此。中國古代的國家就是「城」，「城」就是國家。建國就是封土築城，滅國就是毀其都城遷其宗廟。一個國家一旦城破廟毀，就算亡國了。縱觀世界上古征服歷史，大率如此。中國上古三代也莫不如此，商代作為一個城邦國家更是如此。周人一欲滅商取而代之做天下的盟主，既滅其國，又怎能不毀其城焚其廟呢？據說周人遷走了大量象徵國家權力、宗廟社稷的商王室的禮器。扒毀其都城，焚燒其建築當然是自然之事了。這些

〔註19〕羅振玉：《殷虛書契》自序，《國學叢刊》第一輯，1911 年版。

商周興衰之際的破壞與掠奪，除了箕子無奈的《麥秀之詩》所透露的些許資訊之外，在由周王室史官所記錄的歷史文獻中，幾乎找不到任何影子。但仍可以在殷墟遺址的考古發現資料中找到重要綫索。在三十年代殷墟小屯的考古發掘中，考古工作者在宮殿區中發現了大量的柱爐、銅築件經火後遺留的殘銅珠和紅燒土。〔註20〕這當是殷墟都城焚毀於商周之際的明證。

《左傳》定公四年：「分康叔以大路、少帛、綪茷、旃旌、大呂，殷民七族：陶氏、施氏、繁氏、錡氏、樊氏、饑氏、終葵氏。封畛土略，自武父以南，及圃田之北竟，取於有閻之土，以供王職；取於相土之東土，以會王之東蒐。聃季受土，陶叔受民，命以康誥，而封於殷虛。皆啓以商政，疆以周索。」這是「殷墟」地名第一次在古代文獻中出現。分封康叔的事件發生在武庚叛亂、周公東征之後。周滅商朝之後，爲了安撫殷商遺民，便於統治這一新的殖民地區，周武王分封殷紂王的兒子武庚祿父在殷地建國，並派蔡叔、霍叔和管叔作爲「三監」來監督武庚的治國。不久，三叔不滿於周公在武王死後的獨霸朝政，與殷王子武庚祿父串通起來發動了叛亂。周公東征，平定了叛亂，再一次蕩夷了殷地的城邑。之後，又把武王之弟康叔分封到了這裡建立了衛國。《尚書·康誥》和《史記·衛康叔世家》也記載了這一分封的情況。然而此「殷墟」是否就是安陽殷墟都城遺址，學術界尚有爭論。不過我們認爲，《左傳》中的「殷墟」就是安陽殷都遺址，西周時康叔受封衛國於此，或許後來纔改朝歌爲衛。因爲關於康叔分封的古代文獻（包括《尚書》、《左傳》和《史記》等書）都是說因「殷地」以封康叔治理殷民，從來沒有說明是分封在朝歌。祇是到了晉代杜預爲《左傳》做注時纔指「殷墟」爲「朝歌」，而且並沒有什麼根據。《史記·衛康叔世家》也祇是說：「以武庚殷餘民封康叔爲衛君，居河淇間故商墟。」「商墟」即「殷墟」。而朝歌正在淇河之上，與「河、淇之間」的「殷墟」地理位置描述不相合。安陽殷墟小屯的地理位置在淇河以北，又在古黃河之西，正可以說是在「河、淇之間」。

西晉太康元年，汲郡（今河南汲縣，即衛輝市）一帶一座戰國墓中發現了大批竹簡，爲戰國時魏國史官書寫。經過當時的學者們的整理而集結成《汲冢古書》，其中的《竹書紀年》一書記載：「盤庚自奄遷於北蒙，曰殷墟，南去鄴三十里。自盤庚徙殷至紂之滅，七（『七』當爲『二』之誤）百七十三年更不徙

〔註20〕石璋如：《殷虛最近之重要發現附論小屯地層》，《田野考古報告》第二冊，商務印書館1947年版。

都。」（《史記・殷本紀・正義》引）《史記・項羽本紀・集解》也引作：「《汲冢古文》曰：盤庚遷於此汲冢曰殷墟，南去鄴三十里。」兩處所引雖略有出入，但大同小異。其中《史記・殷本紀・正義》所引是一條人們常引的證據，用以說明殷都地望、位置和殷都積年。《竹書紀年》未經秦火的焚燒和漢儒的篡改，所記當有所本。這也表明，至少可以說，直到戰國時人們還知道這裡是盤庚所遷的殷都。鄴城以南三十里地正是洹河小屯「殷墟遺址」，位置非常明確。安陽小屯的「殷墟遺址」正是自盤庚遷都之來此直到殷紂王滅國的商代後期都城。

　　到了漢代司馬遷撰《史記》，多次提到「殷墟」這個地名，但位置說得最為明確的是《項羽本紀》：「章邯軍棘原，項羽軍漳南，相持未戰……章邯使人見項羽，欲約……項羽乃與期洹水南殷墟上。」是說楚漢戰爭之前，勇冠諸侯的西楚霸王與秦王朝的大將章邯鏖戰於河北的漳水流域一帶。章邯不敵楚軍，要求向項羽投降。兩位將軍就相約在「洹水南殷墟上」見面談判。明言「殷墟」在「洹水南」。如今的小屯殷墟遺址正在洹河的南岸。古文獻中的「殷墟」與今天的殷墟遺址的地理位置又一次相吻合。《史記》中另一處提到的「殷墟」地名，即是《史記・宋微子世家》中箕子所過的「故殷墟」了。以司馬遷的嚴謹，這兩處所言的「殷墟」所指應該一致，是盤庚所遷而被周人毀掉的殷商後期都城。

　　之後又有不少文獻提到「殷墟」，其中有些也明確指明了「殷墟」的位置、性質及歷史沿革。

　　北魏酈道元《水經注》卷四「洹水注」：「洹水出上黨泫氏縣，水出洹山。山在長子縣也。東過隆慮北……又東北出山，過鄴縣南，洹水出山，東經殷墟北。《竹書紀年》曰：盤庚即位，自奄遷於北蒙曰殷。昔者項羽與章邯盟於此地矣。」酈氏於此也引《竹書紀年》和《史記》關於「殷」和「殷墟」的記載，旨在說明洹水以南的「殷墟」就是殷商的舊都。

　　唐代李泰《括地志》卷二「相州・安陽縣」：「相州安陽本盤庚所都，即北蒙殷墟，南去朝歌百四十六里。」其下也引《竹書紀年》語（即《史記・殷本紀・正義》所引者），以證實所言是實。李吉甫《元和郡縣圖志》記「相州」：「《禹貢》冀州之域。又為殷盤庚所都，曰殷墟。項羽與章邯盟於洹水南殷墟是也。」也相信此地是故「殷墟」，是殷商時代的盤庚「殷都」。

　　在此之後的文獻中，仍多有關於「殷墟」的記載，只不過把商代都城「殷墟」誤指為「河亶甲城」了，以為是商代中期之王河亶甲所遷的「相都」。實

際上，這是個錯誤。「河亶甲居相」之都在今天的河南省內黃縣境內。《括地志》：「故殷城在相州內黃縣東南十三里，即河亶甲所築都之，故名殷城。」河亶甲都相之地不在安陽殷墟小屯，之所以有如此誤認，是由於北魏以來在安陽設立了相州，一直延續到唐宋。關於安陽更名相州的由來，《元和郡縣圖志》有這麼一段記載：「後魏孝文帝於鄴立相州。初，孝文帝幸鄴，訪立州名，尚書崔光對曰：『昔河亶甲居相，聖皇天命所相，宜曰相州。』孝文帝從之。」原來相州名稱因「河亶甲居相」而立，這就難怪人們以相州安陽之「殷墟」為河亶甲之相都了。其實，細究崔光之語，也不能算錯。內黃彼時也屬於鄴之轄地，為鄴地更立州名，以內黃之河亶甲相都名之，也無不可。祇是從此以後，安陽成了相州，就使人們產生一個錯覺，河亶甲所居之相都必在設立相州的安陽。安陽的殷墟遺址也就因之而被誤認作河亶甲城了。後世學者不審史籍而競相沿襲，遂成訛說。

宋王應麟《通鑒地理通釋》：「安陽縣本殷墟，所謂北蒙者，亶甲城在西北五里四十步，洹水南岸。」呂大臨《考古圖》著錄殷墟出土的青銅器：「乙鼎，河南文潞公藏，得於鄴郡亶甲城……亶甲觚，河南王氏藏，得於鄴亶甲城。足跡罍，得於鄴，聞此器在洹水之濱亶甲墓旁得之。」

南宋羅泌《路史》：「河亶甲古城在安陽西北五里；亶甲冢在城外西北隅洹水南岸。」

元納新《河朔訪古記》：「安陽西北五里四十步洹水南岸河亶甲城，有冢一區，世傳河亶甲所葬之地也。」元大德八年立商王廟在安陽古城東南隅，樂著撰寫碑文記河亶甲之功德，說殷十二代之王河亶甲始都於此。〔註21〕

明代崔銑《嘉靖彰德府志‧地理志》：「今府城外西北有開元寺，寺後有亶甲冢，冢在洹水南岸。有故城，曰畿城，一曰亶甲城，周回四十步，高一丈五尺，又有地曰商亭城。」

清代嘉慶《安陽縣志》卷十三「古跡志」對殷墟作了較多的記載，所徵引的古籍達二十多種，可以說是對殷墟記載的一次全面總結。但由於受「河亶甲城」說法的影響，對殷墟遺址的具體位置和時代、性質並沒有一個明確的交待。

〔註21〕 參見楊寶順：《商王廟碑記》，《中原文物》1984 年第 2 期。該廟始建於漢魏之際，本為祭祀盤庚而建。到了金元之時，世人不知該商王廟為盤庚廟，因為安陽為河亶甲所都居之相，遂將商王廟中所奉祀的神位之名由盤庚改為河亶甲。

總之，自北魏以來，「河亶甲城」之說興盛，古代文獻中關於「殷墟」的記載被漸漸地淹沒、忘卻。一些書籍中記載的所謂「河亶甲城」，也祇是記其大體位置、所出器物和地表遺跡。由於沒有進行科學的考古發掘，一直未能深究其性質、年代和文化內涵。這種情況一直持續到殷墟甲骨文被發現之後，纔有了轉機。由羅振玉先生首先考證出甲骨文的出土地是「殷商都城」，被埋沒了千年之久的「殷墟」終於又重見天日。

圖 2-2　《殷商貞卜文字考》書影

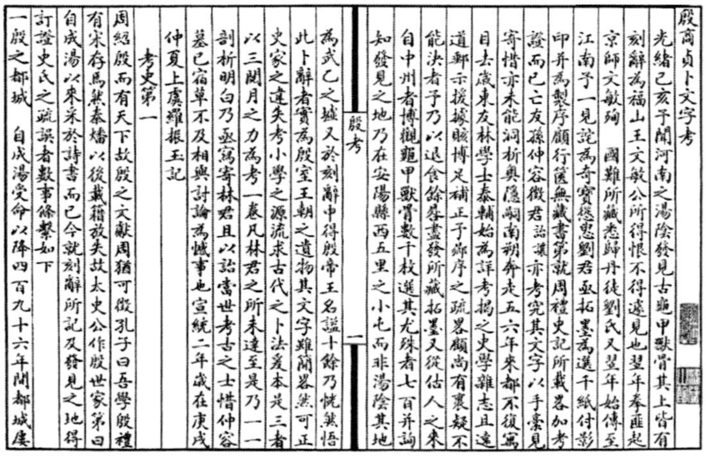
殷商貞卜文字考
光緒己亥予聞河南之湯陰發見古龜甲獸骨其上皆有
刻辭為福山王文敏公所得恨不得遽見也翌年拳匪起
京師文敏殉　國難所藏悉歸丹徒劉氏又翌年始傳至
江南予一見詫為奇寶慫恿劉君亟拓墨為選千紙付影
印并為製序顧行篋無藏書第就周禮史記所載略加考
證而已亡友孫仲容徵君詒讓亦考究其文字以手稾見
寄惜亦未能洞析奧隱嗣南朔奔走五六年來都不復寓
目去歲東友林學士泰輔始為詳考揭之史學雜志且遠
道郵示援據賅博足補正予曩序之疏略顧尚有裹疑不
能決者予乃以退食餘晷盡發所藏拓墨又從估人之來
自中州者博觀龜甲獸骨數千枚選其尤殊者七百并詢
知發見之地乃在安陽縣西五里之小屯而非湯陰其地
殷考　一
為武乙之墟又於刻辭中得殷帝王名謚十餘乃恍然悟
此卜辭者實為殷室王朝之遺物其文字雖簡略然可正
史家之違失考小學之源流求古代之卜法爰本是三者
以三閱月之力為考一卷凡林君之所未達至是乃一一
剖析明白乃亟寫寄林君且以詒當世考古之士惜仲容
墓已宿草不及相與討論為憾事也宣統二年歲在庚戌
仲夏上虞羅振玉記
考史第一
周緫殷而有天下故殷之文獻周猶可徵孔子曰吾學殷禮
有宋存焉然秦燔以後載籍放失故太史公作殷世家第曰
自成湯以來采於詩書而已今就刻辭所記及發見之地得
訂證史氏之疏誤者數事條繫如下
一殷之都城　自成湯受命以降四百九十六年閒都城屢

但是羅振玉先生的考證並不徹底。他先是考證說洹水殷墟爲武乙之墟，〔註 22〕其後，又考訂「洹水殷墟，舊稱亶甲；今證之卜辭，則徙於武乙，去於帝乙。」〔註 23〕祇是認定了安陽出土的甲骨是限於武乙、文丁、帝乙三世之物，並不認爲《竹書紀年》所稱的「自盤庚至殷紂王都城」爲眞實。

王國維先生接受了羅氏的說法：「殷虛卜辭中所祀帝王，迄於康祖丁、武祖乙、文祖丁。羅參事以康祖丁爲庚丁，武祖乙爲武乙，文祖丁爲文丁，其說至不可易（見《殷虛書契考釋》）。則帝乙之世，尚宅殷虛。」〔註 24〕但他利用《竹書紀年》之說進一步考證：「今龜甲獸骨所出之地正在鄴西，與古紀年說合；而卜辭中若父甲一牡、父庚一牡、父辛一牡一骨，乃武丁時所卜；

〔註 22〕羅振玉：《殷商貞卜文字考》自序，玉簡齋石印本 1910 年版。
〔註 23〕羅振玉：《殷虛書契》自序，《國學叢刊》第一輯，1911 年版。
〔註 24〕王國維：《說殷》，《觀堂集林》第十二卷，中華書局 1961 年版。

又卜辭中所記帝王，迄於武乙文丁，則知盤庚以後帝乙以前皆宅殷虛。知紀年所載，獨得其實。」〔註25〕「殷之爲洹水南之殷虛，蓋不待言」，「今龜甲獸骨出土，皆在此地，蓋即盤庚以來殷之舊都。」〔註26〕但王國維也不盡信《竹書紀年》，仍受羅氏「去於帝乙」說法的影響，認爲「卜辭出於殷虛，乃盤庚至帝乙所刻辭，其先王中自當無帝乙、帝辛之名。」〔註27〕也就是說，王國維認爲殷墟都城始自盤庚而終於帝乙，而非至帝辛殷紂。

同樣是對甲骨材料的研究，董作賓先生對「殷墟」的時代和性質也作了有意義的考證，並且由於所見甲骨材料日漸增多，他的觀點比羅、王更進一步。董作賓在公佈第一次發掘所獲得甲骨材料時，曾同意羅振玉的觀點，認爲甲骨文的新發現爲「洹濱之墟爲武乙至帝乙所都之新證」。〔註28〕但隨著對甲骨材料的深入研究，他漸漸地感到殷墟所持續的時間決非武乙至帝乙三世。當他考釋「大龜四版」時，已經認爲王國維的「盤庚遷殷之說爲不可易」。〔註29〕到了他爲甲骨文作分期斷代的時候，不但完全接受了王國維的觀點，而且更接受了《竹書紀年》盤庚至紂殷都不遷的說法，將殷墟卜辭所包含的時代和殷墟遺址的下限年代延展至帝辛之世。「近年來因迭次的發掘，坑位的分佈及出土情形的觀察，隨時給予吾人以新的啓示，知殷墟非因水患而遷徙，實緣亡國而廢棄；器用文物的窖藏，宗廟宮室的基址，都還有蹤跡可尋；而許多晚期卜辭，亦決非僅止於帝乙之時；至此，而《竹書紀年》所稱『自盤庚徙殷，至紂之滅，二百七十三年更不徙都』之語，乃完全可以徵信。」〔註30〕

從此，由於甲骨文的發現和深入研究，出土甲骨文字的安陽小屯村及洹河兩岸一帶又重新被命名爲「殷墟」的古名。殷墟遺址「是殷代後半期從盤庚遷殷到紂亡國，八世十二王二百七十三年間的舊都」〔註31〕的觀點，已爲學術界所普遍接受。雖然近年來，有個別國內外學者對此持有異議，但在大量出土甲骨文字材料和日漸豐富的考古學證據面前，誰也無法改變「殷墟」作爲殷都遺址的事實。

〔註25〕王國維：《古史新證》第五章第一節，清華學校研究院 1925 年版。
〔註26〕王國維：《說殷》，《觀堂集林》第十二卷，中華書局 1961 年版。
〔註27〕王國維：《古史新證》第二章第十五節，清華學校研究院 1925 年版。
〔註28〕董作賓：《新獲卜辭寫本後記》，《安陽發掘報告》第 1 期，1928 年。
〔註29〕董作賓：《大龜四版考釋》，《安陽發掘報告》第三期，1930 年。
〔註30〕董作賓：《甲骨文斷代研究例》，《中央研究院歷史語言研究所集刊》外編第一種，《慶祝蔡元培先生六十五歲論文集》上冊，商務印書館 1933 年版。
〔註31〕胡厚宣：《殷墟發掘》，第 4 頁，學習生活出版社 1955 年版。

第三章　篳路藍縷的前賢先驅

一、劉鶚的著錄

　　王懿榮身爲京官，清正廉潔，還經常爲購買古董而高築債臺。所以在他以身殉國之後，家境甚是蕭條。兒子爲了還債，不得已祇好變賣和典當家中的古物。1902 年前後，王懿榮的次子王漢輔最後拿出了其父珍藏的 1000 多片甲骨，賣給了當時正在京城做生意的劉鶚。

　　劉鶚（1857～1909），字鐵雲，江蘇丹徒人。他針砭時弊，才華橫溢，是一個成就卓著的作家。他的長篇小說《老殘遊記》與《官場現形記》、《二十年目睹之怪現狀》、《孽海花》一起，被稱爲中國近代文學史上「四大社會譴責小說」。同時他又是一位知識淵博、多才多藝的學者。除了具有深厚的傳統國學功底，他還在數學、天文、醫術等自然科學知識方面多有精通，對於洋務、經商、開礦、治河、賑災等經國濟世的眞學問，也多有良策並能身體力行，是那個時代不可多得的幹練能吏和博學人才。

圖 3-1　劉鶚與《鐵雲藏龜》書影

像那個時代的所有大學者一樣，劉鶚也是一位興趣頗濃、造詣深湛的金石學家，喜歡碑帖、字畫、善本書籍的收藏。他是當時著名古文字學家吳大澂的高足，又與王懿榮、羅振玉等人保持著極其友好的關係。早在 1895 年寓居上海時，他就曾收藏了數十件青銅器。到 1901 年八國聯軍攻佔北京後，社會治安大亂，許多官僚和古物收藏家經濟拮据，紛紛拋售所藏古董。劉鶚因經商辦廠，有所贏利，一時成為古董市場的有力收藏者。這時，他收到的鼎彝、碑帖、字畫及善本書籍很多，其中就包括新近發現的甲骨文。

在甲骨學史上，曾有人認為劉鶚是第一個發現並收購甲骨文的人。還是那個關於王懿榮吃藥發現甲骨文的故事，另有一種說法是這樣的：這一年劉鐵雲客遊京師，借住在王懿榮的家裏，不巧正趕上王懿榮生病。在醫生為王懿榮開的處方里，有龜板入藥。家人從菜市口附近的達仁堂買回了藥後，劉鐵雲見龜板上有契刻的篆文，拿去讓王懿榮看，兩個人都很驚訝……劉鐵雲從此遍訪京師藥店，挑選那些上面有明顯的文字者買去。〔註1〕這個說法同前一個一樣有市場，影響較大，後來的一些甲骨學史著作也從其說，認為確有其事。〔註2〕

其實，這是一種誤記。有學者已經考證了它的不能成立。〔註3〕而且劉鶚自己也曾說得很清楚：「……庚子歲有范姓客，挾百餘片赴京師，福山王文敏公懿榮見之狂喜，以厚價留之。後有濰縣趙君執齋得數百片，亦售歸文敏……」〔註4〕雖然記載的王懿榮發現甲骨文的時間比己亥（1899）年晚了一年，但劉

〔註1〕 汐翁：《龜甲文》，《華北日報・華北畫刊》第 89 期，1931 年版。其文曰：「光緒戊戌年，丹徒劉鐵雲鶚，客遊京師，寓福山王文敏懿榮私邸。文敏病痁，服藥用龜板，購自菜市口達仁堂。鐵雲見龜板有契刻篆文，以示文敏，相與驚訝。文敏故治金文，知為古物。至藥肆詢其來歷，言河南湯陰安陽，居民掘地得之，輦載衒粥，取直至廉，以其無用，鮮過問者，惟藥肆買之，云云。鐵雲遍歷諸肆，擇其文字較明者，購以歸，計五千餘板。文敏於次年殉難，鐵雲以被劾，戍新疆，遇赦歸。至癸卯歲，乃以龜甲文之完好者千版，付石印行世，名曰《鐵雲藏龜》。此殷虛甲骨文字發見之原由也。藏龜行世，瑞安孫仲容先生，以數月之力，盡為之考釋，著《契文舉例》一書。甲辰書成，於是學者始加以研治。今則甲骨日出不窮，治之者亦不乏人。法日二邦，皆有專門研究者，為我國古代文化上之一重大事件，世人所當注意也。」

〔註2〕 董作賓：《甲骨年表》，《中央研究院歷史語言研究所集刊》二本二分冊，1930 年版；董作賓、胡厚宣：《甲骨年表》，商務印書館 1937 年版。

〔註3〕 陳夢家：《殷虛卜辭綜述》，第 651 頁，中華書局 1988 年版；王宇信：《甲骨學通論》第 33～34 頁，中國社會科學出版社 1989 年版。

〔註4〕 劉鶚：《鐵雲藏龜》自序，抱殘守缺齋石印本，1903 年版。

鶚並沒有說自己是第一個發現甲骨文的人。劉鶚之後，羅振玉、王國維等也都認為是王懿榮而不是劉鶚第一個發現並收藏了甲骨文。

劉鶚是 1901 年開始他的甲骨文收藏的。到這一年的陰曆十月二十日，劉鶚清點所藏，已有甲骨達 1300 片。11 月 5 日，趙執齋又為他送來甲骨 1809 片。〔註5〕至 1902 年 10 月，又買入了王懿榮所藏的 1000 多片。之後，他的好友方若（藥雨）也將自己所藏的 300 片轉讓給他。兩年前曾為王懿榮效勞的古董商范維卿、趙執齋等人，此時也都紛紛前來為劉鶚奔走採辦，一年之中，所收達 3000 片以上。不僅如此，劉鶚還派自己的第三個兒子劉大紳前往河南收購，也有 1000 多片進帳。兩年之中，劉鶚所獲甲骨文 5000 有餘。這時，他已經成為早期出土甲骨文的著名收藏大家了。

1903 年，也就是在他發表了繡像小說《老殘遊記》的同一年，在羅振玉的幫助和支持下，劉鶚選擇自己所藏龜甲 1058 片，輯成《鐵雲藏龜》共六冊，於當年的十月正式出版。〔註6〕

這是甲骨學史上第一部甲骨材料的著錄書。正因為是首創，無所借鑒，所以它不可避免地具有初創者的局限：全書的編纂無一定體例可循，顯得內容駁雜。其中還有重刻、偽刻的片子，而且印刷質量較差，拓本捶製不精，模糊不清，文字難以辨識。雖然如此，這並不能磨滅它在中國甲骨學史上篳路藍縷的不朽功績。它對甲骨學的形成有開創之功，它使得甲骨文由收藏家秘篋之中的古董變成了公佈於世、可供學人研究使用的珍貴的學術資料。

同王懿榮一樣，劉鶚也不祇是一個純粹的學者，命運注定了他也不是一個能夠光大這一學問的人。1908 年，袁世凱等人排斥異己，就以「擅開太倉粟」、「浦口購地」等罪名，陷害劉鶚為漢奸，密電兩江總督端方將劉鶚逮捕，流放到新疆迪化（今烏魯木齊），不久即死在那裡。嗚呼惜哉！昊天何妒，扼此良才。

劉鶚去世後，所藏甲骨也隨即流散四方，數易其主。但不少接手收藏者不沒劉鶚的首先收藏之功。他們著錄這些甲骨時，仍以「鐵雲藏龜」為名。如 1915 年羅振玉出版了《鐵雲藏龜之餘》，〔註7〕1925 年葉玉森出版了《鐵雲

〔註5〕　劉鶚：《抱殘守缺齋日記三則》，《考古社刊》第 5 期，1936 年版。
〔註6〕　劉鶚：《鐵雲藏龜》，抱殘守缺齋石印本，1903 年版。
〔註7〕　羅振玉：《鐵雲藏龜之餘》，《晵古叢編》影印本，1915 年版。

藏龜拾遺》，〔註8〕1939 年李旦丘出版了《鐵雲藏龜零拾》〔註9〕等。另外有鮑鼎的《鐵雲藏龜釋文》、許敬參的《鐵雲藏龜釋文補正》，〔註10〕則是對劉鶚《鐵雲藏龜》的進一步研究。這也可以看出，《鐵雲藏龜》一書在當時學術界的影響至大。

1959 年，臺灣甲骨學家嚴一萍認識到《鐵雲藏龜》仍很重要，重印了這部最早的甲骨著錄書。〔註11〕到 1975 年，嚴一萍針對《鐵雲藏龜》原書的不足，對其重加整理：分期斷代、選換拓片、綴合補背、去重汰僞、附加摹本，名之曰《鐵雲藏龜新編》。〔註12〕如此，大大提高了《鐵雲藏龜》的學術價值。

二、孫氏的創例

甲骨文第一部著錄書《鐵雲藏龜》的出版，給學術界研究古文字提供了新的資料，也爲學術界對這些古代文字材料進行研究創造了條件，意義重大。尤其是給那些從未見到過或無力購買甲骨文的學人帶來了福音。孫詒讓先生看到新出的《鐵雲藏龜》而著《契文舉例》就是這樣一個典型的例子。

孫詒讓（1848～1908），字仲安，號籀廎。浙江瑞安人。曾官任刑部主事，故人稱孫比部。清末著名經學家、校勘訓詁學家、樸學大師。孫氏精研經史，旁推諸子百家，是個知識淹博的讀書種子，又是著述等身的大學者。尤其是他對「三禮」的研究，歷來爲世人所重。他的代表作《周禮正義》長達 86 卷，是他積 27 年的辛勤努力、數易其稿而完成的學術巨著。該書以《爾雅》、《說文》對字詞的解釋來說解、訓詁《周禮》中的文辭，以《儀禮》、《禮記》和《大戴禮》所描的典章制度來闡釋《周禮》中的文物典制，廣採自漢唐以來直至乾嘉學派的關於《周禮》的各種學說，交相參證，辨析嚴密，博大精深，是遠遠超過前人水平的《周禮》研究的集大成巨著。祇此一書，即可奠定孫氏在中國近代學術史上的地位。然而不僅如此，孫氏還著有《墨子閒詁》、《逸周書斠補》、《尚書駢枝》、《大戴禮斠補》、《札迻》等多種學術著作，都是孫氏精心校訂古籍、注疏文獻的傑作，具有很高的學術價值。

〔註8〕葉玉森：《鐵雲藏龜拾遺》，五鳳硯齋影印本，1925 年版。

〔註9〕李旦丘：《鐵雲藏龜零拾》，上海中法出版委員會 1939 年版。

〔註10〕鮑鼎：《鐵雲藏龜釋文》，見附於 1931 年蟬隱廬石印的《鐵雲藏龜》、《鐵雲藏龜之餘》合印本。

〔註11〕劉鶚：《鐵雲藏龜》，臺灣藝文印書館 1959 年版。

〔註12〕嚴一萍：《鐵雲藏龜新編》，臺灣藝文印書館 1975 年版。

圖 3-2　孫詒讓與《契文舉例》書影

　　作為一個大學問家，孫詒讓也是一個精通金石小學的人。這從他的名號「籀廎」，即可看出他對金石文字的鍾情不渝。先後著有《溫州古甓記》、《溫州經籍志》、《東甌金石志》、《古籀拾遺》、《古籀餘論》、《籀廎述林》等。其中《籀文車字說》、《毛公鼎釋文》、《克鼎釋文》等篇，是他對那個時代所能見到的古文字——金文的研究成果。在這些著作裏，孫氏除了自己考釋文字、訓解古義之外，還分別對前代學者的著述，如宋代薛尚功《歷代鐘鼎彝器款識》、清代阮元《積古齋鐘鼎彝器款識》、吳榮光《筠清館金石文字》、吳式芬《攟古錄金石》等進行訂正。孫氏對於古文字研究的貢獻在於他對不同時代的古文字作偏旁分析，藉以追尋古文字發展演變的軌跡；他考證金石文字，不限於形體相符，也力求聲韻假借訓詁的通達無礙。這使古文字的研究方法有了明顯的改進。

　　可以想見，這樣一個鍾情金石、善於考據的學問大家，面對突然出現的甲骨文字，該是多麼興奮和激動啊！1903 年，年僅 55 歲卻已老眼昏花的孫詒讓先生，在杭州官署見到了新出版的《鐵雲藏龜》。在此之前，孫氏聽說過世上發現了龜版文字，而且收藏之風正盛，祇是無由得見。如今見到了劉鶚的著錄拓本，立即視為奇跡，慶幸之餘，愛玩不已。

　　孫詒讓以其深湛的金文研究功底，花了兩個月時間，讀通了這些龜版文字。在第二年，他就寫成了旨在考釋這些文字的《契文舉例》。這是甲骨學史

上第一本較爲系統地考釋甲骨文字的著作。孫詒讓也是第一個考釋甲骨文字的學者。

《契文舉例》共約五萬字，全書分爲兩卷十章：

月日第一　　　貞卜第二　　　卜事第三　　　鬼神第四
卜人第五　　　官事第六　　　方國第七　　　典禮第八（上卷）
文字第九　　　雜例第十（下卷）

這是將甲骨文按內容進行分類的最早嘗試。雖然現在看來，衹要具有一定甲骨學知識的人進行這樣的分類並不困難，但在當時卻屬首創。後來的甲骨文材料著錄和研究，其分類基本上是按照孫氏的這一體例模式進行的。

劉鶚對於甲骨文也衹是稱爲「龜版」，對其用途、性質還不甚了了。而孫詒讓在《契文舉例》中已經認識到甲骨文是「殷人刀筆文字」，文字中象形字多於形聲字，對甲骨文的研究可以補苴商代史料之不足，可以考察古代文字演變的軌跡等等。這都是難能可貴的。

《契文舉例》的主要貢獻還在於對甲骨文字的考釋。第九章的「文字」篇，約占全書的一半，是對《鐵雲藏龜》所收的大部分甲骨文單字進行的考釋。在其他篇章中，孫氏也考釋了不少的字，有些是「文字」篇中沒有提到的。這些字多是最基本的常用字，如數字、干支字、常見事物包括日月山川、動物植物等名詞字。這些字，是識讀甲骨卜辭的關鍵。據統計，孫詒讓在此書里正確考釋的單字達 185 個。〔註13〕除了《契文舉例》外，孫詒讓還著有《名原》一書，其中也考釋了一些甲骨文字。這爲學者們利用甲骨文材料進行學術研究提供了可能，也爲後來的學者考釋甲骨文字奠定了基礎。

當然，孫詒讓看到的甲骨文材料畢竟衹是一部《鐵雲藏龜》的著錄，非常有限，而且印本模糊，辭句殘缺。因此，其研究的成果受到了很大的限制。僅就釋字而言，孫氏考釋的許多字都有問題，有些是不精確，有些則釋錯了。如：釋「王」爲「立」，釋「貞」爲「貝」，釋「往」爲「臺」，釋「去」爲「享」，釋「狩」爲「獲」，釋「止」爲「正」，釋「望」爲「馬」，釋「匕」爲「人」，釋「犬」爲「牛」，釋「有」爲「之」，釋「嘉」爲「婦」，「母」、「女」不知通用，「旬亡禍」讀作「它父卜」，地支中的「巳」讀作天干中的「子」等等，都是明顯的錯誤。由於沒釋出「王」字，所以孫氏不知甲骨文字是殷商王室卜辭，並且將「祖乙」、「祖丁」、「祖辛」、「祖甲」等商王名號

〔註13〕陳夢家：《殷虛卜辭綜述》，第 56 頁，中華書局 1988 年版。

當作殷代諸侯臣民名號，大錯特錯。再者，他祇是考釋了一些單個的字，並沒有通讀整句的卜辭。另外，他僅以單字的考釋來構擬殷商時代的制度，也難以成立。

正因為如此，在其稍後的羅振玉、王國維等學者對此書評價不高，如說它「未能洞悉奧隱」，「未能闡發宏旨」，「其說不無武斷」，「得者十一失者十九」，「其書卻無可採」，「遂覺全無是處」等等。〔註14〕

平心而論，羅、王對此書的評價過於苛刻。我們知道，實際上，羅振玉後來的甲骨文字考釋著作，明顯是受到了《契文舉例》影響的。羅、王之所以有如此評價，主要是因為此時他們已經是甲骨學大家了，所見的甲骨實物和拓本等材料遠比孫詒讓為多，其識見、眼光自然高出孫氏許多，因而也就自然看不上《契文舉例》的觀點。

我們說，在當時甲骨學研究園地一片荒蕪的情況下，孫氏僅以《鐵雲藏龜》為依據，對甲骨文進行開創性研究，有些錯誤在所難免。這正如裘錫圭先生所說的那樣：「孫氏之誤固不足責，有些錯誤，主要是由於資料不足而造成的。例如羅振玉是指出甲骨、金文中地支字之『子』當讀為『巳』的第一人，孫氏還不知道這一點，仍然誤以為子丑之『子』。但是羅氏是據殷墟甲骨上的干支表確定這一點的。如果孫氏能看到干支表，當然也會得出同樣的結論。不但如此，如果孫氏能夠看到較多的資料的話，就是上面提到的那些嚴重錯誤，大概多數也是可以得到避免的。」〔註15〕

《契文舉例》寫成後，並沒有馬上出版。為了慎重起見，孫詒讓寫了幾個副本，分寄當時擅甲骨學大家名望的羅振玉和端方。二人都沒有給孫氏一個回覆，所以孫氏一直把書稿壓在箱底。直到1916年，也就是孫氏逝世八年之後，王國維在上海書肆裏發現了《契文舉例》的稿本。雖然羅、王對此評價較低，但還是認識到孫氏為此學開山，「篳路椎輪，不得不推此矣」，幾經商量，由羅振玉於當年在其主編的一個學術叢書裏影印出版了。〔註16〕

〔註14〕羅振玉：《殷商貞卜文字考》序，玉簡齋石印本，1910年版；《殷虛書契前編》序，《國學叢刊》第一輯，1911年版；王國維：《最近二三十年中中國新發現之學問》，《論衡》第45期，1925年版。

〔註15〕裘錫圭：《談談孫詒讓的〈契文舉例〉》，《文史叢稿》，第183〜184頁，上海遠東出版社1996年版。

〔註16〕孫詒讓：《契文舉例》，《吉石庵叢書》影印本，1917年版；蟬隱廬影印本，1927年再版。

　　孫詒讓的《契文舉例》，草創體例，審讀文字，在甲骨學史上有披荊斬棘之功，後來的許多甲骨學著作都受到了它的啓發和導引，在它的基礎上而有所進步。孫氏對於甲骨學的草創之功，不可磨滅。

三、雪堂的考字

　　甲骨學史上第一部甲骨文著錄書劉鶚《鐵雲藏龜》的出版，實際上還得益於劉鶚的一個朋友的幫助。此人就是羅振玉。1902 年秋，作爲兒女親家的羅振玉來到上海劉鶚的家中做客，看到了劉鶚收藏的那些甲骨文字。羅氏極力慫恿劉鶚將這些珍貴材料公佈於世，強似「束之高閣、秘而不宣」的古董收藏家做法百倍。不僅如此，羅振玉還親自爲他選片、傳拓、編輯，著成之後，還爲撰寫序文予以贊許、介紹。羅氏爲《鐵雲藏龜》的出版起到了積極的促進作用。羅氏從此開始接觸甲骨文字，爲他以後成長爲著名的甲骨學家奠定了基礎。

　　羅振玉（1866～1940），字叔蘊，又字叔言，號雪堂，晚年又號貞松老人。浙江上虞永豐鄉人。早年在上海興學辦報，培養農業和外語人才，成績顯著。後來被召入清廷任學部官員。辛亥革命之後，羅氏以清朝遺臣自居，流亡日本，潛心研究學術，後被清廢帝溥儀聘爲顧問，參與籌劃成立僞滿洲國，並出任檢察院院長之職。以一個純正的學人涉身政治，卻落得一個「漢奸」的惡名，成爲一個悲劇性的歷史人物。惜乎哉！

　　然而在學術上，羅振玉是個眞正的大師。羅振玉生活在中國近代學術史上各種新史料不斷有重大發現的時期。殷墟甲骨文、敦煌寫經、西北流沙出土的漢晉木簡、故宮內閣大庫元明清檔案、四裔碑銘、中州冥器、齊魯封泥以及大量的商周青銅器等等，爲歷史文化的學術研究提供了重要而且豐富的新資料。每一種新出現的史料，基本上都促進了一門新學科的建立與發展。羅振玉敏感地站在了新時代學術的前沿，他以其深湛的傳統國學功底和鍥而不捨的治學精神，主持領導了這些新學問研究的工作，在幾乎每個學術領域都有造詣極深的建樹。他和他的弟子兼朋友王國維一起，爲新的歷史學研究做出了卓越的貢獻。由此，他們的治學也贏得了一個宛如學派一般的名字：「羅王之學」。甲骨學正是博大精深的「羅王之學」的一個方面，而且是主要的一個方面。

圖 3-3　羅振玉與《殷虛書契》書影

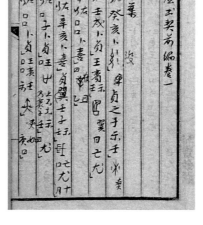

　　羅振玉接觸到甲骨文之後，立即表現出了他的有準備頭腦之極大優勢。他不僅全力以赴，盡力搜求，也不遺餘力地潛心研究，左右逢源，得開一代新的學術風氣。

　　不過在開始的一段時間，羅氏的主要精力用在了搜求和刊佈甲骨文材料上。他從孫詒讓著《契文舉例》得到了一個教訓：材料不全，不足以從事研究；不然，結論的可靠性就會受到影響。所以他想在求全材料之後，再做文字的考釋。

　　直到 1909 年的年末，日本學者林泰輔著成了《清國河南省湯陰縣發現之龜甲獸骨》〔註 17〕一文，寄給羅振玉請其指教。林氏此文援引贍博，論證精當，足以補正羅氏舊日所作《鐵雲藏龜》之序時的疏略。這對羅振玉刺激頗為不小。羅氏一向以研究此等絕學為己任，先有孫氏之《契文舉例》，即以為言之不當，他相信自己一定能夠寫出精審的文字代替它。而今不料讓一個外國學者搶了先，而且做得還比較好。他覺得自己不能再等待下去了。此時，他仍能覺察到自己的有利之處和優勢所在：所見甲骨文實物既多，又常對一些文字進行揣摩思考，而且林氏文中有不少懷疑而不能決斷者，自己完全可以為之斷定。於是他馬上沉下心來，開始了他的系統的甲骨文字考釋研究。

〔註 17〕林泰輔：《清國河南省湯陰縣發現之龜甲牛骨》，《史學雜誌》第 20 編，第 8、9、10 號，1909 年版。

經過三個月的精心構撰，羅振玉終於寫成了《殷商貞卜文字考》一書，寄了一本給林泰輔博士作爲答覆。此書 1910 年六月出版，石印一卷，綫裝一冊。〔註18〕此書前序後跋之外，共分四篇：

第一考史：1、殷之都城，2、殷帝王名諡；

第二正名：1、籀文即古文，2、古象形字因形示意，不拘筆畫，3、與金文相發明，4、糾正許書之違失；

第三卜法：1、貞，2、契，3、灼，4、致墨，5、兆坼，6、卜辭，7、埋藏，8、骨卜；

第四餘論。

此書篇幅雖然不大，祇有 30 多頁，但已粗具甲骨學學科體系的規模與框架。

就是在此書中，羅氏根據甲骨卜辭的研究和對甲骨文出土地的考索察訪，訂正了包括林氏在內的當時許多學者對甲骨文出土地的錯誤看法，明確提出了出土地在河南彰德府洹水南之「殷墟」。在此基礎上，羅氏指出了自成湯大乙至殷紂王帝辛的帝王名諡有 17 個見於甲骨卜辭；指出卜辭中的「大乙」，《史記·殷本紀》誤作「天乙」；《史記》中武乙之子爲「大丁」，而《竹書紀年》作「文丁」；以甲骨卜辭證之，《竹書紀年》爲是而《史記》非也。這爲甲骨證史開了先河。該書還對殷代的占卜之法和占卜過程進行了推測，都有一定的參考價值；尤其是一些關鍵的字如「貞」字、「王」字、「獲」字、「己」字、「巳」字、「災」字等都被考釋出來，使得甲骨卜辭的大意可以明白，「粗粗地可以讀通了」。在「正名」篇中，除了第一中言「史籀大篆即古文非別有創改」有些不準確之外，其他幾點都是經典性的意見，尤其是第四說到「卜辭可以糾正許書之違失」，一反兩千年來學術界獨宗許慎《說文》圭臬、不敢越雷池半步的局面，率先打破迷信，以甲骨卜辭來檢驗和訂正《說文》的解說，實在是學術史上的大膽創見。

《殷商貞卜文字考》一書，本來祇是羅氏爲回覆林泰輔而作，意在補正林氏的疏漏。但我們認爲，它卻是甲骨學史上一部重要的奠基之作。後來，羅氏又曾作《殷商貞卜文字考補正》一文，〔註19〕對原書中論述、觀點做了進一步地補充和推闡。但是後來羅氏又出版了《殷虛書契考釋》一書，此文

〔註18〕羅振玉：《殷商貞卜文字考》，玉簡齋 1910 年版。

〔註19〕羅振玉：《殷商貞卜文字考補正》，《考古社刊》第五期，1932 年版。

遂不被人們注意。

　　1911 年羅振玉編著了他的第一本甲骨文著錄書《殷虛書契》（又稱《殷虛書契前編》）。〔註 20〕他原計劃要繼續做出考釋，以解決學術界關於卜辭苦不可讀的問題。此時，《殷商貞卜文字考》一書已經反覆修訂、增補，稿本上有了許多的眉批，積累考釋單字已達 473 個，很有必要認真整理一下，衹是諸事相擾，沒時間坐下來完成。1914 年，身在日本的羅振玉有感於莊子「吾生有涯之言，乃發憤鍵戶者四十餘日，遂成考釋六萬餘言。」然後讓王國維手抄成稿，綫裝一冊，於當年的年底影印出版。〔註 21〕這就是《殷虛書契考釋》的來歷。

　　《殷虛書契考釋》初版本共分八章：

　　第一章都邑　　第二章帝王　　第三章人名　　第四章地名
　　第五章文字　　第六章卜辭　　第七章禮制　　第八章卜法

　　全書內容，有的是對《殷商貞卜文字考》的刪訂、修改與補充，有的是在《殷商貞卜文字考》基礎上所做的新考釋。第一章論述安陽小屯為武乙之墟，方志將其誤為河亶甲城。第二章列卜辭中先王、先妣之名 36 個，由此考證補充了《史記‧殷本紀》關於商王世系的譜牒。第三章列舉卜辭人名 78 個。第四章列舉地名 193 個。第五章列舉形、聲、義皆可考的文字 485 個。第六章列舉卜辭 655 條，分為八類，計有祭祀、征伐、田獵、風雨、出入、卜告、卜年、卜敦等。第七章以甲骨卜辭考證殷商禮制，計有六端：授時、建國、祭名、祀禮、牢鬯、官制。第八章論列甲骨的鑿、鑽、灼、兆等，認為商周卜法無大差別。

　　此書與前一書相比，又有不少進步與提高，對甲骨文字的考釋數量更多，規模更大，也更加精確。羅氏此時已藏有甲骨 30000 片之多，完整可用的也在 3000 片以上。這使得他能夠在更大的材料範圍裏考察、審核每一個字，從而能夠把握這些甲骨文字的真切含義。他使用的方法是，盡量用字形比較和偏旁分析，兼考察它們在甲骨卜辭文句裏的位置和用法。這樣，他將一大批相關的甲骨文字認識出來了，使得人們對甲骨文的識讀、通讀成為一件比較容易的事情。羅氏之功委實不小。

　　然而更重要的是，羅氏在考釋這批文字的過程中，總結出來的甲骨文字學理論，極有價值。他在該書的自序中說：考釋甲骨文有三難，一是關於商

<hr />

〔註 20〕羅振玉：《殷虛書契》，《國學叢刊》石印本三期三卷，1911 年版。
〔註 21〕羅振玉：《殷虛書契考釋》，石印本 1915 年版；東方學會 1927 年石印再版。

代史料的文獻記載匱乏，「欲稽前古，津逮莫由」；二是卜辭「文句簡質，篇恒十餘言，短者半之，字多假借」，增加了理解的困難；三是文字結構不規範，「因物賦形，繁簡任意，一字異文每至數十，書寫之法時有凌獵」。而今「欲袪此三難，勉希一得，乃先考索文字以爲三階。」其方法是，「由許書以溯金文，由金文以窺書契」的逆推原則，進而考求典制，而終於達到證史的目的。

羅氏《殷虛書契考釋》的出版，標誌著由他領導的甲骨學研究已經進入了文字考釋階段。而在這一階段中，他一直保持著學術領先地位和優勢。郭沫若曾說：「甲骨文出土後，其搜集、保存、傳播之功，羅氏當居第一，而考釋之功也深賴羅氏。」至於「《殷虛書契考釋》一書的出現，使甲骨文字之學蔚然成一巨觀。談甲骨者固然不能不權輿於此，即談中國古學者亦不能不權輿於此。」〔註 22〕

三十年代末，著名古文字學家唐蘭先生這樣概括甲骨學發展史：「卜辭研究，自雪堂導夫先路，觀堂繼以研史，彥堂區其時代，鼎堂發其辭例，固已極一時之盛也。」〔註 23〕這是一段著名的學術史評論。它點出了甲骨學發展歷史上不同階段四個各具特點、各有貢獻的代表人物：羅振玉（號雪堂）、王國維（號觀堂）、董作賓（字彥堂）、郭沫若（號鼎堂）。因四人的名號中各有一「堂」字，故被豔稱爲「甲骨四堂」。

這四位大學者，確實是四座常人難見其宮室之富美的高深學術堂奧，世所公認。「四堂」之中，羅振玉居在首位，不僅僅是因爲羅氏年齡最長，生世在先，他對於甲骨學用力勤苦，功勞巨大，作爲「四堂」之首，當之無愧。王國維對羅氏推崇倍至，自不待言。董作賓也曾念念不忘羅氏之功業：「劉、孫兩氏相繼凋謝，在甲骨學中祇算是曇花一現。劉氏書原由羅氏手拓編次且慫恿付印者。王氏（王國維）考證卜辭，皆在羅氏之後，且受羅氏的啓迪實深。所以嚴格來講，甲骨學能建立起來，得有今日，實出於羅氏一人之力。」〔註 24〕郭沫若也一再強調：「羅振玉的功勞即在爲我們提供出無數的眞實的史料，他的殷代甲骨的搜集、保藏、流行、考釋，實爲中國近三十年來文化史上所應該大書特書的一項事件。」〔註 25〕

〔註22〕郭沫若：《中國古代社會研究》，第 224～225 頁，人民出版社 1954 年版。
〔註23〕唐蘭：《天壤閣甲骨文存》自序，輔仁大學 1939 年版。
〔註24〕董作賓：《甲骨學五十年》，第 63 頁，臺灣藝文印書館 1955 年版。
〔註25〕郭沫若：《卜辭中的古代社會》，《中國古代社會研究》，人民出版社 1954 年版。

四、觀堂的證史

　　說到羅振玉的學術功績，另一個著名的甲骨學家——王國維的進步與成長，本身就與羅氏的提攜、幫助分不開。

　　王國維（1877～1927），字靜安，又字伯隅，號觀堂，又號永觀。浙江海寧人。早年在上海《時務報》任書記校對工作，得以認識羅振玉並受到器重與賞識。其後一直追隨羅氏，辦刊興學，譯農書，編論叢。後隨羅氏進京，任職學部。辛亥革命後又同羅氏一道流亡日本，專心學術研究。1922 年任北京大學研究所國學門通訊導師。1925 年被聘爲清華研究院教授。1927 年因受政治局勢的影響而在頤和園昆明湖投水自盡，年僅 50 歲。正值治學盛年，卻無謂地成了政治的犧牲品。惜哉痛哉！

　　作爲「羅王之學」領袖人物、「甲骨四堂」之一，王國維也是中國近現代學術史上開一代風氣的學術大師。他在諸如哲學、美學、戲曲、文學、經學、歷史學、地理學、民族學、考古學、文字學、音韻學、訓詁學等眾多學科領域都有許多建樹，造詣頗深。在他短暫而豐富的人生中，給後人留下各種學術著作 60 餘種，親手批校的古籍近 200 種，是一筆珍貴的學術史財富。尤其是在歷史研究方面，從理論、觀點到方法都有較大的突破，被稱爲新史學的開山之祖。他所以能超越舊學束縛，發現前人不能發現之奇境，是因爲他具備現代科學知識的頭腦，又受到西方哲學的啓迪，復有深厚的國學功底，還幸運地接觸到了許慎、杜周所不曾見過的殷墟甲骨文字等新的史料並有效地加以運用的結果。

　　與羅振玉關係日近，尤其是做了清政府的官員，王國維漸漸改變了自己激進的思想，開始走向保守，治學對象和路徑也逐步有所變化。到了日本京都後，在羅振玉的影響與引導下，王國維完全放棄了自己堅持多年的哲學、文學研究，全力以赴地投入到經學、小學和古史的研究之中。開始時他協助羅振玉整理、編輯、考證羅氏所藏的大批甲骨、金石文物，他從中學到了甲骨文的奧妙，培養了古史研究的興趣，也漸漸積累了自己的研究心得。1915年前後，王國維開始了自己的甲骨文字、上古史地的考證，寫作並發表了一系列的學術論文。〔註26〕

〔註26〕王國維：《殷墟卜辭所見地名考》，《三代地理小考》，《鬼方昆夷獫狁考》，《雪堂叢刻》1915 年版。

圖 3-4　王國維及其《戩壽堂所藏殷虛文字》書影

　　1916 年，王國維回國來到上海，受聘於英籍猶太商人哈同所辦的倉聖明智大學任教授，並為哈同所藏中國文物作整理工作，編輯《學術叢編》。放著北京大學、清華大學等聲望很高的院所不去，王國維卻選了這麼一個名聲不雅的去處，很多人不能理解而為之惋惜。實際上，王國維作此選擇，除了這裡政治上無風險、經濟上較優厚諸原因之外，哈同的愛儷園藏有甲骨文，恐怕也是一個重要原因。哈同的夫人羅詩（一名羅迦陵）買到了劉鶚所藏的甲骨 1000 多片。羅詩收藏甲骨純粹是為了附庸風雅，買到之後即束之高閣，任其塵封。王國維為了能看到這批甲骨材料，並將其公佈於世，就不惜屈尊前往。在這裡，王國維如願以償，看到了這批資料，進行了認真的研究，編成了《戩壽堂所藏殷虛文字》，並且為之做了考釋。〔註 27〕這部書收錄甲骨拓片655 片，是一部極有價值的甲骨著錄書。可惜此書的署名不是王國維而是哈同的管家、為人齷齪又欺世盜名的姬佛陀。從這裡，我們也可看出，王先生為了學術而不顧個人名利的真正學問家風度。

　　在此之後，王國維寫下了一系列以甲骨證史的論著。如《殷禮徵文》，〔註28〕詳考了殷人以日為名（大甲、祖乙、外丙、武丁之類）的由來、殷人對其直系祖先（先公先妣）的祭祀禮制和祭祀種類等等。王氏在此文中，揭示了商代人們以甲日祭祀名甲的祖先，乙日祭祀名乙的祖先，祖先的名號專為致祭而設，

〔註27〕姬佛陀：《戩壽堂所藏殷虛文字》附王國維：《戩壽堂所藏殷虛文字考釋》，《藝術叢編》第三期石印本，1917 年版。

〔註28〕王國維：《殷禮徵文》，《王忠愨公遺書》石印本，1927 年版。

很有見地。又如《殷周制度論》，〔註29〕以甲骨卜辭研究殷商制度並與「周制」作比較，提出了殷周之際政治文化發生了巨大變革的著名論斷。現在看來，這種由不完全的甲骨文字材料得出的觀點有些站不住腳，但在當時，卻引起了新舊史家的重視，被奉爲「圭臬」，並爲二三十年代我國文化界興起的社會史論戰埋下了伏筆，爲持「殷商爲奴隸制」、「西周爲封建制」論點的學者定下了基調。而且，此文中關於商代王位繼承制、宗法、廟制等問題的提出與探索，也爲後來學者的商代歷史研究開闢了新的學術視野。

　　但是，眞正代表王國維最高學術水平而且能夠奠定其學術地位的，是1917年他發表的《殷卜辭所見先公先王考》和《續考》。〔註30〕這是一篇震驚和影響了中外學術界的劃時代宏文。

　　要想知道這篇重要論文的要旨，在此有必要解釋一下什麼是「先公先王」。所謂「先公先王」，就是歷代祖先。《左傳》哀公十一年：「諸侯伐鄭，同盟於亳。盟書曰：先王先公，七姓十二國之祖……」杜預注曰：「先王，諸侯之太祖，如宋祖帝乙、鄭祖厲王之類；先公，諸侯之始封之君，如魯公伯禽、曹叔振鐸之類。」解釋並不確切。對殷商王朝來說，「先公先王」是以商代的開國之君成湯爲界劃分的，建國之前的商王直系祖先稱爲「先公」，立國之後的商王的在位祖先稱爲「先王」。司馬遷在《史記・殷本紀》中，詳細記載了殷商王朝的「先公先王」。「先公」自契始，昭明、相土、昌若、曹圉、冥、振、微、報丁、報乙、報丙、主壬、主癸。「先王」自成湯天乙始，太丁、外丙、仲壬、太甲、沃丁、太庚、小甲、雍己、大戊、仲丁、外壬、河亶甲、祖乙、祖辛、沃甲、祖丁、南庚、陽甲、盤庚、小辛、小乙、武丁，武丁之後的商王有祖庚、祖甲、廩辛、康丁、武乙、文丁、帝乙、帝辛。那麼，司馬遷所記的是否眞實可靠呢？千百年來，學者多盲目迷信而不疑。到了近代，疑古之風大興，學者們又將此視爲茫不可稽，絕不可從。早在春秋之時，孔子要考證殷商制度時，就曾感歎文獻材料的匱乏。那麼到了漢代，司馬遷又是如何得到這麼詳明的殷商王室譜系的呢？誰又能證明它的眞僞呢？這不僅關係到《史記・殷本紀》的可靠與否，由此也關涉到《史記》所記的其它王朝世系乃至於中國整個上古史體系是否可靠的大問題。王國維的這篇名文，

〔註29〕王國維：《殷周制度論》，《學術叢編》1917年版。
〔註30〕王國維：《殷卜辭所見先公先王考》，《殷卜辭所見先公先王續考》，《學術叢書》1917年版。

就是要解決而且解決了這樣一個問題。

王國維從考釋甲骨文中的「王」字入手，首先認出了卜辭中有「王亥」，即《史記》中的「振」。繼而認出了卜辭中不僅有商族人的始祖「契」，而且還有「契」之父「嚳」（甲骨文「夒」即文獻中的「帝嚳」）、「相土」（土）、「冥」（季）、「振」（核、王亥）、「微」（上甲微）等，商「先公」的文獻名稱和甲骨文名稱對應起來。其後的除「昭明」一人之外，「報乙」、「報丙」、「報丁」等，無不畢現於甲骨卜辭。

就這樣，王國維從甲骨卜辭研究證明了《史記·殷本紀》為大致可靠，而且還糾正了《殷本紀》中所誤排的「先公先王」的位次。如《殷本紀》中「三報」的次序是「報丁、報乙、報丙」，以甲骨卜辭證之應當是「報乙、報丙、報丁」；又《殷本紀》誤以「祖乙」為「河亶甲」之子，以甲骨卜辭糾正之，「祖乙」當是「中丁」之子；《殷本紀》中的「主壬」、「主癸」，由甲骨卜辭察之，當是「示壬」、「示癸」的形誤等等。這就證明，作為一個嚴肅的歷史學家，司馬遷在編排上古帝王世系時，雖然簡略和有些誤漏，但可以認定是有所根據的。司馬遷的《史記》是一部可靠的信史。

王國維考訂了《史記》所記載的殷商世系信而有徵，這對當時受到「古史辨」派猛烈衝擊的中國上古歷史體系，無疑就像將傾大廈之支柱，飄搖小舟之纜繩。從而人們也就認識到了甲骨文字的力量，更加珍重這種新發現的古文字。

對於王國維的這一偉大的學術發現，學術界給予了高度的評價。郭沫若曾說：「卜辭的研究，要感謝王國維。是他，首先由卜辭中把殷代的先公先王剔發了出來，使《史記·殷本紀》和《帝王世紀》等書所傳的殷代王統得到了物證，並且改正了他們的訛傳。我們要說，殷墟的發現，是新史學的開端；王國維的業績，是新史學的開山，那是絲毫也不算過分的。」〔註31〕

對於甲骨學本身的發展來說，王氏的這一研究工作，也有不少貢獻。在此文中，王氏依據卜辭中的稱謂判斷甲骨文的時代，開甲骨文分期斷代研究之先河；王氏還利用兩片甲骨綴合在一起識讀卜辭，也是甲骨綴合一途的第一人。

王國維的考證並非完美無缺，其關於羊甲、後祖乙的考證，都有可商之處。在他之後，他的門人弟子吳其昌、朱芳圃及另一個著名的甲骨學家董作

〔註31〕郭沫若：《古代研究的自我批判》，《十批判書》，群益出版社 1946 年版。

賓等人也都曾繼續沿著這條路徑考證殷商世系，對王國維的觀點進行了補充和完善。〔註32〕

　　王國維生命的最後幾年，是在清華研究院度過的。在此期間，他的主要著作就是由他給研究生授課的講義而寫成的《古史新證》。〔註33〕全書分為五部分：第一，總論；第二，禹；第三，殷之先公先王；第四，商諸臣；第五，商之諸侯及都邑。這也是運用甲骨文字材料對上古歷史進行考證的第一部專著。不過相比而言，此書的內容還不算十分重要，重要的是王國維先生在此書中提出的一個著名的歷史研究方法理論——「二重證據法」。他說：

> 吾輩生於今世，幸於紙上材料外，更得地下之材料。由此種材料，我輩固得據以補正紙上之材料，亦得證明古書之某部分全為實錄，即百家不雅馴之言，亦不無表示一面之事實。此二重證據法，惟在今日始得為之。雖古書之未得證明者，不能加以否定，而其已得證明者，不能不加以肯定。

這是羅、王等人在研究甲骨文字和上古歷史的學術實踐中的理論總結。過去清人治學，推崇「乾嘉學派」，但無論顧炎武、閻若璩，還是戴東原、段玉裁、王念孫王引之父子，抑或惠定宇、錢大昕、王鳴盛，他們研究學問都是從文獻到文獻，考來證去，終不離書本。王氏的「二重證據法」，強調了傳統文獻與考古材料結合運用，融貫古文字學、古器物學、經史之學為一體，方法是革命性的。這對後來的甲骨文字研究和上古歷史研究產生了極大的影響。

　　王國維的政治思想的保守，斷送了他具有進步理論和科學方法的學術。這正像郭沫若所云：「王國維研究學問的方法是近代的，思想感情是封建式的。兩個時代在他身上激起了一個激烈的階級鬥爭，結果是封建社會把他的身體奪去了。然而他遺留給我們的是他的知識產品，那好像一座崔巍的樓閣，在幾千年的舊學城壘上，燦然放出一段異樣的光輝。」〔註34〕

〔註32〕吳其昌：《殷卜辭中所見先公先王三續考》，《燕京學報》第 14 期，1933 年版；朱芳圃：《殷卜辭所見先公先王再續考》，《新中華》復刊，第五卷第 4 期，1947 年版；董作賓：《五十年考訂殷代世系的檢討》，《學術季刊》第一卷第 3 期，1953 年版。

〔註33〕王國維：《古史新證》，清華研究院油印本 1925 年版；《國學月報》第二卷第 8、9、10 號合刊《王靜安專號》，1927 年版；北京來薰閣影印本，1934 年版。

〔註34〕郭沫若：《中國古代社會研究》自序，聯合書局 1930 年版。

第四章　秘笈寶典的舉世珍重

一、名流的富藏

　　晚清之際，許多有身份和地位的人都有收藏古物的嗜好。這其中，固然不乏學識淹博、鍾情金石以研究學問爲目的的學者，但大多數是附庸風雅的有錢人、有閒人，祇是爲了滿足自己的虛榮心和好奇心而已。

　　甲骨文發現以後，古物收藏家們大都認識到了它的文物收藏價值，於是紛紛購藏甲骨，出現了前所未有的甲骨收藏熱潮，致使甲骨在文物市場上價格猛增，最高時竟達每個字價值二兩五錢銀子，一片刻有十幾個字的甲骨可賣到二三十兩銀子的大價錢。

　　早期收藏甲骨的學者，除了王懿榮、王襄、孟定生、劉鶚、羅振玉等人之外，還有黃心甫、徐枋、方藥雨、沈曾植、王緒祖、王灌、盛昱、黃仲慧、劉季纓、方地山等人。〔註1〕他們也都是通過范維卿之手收購甲骨的，或多或少不等。不過這些人的收藏既沒有文字的記錄，所藏甲骨的下落也不甚明瞭。所以他們的收藏一般不爲人們注意，也致使今天回顧這段歷史時這些人的收藏過程和收藏內容成了令人遺憾的空白。

　　值得注意的是大官僚端方的甲骨收藏。端方（1861～1911），字午橋，號陶齋，滿族正白旗人。曾官任陝西巡撫、湖廣總督、兩江總督、直隸總督、鐵路督辦大臣等要職。後因鎮壓四川保路運動而被武昌起義的新軍殺死。端

〔註1〕　胡厚宣：《殷墟發掘》第 25 頁，學習生活出版社 1955 年版；《五十年甲骨文
　　　　發現的總結》第 26 頁，商務印書館 1951 年版。

方雖然是個封疆大吏，但也確實是個極愛讀書的人。他對於金石書畫也極其愛好，收藏宏富，又精於考究，曾著有《陶齋吉金錄》等書，在金石書畫、古董珍玩收藏界有一定的地位和影響。

甲骨文於 1899 年發現後，時任直隸昌霸道的端方立即敏銳地判斷出，這是具有極高收藏價值的文物古董，於是就不惜以重金買進。也正是他，為了收買到甲骨，出了一個字二兩五錢銀子的高價，哄抬了甲骨的市場行情。於是，古董商們一有貨到手，就樂顛顛地送到端方家中。實際上，早在甲骨文發現之前，范維卿等人即專門為端方搜集古物，常常往來於河北的武安與河南的彰德之間。此時，范維卿、趙執齋等著名古董商也都為他奔走效力。一時間，他以其名望、地位和財力而成為早期甲骨收藏家中最有實力的人物。

正因為端方的甲骨收藏頗具盛名，所以當孫詒讓於 1904 年寫成《契文舉例》之後，特別謄錄一個副本寄給他讓他指導批評。不過他可能祇是收藏而沒有研究，所以他最終也沒能給孫氏一個明確的回覆。也正因為如此，所以有人在研究甲骨學史時，認為端方是最早發現甲骨文的人，說「本年（1899）纔開始收買若干片，獻之端方」，「王懿榮得自北京在次年（1900），為時較晚。」〔註2〕

關於端方收藏甲骨的時間，羅振玉之弟羅振常曾說：「至近三年（謂宣統元年 1909 年）余兄專意收此，京客東客所有，無不留之。繼之者端午橋尚書，其餘好古之士如沈子培方伯亦嘗購之。」〔註3〕對這個說法，我們也表示懷疑，端方收藏甲骨的時間絕不會晚於 1909 年。因為對早期甲骨學史熟悉的甲骨學家明義士曾明確記載：「一九零四年范氏又得一千塊，到長沙售歸端方。」〔註4〕雖未說明端方開始收藏甲骨的時間，但由此可以斷定不會晚於 1904 年。陳夢家先生認為端方收藏甲骨不多，而且鑒別不精，內中頗多偽刻，所收真品不過 200 片，鑒於偽刻甲骨的出現在眾多學者收藏之後，由此斷定端方的收藏不能太早。〔註5〕所以我們基本同意陳氏的「端方收藏甲骨當在王（王懿榮）、劉（劉鶚）之後，與羅振玉同時或前後，即當光緒的末葉」的意見。

端方先後收藏的甲骨達 1000 片之多，但他政務纏身，無暇坐下來進行研究。估計也同其他的收藏家一樣，把甲骨文當作一種古董玩好，時時摩挲鑒

〔註2〕 董作賓、胡厚宣：《甲骨年表》，商務印書館 1937 年版。
〔註3〕 羅振常：《洹洛訪古遊記》上第 12 頁，上海蟬隱廬石印本 1936 年版。
〔註4〕 明義士：《甲骨卜辭》第 9 頁、第 15 頁，上海別發洋行 1917 年版。
〔註5〕 陳夢家：《殷虛卜辭綜述》，第 651 頁，中華書局 1988 年版。

賞而已。因此他也與甲骨學無緣。1911 年他被殺之後，所藏甲骨與其他家財一起四散，被賣於多人之手。

後來的甲骨收藏家很多。據統計，僅國內私人收藏家就有76位。其中20000片以上的有 3 人（劉體智、羅振玉、明義士）；10000 片以上的有 1 人（胡厚宣）；1000 片以上的有 2 人（葉玉森、于省吾）；500 片以上的有 5 人；100 片以上的有 24 人；100 片以下的有 40 人。〔註6〕這也祇是取其有名有姓知道情況的，實際上收藏甲骨的人也許還要更多些。有些收藏家由於其他原因，後來轉讓和分賣給其他收藏家，致使一些甲骨材料在流傳的過程中數易其主。這種情況比較複雜，難以詳述其實。一些學術機構、社會團體、文物保護管理部門、高等院校等公家單位，也有很多的收藏，無法統計其數。

個人收藏甲骨最多的是上海著名收藏家劉體智（字晦之，號善齋）。他以其財力廣收甲骨，遂成規模，藏有甲骨達 28000 多片。

劉氏善於收藏，但他本人並不研究甲骨。他把自己所藏的甲骨全部傳拓成冊，集爲《書契叢編》，共 18 卷冊，每冊後面有一些簡單的釋文。他爲了能讓這些甲骨材料有利於學術，曾讓人帶了一套拓本到日本，無償地提供給郭沫若利用。1937 年郭沫若從中選擇了 1595 片，編成了《殷契粹編》。郭氏曾稱讚他說：「劉氏體智所藏甲骨之多且精，殆爲海內外之冠。」〔註7〕

1953 年，劉氏將自己所藏的甲骨全部上繳給中央文化部文物局。這是國內最大的一宗甲骨材料歸公。

二、教士的收購

甲骨文發現的時代正是外國傳教士在中國活動最爲繁盛的年代。對於中國近代歷史上的外國傳教士的功過，今天的歷史研究者的觀點已經基本趨於公允，他們爲宗教信仰而獻身的崇高精神，是值得景仰的，他們爲中國的文化建設與科學知識傳播的功績，也是不應抹殺的。但我們仍不能矯枉過正，因爲他們之中確實有些人，打著傳教救世的堂皇旗幟，卻幹著文化掠奪的罪惡勾當。他們對中國古代的文物垂涎三尺，極盡其劫掠之能事。甲骨文在清末被發現後，他們又將黑手伸向了這些珍貴的古文字材料。

最早收購甲骨文的傳教士，是在山東濰縣傳教的美國神甫方法斂。方法

〔註6〕 胡厚宣：《五十年甲骨文發現的總結》，第 62 頁，商務印書館 1951 年版。
〔註7〕 郭沫若：《殷契粹編》序，日本文求堂 1937 年版。

斂（？～1914），美國匹茲堡人，1888年被美國基督教長老會派到中國，來到這個以出產古董商和古董贋品而著名的地區進行宗教活動。

1900年，八國聯軍攻佔了北京，一向把文物賣到北京的「東客」們不得已回到了他們的山東老家。以販賣甲骨而聞名的古董商范維卿、趙執齋、李茹賓等人也回到了家鄉濰縣。手中積壓著貴重的甲骨文，卻賣不出去，眼看著要蝕本。這個消息，傳到了對中國古物非常敏感的方法斂耳中。他從這些古董商那裡知道了甲骨文是中國三千年前的文字遺留，就決定收購甲骨。

1903年秋，方法斂從濰縣古董商手裏買到了大批甲骨。1904年冬，又和身在青州的英國基督教浸禮會的庫壽齡（？～1923）合夥，通過古董商買到了不少剛從小屯村發掘出的甲骨。1906年、1908年方法斂都有甲骨收藏。這一階段前後，安陽小屯村所出土的甲骨幾乎都流到了山東濰縣，又幾乎都被庫、方二氏收購。據有人統計，自1903年至1909年，庫、方二人僅從趙執齋手中購買到的甲骨竟達2720片；〔註8〕二人先後共收藏甲骨約5000片。〔註9〕

方法斂在收藏甲骨的同時，也對甲骨文進行了一定程度的研究。1906年，方法斂發表了《中國原始文字考》，〔註10〕向西方學術界介紹了這種新發現的殷墟甲骨文字。此書僅比劉鶚的《鐵雲藏龜》晚三年出版，因此可以說，方法斂是最早收藏甲骨的外國傳教士，也是最早研究甲骨文的西方學者。不過這種研究和介紹是相當膚淺的，甚至在對甲骨文的時代和性質上的判斷錯誤百出。因為方法斂等人除了與古董商人有所接觸，並未與當時的中國甲骨學家進行交流，祇是根據自己的收藏材料，在那裡閉門造車，孤芳自賞，而未預當時甲骨學研究的主流。他們的意見既未得到中國學者的指教，也未接受中國學者的一些正確觀點。比如，對於甲骨文的時代，中國學者早自劉鶚時就認為是「殷人刀筆文字」，孫詒讓認為是「周以前之物」，羅振玉先是判斷為「夏殷之龜」，後來認定甲骨卜辭是「殷室王朝之遺物」，而方法斂等人直到1911年還堅持認為，甲骨文是周朝文字。〔註11〕

方法斂、庫壽齡二人收藏甲骨，不僅是自己有興趣，研究學問，而且也像其他古董商一樣販賣贏利。他們把收藏到的甲骨再轉手倒賣，如曾賣給英

〔註8〕 陳夢家：《殷虛卜辭綜述》第657頁，中華書局1988年版。

〔註9〕 王宇信：《甲骨學通論》第76頁，中國社會科學出版社1989年版。

〔註10〕 方法斂：《中國原始文字考》，美國《卡內基博物院彙刊》第四卷，1906年版。

〔註11〕 方法斂：《最近發現之周朝文字》，《英國皇家亞洲文會雜誌》第10期，1911年版。

國人在上海辦的亞洲文會博物館 400 片，賣給英美教會學校濰縣廣文學堂校長柏根 79 片，賣給美國普林斯頓大學 119 片，賣給美國卡內基博物館 438 片，賣給英國英格蘭皇家博物館 760 片，賣給英國倫敦大英博物館 845 片，賣給美國芝加哥菲爾德博物館大片甲骨 4 片，賣給英國駐天津領事館領事金璋 484 片等等。〔註12〕

方法斂倒賣甲骨之前，總要對過手的甲骨一一摹錄下來，時間一長，竟然積累了 423 頁甲骨摹片。這些摹本後來由接手收藏者做了整理，印刷出版了三部著錄書：《庫方二氏藏甲骨文字》、《甲骨卜辭七集》、《金璋所藏甲骨卜辭》等。〔註13〕應該說，這對於甲骨材料的公佈也做出了貢獻。

不過應當注意的是，方法斂、庫壽齡所藏的甲骨中混入不少偽刻贗品。當時的作偽者伎倆並不高明，但是因為他們是外國人，初次接觸甲骨文字材料，鑒賞不精，輕而易舉地被古董商給蒙騙了。方氏還把那些作偽匠人用空白甲骨雕刻成的各種形狀的小巧骨片當作「護身符」，強加解釋。

方氏的摹本中，《庫方二氏藏甲骨文字》一書的偽刻最多，《甲骨卜辭七集》、《金璋所藏甲骨卜辭》二書經過了整理者的汰偽，偽刻部分多已去除。雖然摹本偽刻很多，但不偽的部分還是很有價值的。因此，許多學者如董作賓、郭沫若、胡光煒、容庚、陳夢家等人都曾對這些材料進行過審查和鑒別，雖然眾人辨認出的偽刻片數不等，但出入不大，大致趨同。陳夢家的最後審定結果表明，其中有 116 片是偽刻。〔註14〕這裡面有的是全片偽刻，有的是部分偽刻，部分偽刻也分幾種不同的情況，有真骨偽字的，也有真骨真字上加刻偽字的等等。

方法斂、庫壽齡之外，早期收藏甲骨的傳教士還有德國人威爾茨、衛禮賢及加拿大人懷履光，他們收藏的甲骨也大都賣到了外國的一些博物館。

總之，早期外國傳教士劫掠殷墟甲骨文販賣出國的總數達 5000 片左右。

加拿大籍傳教士明義士收藏甲骨的時間較晚，但他收藏的數量大，而且後來著書立說，影響較大，成為著名的甲骨學家。

〔註12〕陳夢家：《殷虛卜辭綜述》第 657 頁，中華書局 1988 年版。
〔註13〕方法斂、白瑞華：《庫方二氏藏甲骨文字》，商務印書館 1935 年版；《甲骨卜辭七集》，美國紐約影印單行本 1938 年版；《金璋所藏甲骨卜辭》，美國紐約影印單行本 1939 年版；白瑞華：《殷墟甲骨相片》，美國紐約影印單行本 1935 年版；《殷墟甲骨拓片》，美國紐約影印單行本 1937 年版
〔註14〕陳夢家：《殷虛卜辭綜述》第 652 頁，中華書局 1988 年版。

圖 4-1　明義士遺像

　　明義士（1885～1957），字子宜，加拿大安大略省克林頓市人。1910 年他來到中國河南北部的加拿大長老會做牧師，1913 年又幸運地被派到彰德府傳教。

　　就在明義士來到彰德府城不久，他在一次傳教途中，偶然「發現」了出土甲骨文字的殷墟遺址，並且喜歡上了這種新發現的中國古文字。之後，他常常騎著一匹白色老馬，來往優遊，勘察於小屯村周圍，搜尋、購買甲骨文字材料。他從小屯村民手中買到了大批小片的甲骨，也收集到了許多關於甲骨文出土和買賣的資訊和情況，這為他後來寫作甲骨學論著創造了有利的條件。

　　據說，他不滿意祇收購一些小片碎片，也希望能買到一些大片甲骨。村民們告訴他，大片都在古董商手裏。於是他開始接觸那些住在城裏的古董商人。古董商欺負他是個外國人，又是新手，沒有多少古董收藏經驗，就與彰德府城中的甲骨作偽匠人聯手欺騙了他。他們把一些新殺的牛骨拿來，刻上大字，再簡單地做些作舊的技術處理，就賣給他。雖然花了不少錢，但他還是很高興。可是不久當他打開箱子重新檢視、欣賞時，新骨腐臭不堪。他這時纔明白，原來他通過古董商買的大片全是假的。這給了他一個教訓，一是自己去搜求，二是不買大片，怕再上當。後來，他認真比較了真假甲骨的不同，漸漸看出了門道，成為甲骨辨偽高手。

　　不久，明義士的甲骨收藏就達到 50000 片之多。〔註15〕對於這個數目，一

〔註15〕明義士：《殷墟卜辭》自序，上海別發洋行石印本 1917 年版。

些學者認為有些誇張，不相信他在不長的時間裏收購那麼多。有人認為明義士收藏所得三四萬片是有的，〔註16〕有人認為加上他的以後所得，實際擁有的數量也祇是三萬多片，〔註17〕甚至還有人認為明義士所藏祇有五六千片。〔註18〕我們認為，這個明氏自己報出的數字，有可能是真切的。因為明義士所收甲骨主要是些小片碎片，而這些小碎片是其他古董商、收藏家常常棄而不顧的。小屯村四周的田地裏，碎片俯拾皆是。明義士又身在安陽，常去小屯，很容易收集到的，也花不了多少錢。明義士是個人收藏甲骨最多的學者。

1917年，明義士從其所藏的甲骨中，選出2369片，著錄為《殷墟卜辭》印行發表。〔註19〕明義士自題此書為「史前之中國第一集」，說明此時他對甲骨文的時代尚不甚明瞭。該書是明義士自己的甲骨臨摹本，這也是甲骨文材料以摹本著錄的開始。但明氏此書摹本，從片形到文字都有失真之處，漏字也不少。不如其他的摹本著錄書準確。不過從內容來說，是大體可靠的。

在這本書的序言中，明義士也像庫壽齡一樣，認為自己是甲骨文的發現者，以「發現」殷墟第一人自居：「……此即殷朝武乙故都，殷墟是也。那時，作者是第一個懷著單純的科學興趣的外國人或中國學者到殷墟考察的考古者。」〔註20〕實際上，甲骨文是王懿榮、王襄等人首先發現的，而訪知甲骨文的出土地是安陽小屯、是殷墟故都者是甲骨學家羅振玉，時間在1908年。但是可以說，明義士是第一個親自踏訪殷墟的甲骨學家。他比羅振玉早兩年來到殷墟小屯。他很幸運，上帝派他到安陽去傳教，使他一到安陽就碰巧看到了小屯村和那裡出土的甲骨文，使他有機會直接到小屯村去收購甲骨文並勘察遺址。

之後，明義士又在小屯收購到了幾次大宗的甲骨。據說，1923年、1924年、1926年小屯村民私掘的幾坑甲骨，都被明義士全部買走了。

1927年國民革命軍開始北伐，豫北戰事吃緊，明義士撤往天津。所藏甲骨也祇是選了一些字多的大片裝箱，多數小片甲骨和他收藏的陶器、青銅器及中文書籍未能帶走，全部焚毀在戰火之中。他把從河南帶出的甲骨製成拓片，分贈給馬衡、容庚、商承祚、曾毅公等學者。這使中國學者知道，明義

〔註16〕 胡厚宣：《殷墟發掘》第33頁，學習生活出版社1955年版。
〔註17〕 吳浩坤、潘悠：《中國甲骨學史》第17頁，上海人民出版社1987年版。
〔註18〕 蕭艾：《甲骨文史話》第52頁，文物出版社1980年版。
〔註19〕 明義士：《殷墟卜辭》，上海別發洋行石印本1917年版。
〔註20〕 明義士：《殷墟卜辭》自序，上海別發洋行石印本1917年版。

士是個很有實力的甲骨學家。

　　1932 年，明義士應邀來到山東齊魯大學任考古學教授，也把自己搜集的甲骨、陶器、青銅器等殷墟古器物運到濟南，在此建立了文物陳列室。他給學生介紹西方近代考古學新方法和新發現，並給有興趣的學生開設甲骨學研究的課程。1933 年，明氏在這個講義的基礎上，整理出了《甲骨研究》一書出版。〔註21〕該書共分七個章節，前六章主要講與甲骨學史有關的內容，如甲骨文發現小史、甲骨的購買者及所買片數等等。第七章是他對商代帝王世系的研究。雖然第七章中明義士對「商祖名者之次序」和「有姓名者爲王位直系」等也都有可取的觀點，但學者對其前六章更爲重視，如有學者這樣評價道：「明對小屯每宗甲骨出土及流傳情況，因『身臨其境』而瞭如指掌。故所著《甲骨講義》（實即《甲骨研究》）記載最爲準確、詳瞻和具有權威性。」〔註22〕

　　抗戰爆發後，明義士回國，從所藏甲骨中選了不少精品攜帶出去。這部分甲骨材料包括甲骨實物 4700 片和留在中國未經發表的甲骨拓片 2813 片，後來收藏在加拿大安大略皇家博物館，經臺灣學者許進雄多年的辛勤整理，如今已著錄公佈於世。〔註 23〕明氏未能帶走的甲骨分藏三處：一批現在南京博物館，共 2396 片。這一部分甲骨材料正是 1917 年明義士在其《殷墟卜辭》中著錄的那些內容。〔註24〕一批藏在齊魯大學院內地下，約有 8000 片，現藏山東省博物館。另一批藏故宮博物院，有 20364 片。〔註 25〕如將這些材料公佈於世，則勢必會引起甲骨學界的重視。

三、村民的私掘

　　小屯村民怎麼也不會想到，他們往日順手扔出田壟的「字骨頭」會成爲高檔的古董文物。可是當這種原來藥店**裏**還不願意收的極不值錢的東西換成了白花花的銀子時，當一些古董商坐鎮小屯收購甲骨時，小屯村民再也坐不住了。一些人就開始打算到田里去尋找或到常出字骨的地方去挖掘。

〔註21〕明義士：《甲骨研究》，齊魯大學石印本 1933 年版。
〔註22〕王宇信：《甲骨學通論》第 40 頁，中國社會科學出版社 1989 年版。
〔註23〕許進雄編輯：《明義士收藏甲骨》（二冊），加拿大安大略皇家博物館銅版影印本 1972 年版；《殷墟卜辭後編》，臺灣藝文印書館 1972 年版。
〔註24〕胡厚宣：《殷墟發掘》第 34 頁，學習生活出版社 1955 年版。
〔註25〕王宇信：《甲骨學通論》第 75 頁、第 264 頁，中國社會科學出版社 1989 年版。

圖 4-2　小屯村東北地出土甲骨地簡圖

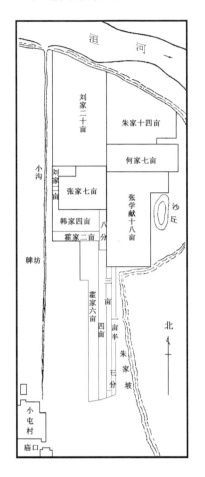

最早在自家田地**裏**挖掘甲骨的是劉家。1900 年的春季，劉家在村東北洹河南岸的臺地上自家的二十畝地**裏**，一坑挖出了 1500 多片甲骨。〔註26〕又是范維卿捷足先登，買到了這批甲骨。他連夜起程趕往天津、北京，以其中的800 片賣給了北京的王懿榮，天津的王襄、孟定生和北京的端方也各有所得。當然，范維卿是以高出收買價幾倍的價錢賣給這些收藏家的，他從中著實發了一筆大財。

第二批大規模的村民挖骨，是在 1904 年的多天。這時《鐵雲藏龜》已經出版，收藏甲骨的人越來越多，甲骨的市場行情看好，價格攀升。古董商再次坐鎮小屯收購甲骨。小屯地主朱坤組織家人，在自家地**裏**挖骨。朱家的十

〔註26〕陳煒湛：《甲骨文簡論》第 3 頁，上海古籍出版社 1987 年版。

四畝地也在村東北的洹河南岸臺地上，在劉家地的東邊。當時天還下著小雪，地裏又離家太遠，朱坤就讓人在地裏搭起了席棚，生起了爐灶，乾脆一幫人吃住在地裏，免得來回跑耽誤事。一連挖了十幾天，收穫很大，大坑裏挖出的甲骨裝滿了幾輛架子車，一車車地送到了家中。劉家人以爲朱坤挖到了他們的地裏，就找朱坤吵架，話不投機，就打將起來，直打得頭破血流。官府得知後，下令禁止私掘。這次發掘的大量甲骨，除少部分歸羅振玉外，大多數由古董商運到了山東濰縣賣給了傳教士方法斂和庫壽齡。

在此之後，小屯村民每年都有人挖出甲骨，賣給古董商。今就有文字記載可查的，舉其要者如下：

1909 年春，青黃不接，貧苦村民在村南路口的村長張學獻家的一塊地裏挖山藥吃，不料卻挖出了甲骨。張的母親爲了要回這些甲骨，還和人家打了起來。這次發掘的甲骨都是牛肩胛骨，村人稱爲「馬蹄兒」，破裂的稱「條骨」。這些甲骨經古董商之手，賣給了羅振玉。

1911 年前後，小屯村又有多處出土了甲骨。羅振玉派其弟弟羅振常等到安陽收購，他們在此地逗留了五十天，先後共收甲骨 12000 多片。

1917 年，小屯村中和村南都陸續出土了大批甲骨。這些甲骨通過古董商之手，賣給了王襄等人。

1920 年，華北五省大旱成災，小屯村一帶村民無以爲生，就三五成群到小屯村田地裏挖骨。地主們竭力阻止，也無能爲力。不過災民在過去曾出土甲骨的地方挖，再三搜尋，所獲甲骨並不多。

1923 年春，張學獻的家丁在張家村中的菜園子裏翻地種菜時，出土了兩片大甲骨。

1924 年，小屯村有人在院裏垛牆，就地取土時發現了一坑甲骨，其中或有較大的骨片。這批甲骨被明義士神甫買去。

1925 年，小屯村人在村前的大路旁邊大舉發掘，所得甲骨裝了滿滿的幾筐。其中有一片牛肩胛骨長達一尺以上。這批甲骨後來被上海古董商買去，賣給了大收藏家劉體智先生。

1926 年春，太行山上的土匪「老擡」綁票了小屯村長張學獻，爲了贖票，張家花了很多錢。村民就與張家商量合夥挖掘了張家菜園裏的甲骨，所得甲骨雙方各分一半。大肆挖掘過程中，還出現了塌方事件，砸傷一人。這次所得的甲骨主要是牛肩胛骨，內容豐富而且很重要，先後都讓明義士神甫買走了。

　　1928 年春，北伐軍打仗到了安陽，影響了村民種莊稼。戰爭之後，莊稼無收，村民生活無著，又一次蜂擁去挖甲骨。這次地主不幹了，商量的結果，挖掘所得與地主各分一半。這是一次大規模的發掘，村邊、路旁、麥場前、樹林中，到處都是挖骨的坑穴，出土了不少甲骨，分別賣給了上海和開封的古董商，救活了大批村民。

　　小屯村民的私自挖掘，大都是在極其秘密的情況下進行的，外人知道的很不詳細。因此以上所列也祇是近三十多年的盜掘中幾個明顯的例子而已，實際的盜掘次數應當更多些。

　　據統計，在此之前的村民私自盜掘所出的甲骨約在 80000 片以上。〔註27〕而自甲骨文發現以來，殷墟甲骨共出土了大約 160000 片。〔註28〕也就是說，村民私自盜掘所得甲骨佔了殷墟出土甲骨總數的一半。這確實是個不小的數目。

　　小屯一帶的村民，早有盜掘古物的傳統與經驗。村子周圍各個時代的古墓很少有完整保存下來的，幾乎沒有不被盜掘的。甲骨文被發現之後，盜掘古物的風氣又死灰復燃。先是挖掘甲骨，後來凡是可以賣錢的「爵杯花插（觚）玉戈頭」都在搜尋的範圍裏面。1928 年秋，中央研究院派遣殷墟發掘團進駐小屯進行科學發掘，村民的盜掘之風纔開始稍有收斂。但在背地裏私自盜掘的現象也時有發生。抗戰爆發之後，中央研究院的發掘團撤出南遷，小屯村民的盜掘活動更加猖獗，地方政府、村鎮保長們與古董商人勾結在一起，成立了所謂的「古物保存會」，慫恿村民有恃無恐地大挖特挖起來。

　　長期的私自盜掘，也使得村民們積累了豐富的古物挖掘經驗，這種「專業知識」一點也不比考古學家們差。不過，他們私自盜掘的目的不是通過遺址、遺物研究學術問題，而是找出古器賣銀圓。這就決定了他們的挖掘方法也不同於考古學家們的發掘。考古工作者要的是灰土、黑土、紅燒土、陶片等，凡是古人居住地方的一切遺物、遺跡、遺址都在考察之中。村民盜掘者卻非常討厭看到挖出的是灰土和瓦片（即陶片），他們要的是夯土，因為他們知道，古代的青銅器墓葬往往經過了夯打，夯土就是能挖到寶物的綫索。

　　這一時期殷墟遺址遭到了極大的破壞，被挖得千瘡百孔，體無完膚；殷墟甲骨文也有很多被損壞，流失無數。據後來的有心人統計，這些甲骨流失

〔註27〕以上幾宗村民私掘參見董作賓、胡厚宣：《甲骨年表》；董作賓：《甲骨學五十年》；陳夢家：《殷虛卜辭綜述》等書。
〔註28〕胡厚宣：《八十五年來甲骨文材料之再統計》，《史學月刊》1984 年第 5 期。

的重要綫索有：北京圖書館得 200 片，輔仁大學得 195 片，李泰芬得 1000 片，于省吾得 1000 片，謝午生得 500 片，徐宗元得 300 片，孫海波得 200 片，陳保之得 100 片，上海孔德研究所得 1500 片，郭若愚得 80 片，孫師匡得 50 片，胡厚宣也得到不少。後來出版了 12 種著錄書，共著錄甲骨約有 10000 多片。〔註29〕這當然不會是抗戰期間小屯村民私自盜掘的甲骨的總數，加上那些小片的、未著錄的以及流失到國外的甲骨，應該有更多。

與甲骨的盜掘相關的是甲骨的僞刻。小屯村民盜掘甲骨，是因爲世人重視，有人出高價收買。出於同樣的原因，安陽的工藝匠人幹起了僞刻甲骨的勾當。甲骨僞刻，同樣也是一種對甲骨文物的破壞，是對甲骨學術研究的一種干擾。

當時安陽城裏仿刻甲骨的有三四個人，但刻的最好的是藍葆光。藍原本出身於河北省某縣的一個大戶人家，因爲染上了吸大煙的惡習，家庭破落，一個人流浪到安陽，靠爲人篆刻治印糊口。後來他發現甲骨很賣錢，就琢磨著仿刻了一些，居然很快出手，有了抽白面的本錢。一些古董商也和他聯起手來合作仿刻甲骨。其做法是，由古董商以極便宜的價格從小屯大量收購那些無字的大片甲骨，讓藍葆光仿刻上文字，再出售賣給外地的古董商或收藏家，尤其是那些外國的傳教士，可謂一本萬利。

後來許多古董商都做這種生意，小屯村的無字甲骨也值錢了，而且也少見了。舊的骨頭不夠用，古董商就到屠宰場去收一些新殺牲口的骨頭，不管牛的、馬的、驢的、豬的，洗洗乾淨，刻上文字，摻入眞片，一樣賣錢。藍葆光因爲有刻印的工夫，刀工精熟，所刻文字又非常整齊，一般的古董商和收藏家還眞看不出是假的。

藍葆光仿刻了一輩子甲骨，經他的手，不知製造了多少甲骨贋品，但他自始至終並不認識甲骨文字。他早年刻的字多是他從眞片上看來的字，刻的多了，記住一些，想起那個字就刻那個字，湊成段落，不成辭句，有的字還倒著刻、反著刻，有的是不同時代的字體放在一起，也有他自己發明的字，有他用其他文字字體刻寫的古典文學裏的詞句。但後來他有了長進，學會了從眞片上、從甲骨著錄書上，抄錄完整的句子和段落。這等於是眞片的翻版，就跟眞的一樣了。〔註30〕

不僅如此，藍還在一些有字甲骨片上補刻更多的文字，造成了半僞甲骨；

〔註29〕胡厚宣：《殷墟發掘》第 121 頁，學習生活出版社 1955 年版。
〔註30〕董作賓：《甲骨學五十年》第 2 頁，臺灣藝文印書館 1955 年版。

在玉器上刻寫文字，以換取高額價錢；把那些無字的小片甲骨雕刻成各種小巧的動物造型，作為「護身符」賣給外國人等等，〔註31〕不一而足。

藍的偽刻甲骨畢竟有很多的漏洞和破綻，如他刻的與甲骨文例不合，刻字的位置也與反面鑽鑿、灼痕不太對應，文字的行款走向也與真片相違等。但當時人們沒有「辨偽」意識和技術，看不出真假來，所以有很多人上了當。不僅外國人，如方法斂、庫壽齡、明義士、林泰輔等人買了不少偽刻甲骨，而且許多中國學者也不免被偽刻的甲骨欺騙，如劉鶚《鐵雲藏龜》、商承祚《殷契佚存》、黃濬《鄴中片羽》等著名甲骨著錄書中，也混有一些偽片。〔註32〕

甲骨偽刻給學者們帶來了不少麻煩，它使甲骨學研究中憑空多了「辨偽」一項煩瑣的工作，也使得有些重要的甲骨片子至今尚真偽難辨（如著名的家譜刻辭），同時也使得一些學者在上當受騙之後，懷疑起甲骨文來，認為所有的甲骨文全是滿身銅臭的古董商們的偽刻贗品等等。應該說，甲骨作偽者藍葆光之流像甲骨盜掘者一樣，也是甲骨學史上不可饒恕的罪人。

四、日人的介入

甲骨文發現後不久，不少頭腦敏銳的日本學人也紛紛介入，購買收藏。

據稱，日本的三井源右衛門較早從事甲骨收購事宜，其所藏甲骨達 3000 片之多，而且「所得蓋在上虞羅氏之前，遣專足自安陽輦來者」。〔註33〕如果真是這樣，那麼日本人三井源右衛門當是在王懿榮、王襄之後，與劉鶚等人同時的日派專人前往安陽收購甲骨的早期甲骨收藏家。

又據載，1904 年以後，當時在天津任《日日新聞》主筆的日本人西村博也開始搜購甲骨了，其收藏應得自古董商范維卿之手。〔註34〕

早期重要的日本甲骨學家當首推日本高等師範學校教授林泰輔博士。

1903 年劉鶚的《鐵雲藏龜》出版不久，林泰輔看到以後就認為這種甲骨文字是偽造之物。1905 年東京文求堂從古董商手裏買到 300 片，放在店中出售。林氏從中選購了 10 片。經過認真審視實物之後，林氏疑竇纔渙然冰釋，

〔註31〕蕭琴譯：《金璋在中國收購甲骨的概況》，《殷都學刊》1991 年第 2 期。
〔註32〕吳浩坤、潘悠：《中國甲骨學史》第 200 頁，上海人民出版社 1985 年版。
〔註33〕金祖同：《殷契遺珠》「發凡」第 46 頁，上海中法出版委員會 1939 年版；《龜卜》跋，上海溫知書店影印本 1948 年版。
〔註34〕明義士：《甲骨研究》第 10 頁，齊魯大學石印本 1933 年版。

相信了這是眞正的古代文字材料，史料價值極高。當時的日本學術界尤其是京都的關西學派都不相信甲骨文的存在，這其中不乏他們對中國古代文化存有偏見的因素。而祇有林氏保持著清醒的頭腦。

爲此，他於 1909 年還撰寫了《清國河南湯陰縣發現之龜甲獸骨》〔註 35〕一文，極力宣傳和介紹這種新出現的古代文字。該文完稿後，他還給中國學者羅振玉寄了一個副本，讓羅氏給以指教。林氏此文旁徵博引，對羅氏爲《鐵雲藏龜》所做的序文有所補苴和發明，使羅氏認爲有必要對一些問題繼續進行認眞的研究。可以說，林氏此文對羅振玉的甲骨學研究有一定的啓發和推動作用。

在此基礎上，他盡其財力，又購買了 600 多片甲骨，拿回去進行研究，漸漸對甲骨文有了更多的認識和心得。

1917 年，林泰輔搜羅了商周遺文會、椎文齋、聽冰閣、繼述堂等日本諸家所藏甲骨拓本，編成了《龜甲獸骨文字》〔註 36〕一書。此書共二卷冊，著錄甲骨 1023 片，書後附有手抄釋文。這是由日本學者編纂的第一部殷墟甲骨文著錄書。正是由於林氏的積極宣揚，影響了更多的日本學者注意甲骨文，收藏甲骨文。

林泰輔也是一位求實求眞的學者，像羅振玉一樣，他於 1918 年專程來到中國河南，親赴河南安陽小屯村調查遺址，收購甲骨文等文物，計購得甲骨文 20 片，陶器、骨器、蚌器、貝器等很多。回國之後，林氏又著了《殷墟遺物研究》一文，〔註 37〕記述了他到安陽小屯察訪的過程，有收購甲骨的經過，有對甲骨文出土地的踏勘，也有對當地風土人情的描述。

其實，在甲骨學史的早期階段，日本學者來到殷墟小屯踏訪的，恐怕不止林氏一人。

1922 年，日本學人大山柏曾到殷墟進行調查。〔註 38〕

1926 年，日本學者濱田耕作等人來過殷墟，出面糾集一些中國人組織了東方考古學會，目的就是想發掘殷墟。發掘不被允許，就在當地大肆購買。〔註 39〕

〔註 35〕林泰輔：《清國河南省湯陰縣發現之龜甲牛骨》，日本《史學雜誌》第二十編，第 8～10 號，1909 年版。

〔註 36〕林泰輔：《龜甲獸骨文字》，日本商周遺文會影印本 1921 年版。

〔註 37〕林泰輔：《殷墟遺物研究》，日本《東亞之光》第十四卷第 5 號，1919 年版。參見徐嘉瑞：《日本甲骨之收藏與研究》，《國學月報》第二卷第 1 期，1927 年版。

〔註 38〕郭寶鈞：《一九五零年春殷墟發掘展覽說明書》，引自胡厚宣《殷墟發掘》第 31 頁。

〔註 39〕胡厚宣：《殷墟發掘》第 30 頁，學習生活出版社 1955 年版。

郭沫若曾說：他在京都大學考古學教室見到所藏的四五十片甲骨，其中一半是羅振玉寄贈的，另一半就是濱田耕作在殷墟所拾得的。〔註40〕

從此以後，日本學人中收藏甲骨的明顯增多了。羅振玉在日本期間，他曾見到日本人收藏的甲骨文材料，稱許富而精，「海東諸同好，以鑒別精審，故無一贋品」。到 1932 年郭沫若流亡日本時，在東京、京都兩地所見九家所藏甲骨，已在 3000 片以上。郭說：「余以寄寓此邦之便，頗欲征集諸家所藏，以爲一書，去歲夏秋之交，即從事探訪，計於江戶所見者：東京大學考古教室所藏約千片，上野博物館二十餘片，中村不折氏約千片，中島蠔山氏二百片，田中子祥氏四百餘片，已在兩千片以上。十一月初旬，攜子祥次子震二君赴京都，復見京大考古教室所藏四五十片，內藤湖南博士二十餘片，故富岡君撝氏七八百片，合計已在三千片左右。此處聞尚有大宗搜集家，因種種關係，未能寓目。」〔註41〕郭氏於 1933 年曾在這些收藏家的甲骨中，選擇了較爲重要的片子編成了《日本所藏甲骨擇尤》，收錄其著錄書《卜辭通纂》中。

據統計，1928 年中國政府出面組織科學發掘殷墟甲骨文以前，流入日本的私自盜掘甲骨達 15000 片。〔註42〕

〔註40〕郭沫若：《卜辭通纂》序，科學出版社 1983 年版。
〔註41〕郭沫若：《卜辭通纂》序，科學出版社 1983 年版。
〔註42〕胡厚宣：《殷墟發掘》第 31 頁，學習生活出版社 1955 年版。

第五章　殷商都城的科學發掘

一、董氏的調查

　　殷墟遺址的長期盜掘，使得甲骨文材料大量流失。其實，殷墟的盜掘，所損失的豈止是甲骨文字，「因搜求字骨毀棄他器，紊亂地下之情形，學術之損失尤大。」〔註1〕一些對中國文化學術事業有責任感和正義感的學者看在眼裏，痛在心頭，多次呼籲由政府出面組織正式發掘，制止一切對殷墟遺址的破壞活動，避免珍貴的甲骨文字材料和地下遺跡資料再有更大的損失。

　　1928年10月，中華民國政府在廣州成立了中央研究院歷史語言研究所，著名學者傅斯年擔任所長，下設歷史、語言、民族、考古四個組。對中國學術有遠見卓識並做出巨大貢獻的傅斯年先生，成立研究所之後要做的第一件事即是對殷墟遺址的調查與發掘。按照甲骨學家羅振玉的估計和當時大多數人的說法，經過這麼多年的村民私自盜掘，出土數萬片，殷墟甲骨文可能「寶藏一空矣」。〔註2〕殷墟遺址地下還有沒有出甲骨文的可能，殷墟發掘還有沒有必要，這是傅所長非常關心的問題。為此，在研究所尚在籌備之中的八月，就派董作賓先生來到殷墟進行調查。

　　董作賓（1895～1963），原名仁，後改名作賓，字彥堂，又作雁堂，別號平廬，河南南陽人。24歲時在河南育才館從時經訓先生學商簡，纔知道有甲骨文字。28歲時入北京大學做旁聽生，開始學習甲骨文字。29歲考入北京大學研究

〔註1〕傅斯年：《本所發掘安陽殷墟之經過》，《安陽發掘報告》第2期，1930年版。
〔註2〕董作賓：《民國十七年十月試掘安陽小屯報告書》，《安陽發掘報告》第1期，1929年版。

所國學門做研究生，研習方言與歌謠。33 歲任北大研究所國學門幹事，同年秋赴廣州中山大學任教。第二年，被傅斯年聘為中央研究院歷史語言研究所通信員，接受委派來到安陽調查甲骨文字的出土情況。從此，董作賓與殷墟甲骨文結下了不解之緣，多次主持殷墟發掘工作。歷任歷史語言研究所通信員、編輯員、研究員、中央研究院院士和歷史語言研究所代理所長。1949 年隨中央研究院遷往臺灣。董作賓專門研究甲骨文字，成績卓著，成為甲骨學大家、一代學術宗師，是甲骨學史上的重要人物，著名的「甲骨四堂」之一。

1928 年 8 月 12 日，董作賓來到安陽。董為了瞭解情況，先來到了省立第十一中學（後來的安陽市第五中學），找到他過去在開封結識的朋友、時任該校校長的張尚德。董說明來意，張是當地人，自然對家鄉歷史文物瞭如指掌，當即向他提供了一些小屯村出土甲骨的資訊。1925 年張來到這裡當校長不久，即帶領學生到小屯村做了調查。出甲骨的地方是瀕臨洹河的農田，當時田里還有不少的無字甲骨。手持小棍兒掘地，下挖不到一尺，就可見到甲骨的殘片，但有字的甲骨不容易挖到。有字甲骨須到村中去買，出一塊洋元就能買到一大捧小片甲骨。這些年來，仍陸續有成批的甲骨出土。董聽了這些話，覺得很有希望，就決定明天一早到小屯村踏訪。

不巧，第二天早晨下起了小雨，土路泥濘，不便行走，董不得已改變了注意，決定先在城中訪問一些古董店。董先到古董店比較集中的西門內大街，一連走訪了幾家，也看到了一些小片的甲骨出售，但當他問起甲骨的出土地及最近的出土情形時，這些店家老闆知道他是外鄉人，都紛紛搖頭不肯告訴他實情。最後，董來到了鐘鼓巷的遵古齋，該店店主姓王，人很誠實。從他那裡，董瞭解到一些甲骨出土的消息，知道了 1920 年、1925 年和 1928 年當年都有大批的甲骨出土，小屯村還有一些甲骨沒有賣出去，店裏可以代為搜求。王還出示了店中所藏的三塊小片甲骨，並告知了大小甲骨收購的不同價錢。在此，董還看到了由藍葆光仿刻的一片牛肩胛骨，刻工精細，酷似真品。

第三天天氣放晴，董請十一中的徐某做嚮導，來到小屯殷墟遺址調查。徐有一個熟人閆金聲在小屯旁邊的花園莊做私塾教師，二人先到花園莊找到了閆老師。閆老師知道了他們的目的，就打發學生們回家去拿，自己也出去尋找。不一會，老師、學生陸續回來了，共帶回七八片有字的小片甲骨。董一一收下，每人給了他們一個銅元。

走出私塾，董又來到小屯村北，去察看甲骨出土的地方。走到小屯村中

時，董先從一個年輕婦女那裡花五角錢買了一盤幾十片小甲骨。村里人知道有人在收甲骨，男女老少一大群人蜂擁而至，都用籮筐、簸箕、盤子等端著小片甲骨，圍著向董先生兜售。董很高興，一一檢視，都買了下來。還有一個老婦人和一個老漢，分別拿著六七片完整的大片甲骨，向董兜售，董也很喜歡，祇是要價太高，祇好放棄。因為此次董是來打探消息的，不是專門來買甲骨的，所得甲骨片之大小，字之殘整，都是無所謂的。村民對董作賓說，古董商經常到村子裏來，都肯出高價購買有字甲骨，就是不要小片碎片。這些小碎片，都是村民挖掘時拿了大片後放棄的，小孩子們在一旁看熱鬧，就把這些碎片收揀起來。所以這些小片很便宜。董先生共買了七八宗，足有百餘片，卻祇花了兩三元錢。

最後，董雇請了一個小女孩做嚮導，帶他們來到了出土甲骨的村東北洹河岸邊的一個沙丘上。果然，沙丘上有人們新近挖掘的土坑十餘個，董還在一個坑邊撿到一片無字骨版。董有些納悶，明明是沙丘上出土甲骨，怎麼羅振玉說是在棉田里，而張尚德說是在莊稼地裏呢？此時董還不知道，小屯村中各處都出土甲骨，不獨河岸沙丘。

通過這次調查，董作賓大有收穫，小屯仍有甲骨出土，殷墟還有繼續發掘的價值。因此建議，「遲之一日，即有一日之損失，是則由國家學術機關以科學方法發掘之，實為刻不容緩之圖。」〔註3〕中央研究院接到董作賓的調查報告，也認為「古學知識，不僅在於文字。無文字之器物，亦是研究要件。地下情形之知識，乃為近代考古學實最要求者。若僅為取得文字而從事發掘，所得者一，所損者千矣……如不由政府收其餘地，別探文字以外之知識，恐以後損失更大矣。」〔註4〕於是決定出歷史語言研究所考古組正式組團發掘殷墟遺址。

雖然殷墟發掘最初是由於甲骨文流失和破壞促成的，是因為甲骨文的重要引起了對出土地殷墟的重視，但做出發掘殷墟的決定並不單單是為了甲骨文。胡厚宣先生這樣概括當時要發掘殷墟的四點原因：「首先因為甲骨文是重要的歷史資料，多少年來，歐美日本帝國主義者大量搜購甲骨，引起了販賣者集眾挖

〔註3〕　董作賓：《民國十七年十月試掘安陽小屯報告書》「調查」一節，《安陽發掘報告》第1期，1929年版。
〔註4〕　中央研究院：《國立中央研究院十七年度總報告》歷史語言研究所部分，「安陽調查」節。

掘，所出甲骨，多已杳無下落。其次是這樣非科學的挖掘，多經一次，即多一次損失。因祇知搜求甲骨，卻毀壞了他種器物，攪亂了地下的情形。三則殷墟遺址因有甲骨，時代明確，可以作為其他遺址的尺度準繩，要想解決其他遺址的問題，必先發掘殷墟。四則應用近代考古學的科學方法發掘殷墟，除了挖掘甲骨文字之外，更重要的是注意地下情形，搜尋其他器物、工具、人骨、獸骨，以解決一切甲骨文字所不能解決的殷代整個文化的問題。」〔註5〕

二、初掘的收穫

歷史語言研究所決定發掘殷墟之後，董作賓制訂了一個詳細的發掘計劃，包括分區、平起、遞填等發掘的方法，工人、時日的安排，經費款項、器具的準備等等。等到一切有關公文辦好、經費籌齊、器材買到以及與地方政府談妥等一應手續辦完以後，董作賓與河南省政府省教育廳派來協助工作的張錫晉、郭寶鈞以及聘請到的工作人員李春昱、趙芝庭、王湘等人，一起來到了安陽，住在離小屯村較近的洹上村彰德府高級中學院中。

圖 5-1　殷墟發掘開工紀念合影照

1928 年 10 月 13 日的一大早，人們來到小屯村開工發掘。正式開工之前，還舉行了隆重的發掘儀式，董作賓先生率領全體工作人員包括 20 多個民工及

〔註 5〕　胡厚宣：《殷墟發掘》第 45 頁、第 46 頁，學習生活出版社 1955 年版。

縣政府派來的治安警察和負責保衛的官兵十幾人，在村北沙丘上站立合影，陣勢頗爲壯觀。這次挖掘的地點分作三個區：第一區，小屯村東北洹河岸邊臺地上；第二區，小屯村北地；第三區，小屯村中。

開始以後，發掘進展得很不順利。董作賓的計劃太近於理想，按所定的「輪廓求法」去挖，幾天下來，幾乎沒有什麼收穫。董受到當地人在莊稼地**裏**挖天花粉的做法啓發，及時改進方法，按「打探求法」和「集中求法」去做，但仍不見有太大效果。所謂「輪廓求法」，是「先由周圍打四坑以探求其輪廓」。「集中求法」，即集中全力向穀地中地面多甲骨之處求之。而「打探求法」，是用探鏟探測一丈之內的地下土色，即縮小範圍的「輪廓求法」。後來還是依靠當地村民的盜掘經驗，聽了他們的勸告，根據他們指定的地點去挖，纔漸漸有所發現。

幾天的努力與失敗，也告訴董作賓等人這樣一個事實，甲骨文的可能出土地已經不在沙丘，而在沙丘以西的棉田和棉田以北的洹河岸邊穀地或者其他的地方。不過考古隊在第一區、第二區的工作，幾乎都沒有什麼成績，所得的也祇是些破碎的甲骨片。因爲這些地方早經村民們私自盜掘過多次了。

而在第三區的村中，卻頗有成績。挖掘的第 24 號土坑，出土了不少的甲骨。在距地表 3 尺發現了無字甲骨；4 尺處發現了陶片；5 尺處發現了陶片和獸骨、木炭等；6 尺處發現了有字甲骨 15 片；骨質堅硬，表面光滑而黝黑，字跡清晰；6～8 尺處也發現了有字甲骨 13 片。這是考古隊在發掘中第一次獲得這麼多的甲骨。這一區中的第 27 號、第 28 號、第 30 號、第 31 號、第 34 號各坑，也都發現了不少的甲骨，而且多是些牛肩胛骨版。

鑒於村北已不出甲骨而村中多見的情況，董作賓先生當即決定，集中人力在村中發掘。於是，他結束了在村北第一區、第二區的工作，移師村中專門發掘第三區。這次發掘後半段的工作，時間從 10 月 24 日至 30 日，主要集中在村中，而且主要是對第 36 號、第 37 號、第 38 號、第 39 號、第 40 號等五個坑的發掘。其中第 38 號、第 39 號、第 40 號坑無什麼所得，而第 36 號和第 37 號坑，出土了很多甲骨，令人欣慰。

第 37 號坑地點在韓姓屋後，爲進入小屯村的大路口。這個坑所出的甲骨也都是骨版，而且是在未經刮削整治的天然牛肩胛骨上直接刻字，與一般的甲骨經過整治然後刻字不同。那些無字的骨版，有的上面有花紋，好像是用烙鐵製作的火烙花一樣，非常特別。祇是這個地方在大路上，易受路溝積水

的侵蝕，所以骨版大都腐朽不堪，一觸即碎。

第36號坑的發掘，就是依靠村民經驗的一個成功例子，也是這次發掘的精華所在。在發掘中間，一個村民與董氏閒談，說到當年因為北伐軍與軍閥在洹河兩岸作戰的影響，莊稼無收，就在那年的春天，村民曾在韓姓住宅大路下挖出大批甲骨。不過還沒挖下去幾尺，地主知道後出來干涉，挖掘也就停止了。董聽到這個消息，馬上到村前路上察看，果然有些綫索。23日，他命令把其他坑都停下來，親自督工來挖村南路坑，即第36號坑。當挖到五六尺時，開始見到龜版，並由此發現了一個西高東低的龜版層。密集的地方，三五片甲骨互相粘連在一起，錯雜在沙土之中。稀少的地方，一尺遠近可得到一片兩片。這一坑共出有字龜版135片，無字龜版175片。全部是龜版，與第37號坑、第24號坑祇出骨版明顯不同。這很值得注意。祇在坑內六七尺深處的灰土中，發現了三片骨版。但這與龜版層無關，顯然是另外埋藏或丟棄的。

如此緊張忙碌地發掘了18天，有經驗也有教訓，有收穫但也有必要停下來總結改進。加上當地土匪的騷擾，工作地點與駐地較遠，而且殷墟地下的情況比較複雜，一時難以發掘完畢，就決定於30日這天停止發掘。31日，董與張、趙、王等人一起做了室內整理。計得有字龜甲 555 片，有字卜骨 229片，共計刻辭甲骨 784 片。附出的其他器物還有骨器、骨料、貝器、蜃器、玉器、石器、青銅器、陶器等，達 3000 件左右。

董作賓先生及時地向學術界報導了這次發掘的結果。他從這次發掘到的甲骨中選擇 381 片，臨摹寫成《新獲卜辭寫本》，編上序號，在新創刊的《安陽發掘報告》上發表。〔註6〕該文包括以下章節：1、卜辭摹本，摹錄甲骨 381片；2、新獲甲骨統計表；3、新獲卜辭寫本後記；4、余永梁跋文。

這些甲骨出自小屯第1區（即E區）9坑，第2區（A區）26、33坑，第 3 區（F 區）24、27、28、30、31、35、36、37 坑。該文的甲骨摹本摹寫比較準確，字體基本上與原物拓本相符。這些甲骨，大多數見於《殷虛文字甲編》1～447 號中，但也有一部分未被《甲編》收錄。在陳夢家《殷虛卜辭綜述》一書中第168～189頁，將《甲編》的拓本號與《寫本》的摹本號進行對照，可資參考。

該文在摹本後面附有《後記》，對所出甲骨做了介紹，內容包括：（一）地下之知識；（二）時代之考證；（三）文辭之研究；（四）契法之探索；（五）

〔註6〕 董作賓：《新獲卜辭寫本》，《安陽發掘報告》第 1 期，1929 年 12 月版。

骨料之發現；（六）塗飾之一斑。董氏在《後記》第三部分中，把所摹錄的卜辭按內容分爲九類進行釋文，即：卜祭、卜告、卜冓、卜行止、卜田漁、卜征伐、卜年、卜雨、雜卜。他還對不少字作了考釋。這是董氏對這次殷墟發掘和出土甲骨的認眞研究的心得。

這是科學發掘殷墟甲骨文字的第一次著錄，意義自然非同尋常，受到學術界的極大重視。傅斯年、余永梁、魏建功、鄧爾雅、溫丹銘等著名學者紛紛撰文，對這批甲骨文字進行研究，展開了有意的學術討論。

在這次發掘中，董作賓先生不恥下問，善於學習，勇於改進，由原來的紙上計劃的失敗，而改爲在實踐中的探索，表現出一種可貴的務實進取精神。尤其是在發掘過程中，及時分析出現的情況，研究所得的結果，做出了明確的論斷。雖然這次發掘董作賓所重視的還主要是甲骨的出土，僅以出不出甲骨爲發掘工作的成敗，但他仍能夠從所出甲骨的分佈和埋藏情況，對地層遺址及形成原因做出相應的推斷。

比如由於當時缺乏田野工作經驗，他認爲，當年商代人們是把甲骨集中埋藏在一個地方的。針對小屯出土甲骨比較分散、不在一起的實際情況，他推斷爲是經洪水「漂流淤積所致」，「其零落參差，乃水流沖散之故。」「其採得較多處，乃在水流之漩渦，並非原置骨處。」在後記第一部分「地下之知識」中，他提出甲骨漂流沖積問題，即三區之龜、骨是從一、二兩區漂泊所致。這就是著名的「殷墟漂沒說」。不過後來進一步的殷墟發掘證實，這種看法實際上是錯誤的。

三、地方的干擾

1928 年 10 月，中央研究院歷史語言研究所成立考古組，聘請剛從美國回來的年輕的考古學家李濟先生擔任主任，負責主持殷墟發掘工作。考古組成立伊始，李濟就邀請董作賓再到安陽查勘，並開始籌劃明年春天的第二次發掘工作。

李濟（1890～1979），字濟之，湖北鍾祥縣人。1918 年畢業於清華學堂，被派往美國留學，1920 年入哈佛大學專攻人類學，1923 年獲哲學博士學位回國。先在南開大學任教，後到河南新鄭從事田野考古調查工作。1925 年應聘到清華大學國學研究院任人類學課程導師。1926 年赴山西夏縣發掘了西陰村史前遺址。這是中國學者自行主持的第一次田野考古發掘。1929 年初任職中央研究院歷史語言研究所考古組主任。從此，殷墟發掘在李濟的主持下逐漸

走上了科學的軌道。1949 年，李濟隨中央研究院歷史語言研究所遷往臺灣，先後任中央研究院院士、歷史語言研究所所長、臺灣大學考古人類學系主任。李濟以領導殷墟發掘和研究殷墟考古器物而成爲聞名世界的考古學家。

　　由李濟主持的第二次發掘開工於 1929 年 3 月 7 日。工作人員有董作賓、董光忠、王慶昌、王湘、裴文中等人。發掘地點仍在村中、村南、村北三處。不過從這次發掘起，改用了現代考古學的科學方法，挖掘的土坑有一定規格標準，長 3 米，寬 1.5 米，每坑都命有名字。除了甲骨和其他遺物的搜尋之外，也注意了地層和遺跡的記錄。這次發掘持續了 65 天。共開挖了 43 個坑，佔地面積 280 平方米。其中發掘到甲骨 740 片，包括字甲 55 片，字骨 685 片。地層中還發現了不少的其他器物。這次發掘本當有更大的收穫，但到 5 月上旬，當地的軍事形勢突變，土匪又出沒騷擾，再加上天氣漸熱，無法繼續在田野裏挖掘，祇好停止。李濟帶著部分發掘所得資料，回到北平進行整理研究。

　　李濟根據這次發掘的坑層及地下遺物、遺跡的分佈情況進行分析，認爲董作賓先生提出的「殷墟漂沒說」是正確的：殷商人之所以放棄這個都城，是因爲發了大水；甲骨的存儲本有固定的地方，而且裝訂成冊；而今地下的甲骨層乃是由洪水沖積而形成的。〔註7〕實際上，這是根據有限的發掘材料得出的不正確結論。在後來的持續發掘中，他們逐漸放棄了這個說法。

圖 5-2　殷墟第二次科學考古發掘現場照片

〔註7〕　李濟：《小屯地面下情形初步分析》，《安陽發掘報告》第 1 期，1929 年版。

第三次發掘於 1929 年 10 月 7 日開工。仍由李濟主持，工作人員有董作賓、董光忠、張蔚然、王湘等人。這次發掘地點選在了小屯村北的高地和村西北的霸臺。由於河南省政府的地方保護主義活動的干擾，發掘曾中斷 20 多天。

事情的經過是這樣的：開工不久的一天，考古組正在工地發掘，忽然，省立十·中學校長張尚德帶了兩個陌生人（軒仲湘和邱耀亭）來到現場觀看。三人參觀了兩日纔走。開始，李濟、董作賓等人不以為意。直到第二天纔聽小屯村長張學獻說，河南省也要派人來發掘，由河南圖書館兼博物館館長何日章負責，而且人已經到了安陽城裏。李、董聽了不勝詫異。李濟馬上趕往城裏，找到住在五洲大旅館的何日章，詢問究竟是怎麼一回事。何稱，他是奉命行事，省裏有公文，河南省境內的古物當由河南人來挖掘，禁止外省人越俎代庖。李濟再三與他講中央研究院歷史語言研究所考古工作的宗旨及殷墟發掘對於中國古代文化研究的重要性，但何一概不聽，還將李濟攆出門外。第二天，一道禁止發掘的地方公文送到了李、董等人的手中。原來河南省政府和教育廳責怪李濟、董作賓等人把挖出的甲骨等古物運出省外。李、董氣憤至極，又無可奈何，祇好於工作了 15 日之後的 10 月 21 日停工，次日，考古組人員即返回北平。

此事後來還是由歷史語言研究所所長傅斯年先生出面，往來奔走於南京和開封等地，花了極大的精力和時間，苦口婆心地勸說，纔徵得大多數河南省有識之士的諒解，商妥了中央和河南省雙方都能接受的辦法。殷墟發掘出的各種古代文物為雙方共同所有，考古組研究過後，即可在河南省會開封展出；河南省可以派人參加發掘團，考古組發掘古跡之同時也為河南培養考古人才；等等。〔註8〕

在此期間，何日章率領人馬在殷墟大肆發掘，為期兩個月。到 1930 年 2 月，何又到小屯做第二次發掘，就在考古組工地的旁邊，選一地址與考古組對著幹。他們的發掘可以說是任意胡為，沒有什麼章法可言，比當地村民的私自盜掘強不了多少。為了掠奪甲骨與其他器物，不惜破壞地層遺址。何兩次挖掘，所獲甲骨共 3656 片，字甲 2673 片，字骨 983 片。〔註9〕其他器物不計其數。這些甲骨材料，大部分先由民族博物館收藏，後來被運往臺灣。另有一小部分，發掘後在安陽的旅館裏被土匪盜竊，後來經古董商轉賣給了美國人施密士。

〔註8〕　傅斯年：《本所發掘安陽殷墟之經過》，《安陽發掘報告》第 2 期，1930 年版。
〔註9〕　何日章：《發掘安陽殷墟文字之經過》，《史學雜誌》第二卷第 1 期，1930 年版。

　　中央研究院歷史語言研究所考古組的第三次殷墟發掘工作，於 1929 年 11 月 15 日復工，至 12 月 12 日停工，工作 28 日。纍積兩次發掘，共持續了 43 天。開縱溝 7 條，橫溝 14 條，溝寬 1 米，長 30～40 米不等。挖坑 118 個，佔地 836 平方米。這次發掘甲骨共 3012 片，其中字骨 962 片，字甲 2050 片。著名的「大龜四版」即是這次發現的。

　　「大龜四版」是在 12 月 12 日也就是最後收工的那一天出土的。這次發掘中，在村東北張學獻家的十一畝地裏發現了「大連坑」。所謂的「大連坑」就是由四個（東段、中段、西段、南段）坑口長寬各不相同的遺跡連成。這可以說是商代晚期文物的一個寶庫，雕花石器、骨器、蚌器、青銅器、象牙器、各種質料的箭鏃、刻花白陶、銅範、鹿角、綠松石之類，應有盡有，尤其以甲骨爲多。「大連坑」的南段有一個長方形的坑，東西長 3 米，南北寬 1.8 米，深 6.5 米，是個並聯的儲藏室之一。坑中出土了整龜一版，刻字龜甲四版。其下還有蚌殼一層、貝殼一層，並夾有青銅器和石刀等。四版刻字龜甲，因爲同時出土，而且內容完整、重要，所以被稱爲「大龜四版」。

圖 5-3　　「大龜四版」之一照片

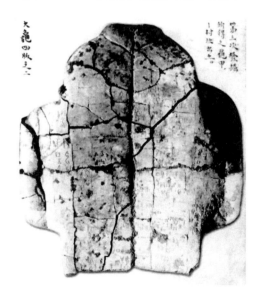

　　後來，董作賓先生專門做了《大龜四版考釋》一文。〔註 10〕此文不僅僅是對「大龜四版」做文字考釋，而且也是對甲骨學知識的探索與甲骨占卜規

〔註 10〕董作賓：《大龜四版考釋》，《安陽發掘報告》第 3 期，1931 年版。

律的發現。在此文中，董氏詳細考證了商代人們以龜甲占卜的方法。歸納起來，有以下幾點：其一，龜卜的程序分鑽鑿、燋灼、兆璺、書契四項。其二，發現了龜甲卜辭一事一貞、左右對貞、一事三貞、一事四貞的現象，而且以左右對貞卜辭為多，如「今某病困，死？不死？」「貞：其死？壬子卜，賓貞：敦㲋不死？」即對一事的正面肯定或反面否定的疑問不決。對貞多是一正一反，或左正右反，或左反右正，但也有左右皆正的情況。其三，發現了龜甲卜辭的讀法，也即貞卜的先後順序，一般來說，是先右後左。如果一事二貞的對貞卜辭，文字刻在左右兩側的對稱位置，先外後內，先下後上，先中部後四隅，先疏後密。有時為了填滿空隙而上下內外錯落。在中甲的刻辭，由中縫起，在左者左行，在右者右行。首右甲由右邊始，左行。首左甲由左邊始，右行。等等，不一而足。其四，總結了四版龜甲上所卜的事類，由少到多依次是：祭、告、臺、行止、田漁、征伐、年、雨（風）、霽、瘳、夢、命、旬、雜卜等。這是對科學發掘所得甲骨材料的按內容集中分類。其五，也是此文最重要的一個發明——「時代考」。董氏先由甲骨卜辭證明了殷墟遺址的時代，並非如羅振玉所云為「僅自武乙至帝乙之三世」的都城，而是如王國維所說的那樣，殷墟遺址是自「盤庚遷殷」直至殷紂王滅國 273 年的商代晚期都城。並由此而萌發了他對甲骨卜辭材料做分期斷代的想法，提出了「地層、同出器物、貞卜事類、所祀帝王、貞人、文體、用字、書法」等八種標準，為此後董氏的甲骨文分期斷代研究打下了有利的基礎。而其中的「貞人」一說，是該文的最大貢獻。他以第四版中的卜辭為例，認為卜辭中「干支卜」後、「貞」字前一字，是人名，稱為「貞人」。在此之前，有人認為此字是官名，有人懷疑是地名，還有人把它當作所貞卜之事。董氏的「貞人」發現，不僅使卜辭讀通了，而且由此可以依據同版貞人而定卜辭的時代，並由此可以推測當時的占卜機構、占卜制度，此發現意義非常重大。

　　由董作賓先生的此項研究成果即可看出，殷墟發掘與甲骨文研究的關係至為密切。通過對甲骨文材料的研究，可以判定殷墟遺址的年代和性質，從而為殷墟遺址的進一步發掘提供大的背景知識，促進殷墟的發掘工作。而殷墟發掘的結果又在極大程度上推動了甲骨文和甲骨學的研究，殷墟發掘中得到的出土甲骨的地層和同出器物以及甲骨堆放的位置關係，對於甲骨文的分期、分組、分類等相關問題的研究，都是極其重要的基礎和條件。

　　除了「大龜四版」外，這次發掘還在「大連坑」的一個圓坑裏，發現了一

個刻辭大牛頭骨，伴出的是成層的大塊牛肩胛骨和象牙、鹿角、牛角、蚌殼、陶片等。大牛頭骨長 0.54 米，寬 0.22 米，上面的刻辭是：「……于倞麓，獲白兕，燎于……在二月，隹王十祀肜日，王來征盂方白……」（甲 3939）在距該刻辭大牛頭骨不遠的地方，又發現了一個刻辭鹿頭骨，上面的刻辭是：「己亥，王田于羌，在九月，隹王……」（甲 3941）對於刻辭大牛頭骨，董作賓先生認為是古書上記載的「白麟」，著了《獲白麟解》〔註11〕一文。這引起了史學界的廣泛重視，當時就有方國瑜、唐蘭、裴文中等學者對此討論、商榷。〔註12〕

四、彥堂的分期

由於有與河南省地方政府的衝突，1930 年中央研究院與當時的山東省政府合組成立了「山東古跡研究會」，在山東濟南龍山鎮城子崖遺址進行了大規模的「龍山文化」考古發掘。

在與河南省政府協調好關係後的轉年春天，即 1931 年 3 月 21 日，中研院史語所考古組進行了大規模的第四次殷墟發掘。這次發掘仍由李濟主持，董作賓、王湘等人之外，發掘團人員也有不少擴充。梁思永即是新參加的一位。

梁思永（1904～1954），廣東新會人，是著名政治家、學者梁啓超的次子。美國哈佛大學考古與人類學碩士，具有現代考古學知識和田野工作經驗。1930年回國後即應聘參加歷史語言研究所考古組。他的加盟，使李濟感到如虎添翼，視為臂膀。後來，梁在殷墟發掘出了著名的後岡仰韶、龍山、殷商文化三疊層遺址，在考古學史上意義重大。

這時，代表河南省教育廳參加殷墟發掘的考古學家郭寶鈞脫離了原單位的人事關係，也加入了歷史語言研究所考古組。李濟在清華時的研究生也是龍山文化的發現者吳金鼎、負責繪圖照相的劉嶼霞及李光宇、周學英等人也先後來到殷墟發掘工地。同時，河南省政府還派來了羅振玉的弟子關百益及許敬參、馬元材、谷重輪、馮進賢等，河南大學也派來了實習生劉燿（後改名尹達）、石璋如等人前來協助工作。一時間，殷墟考古工地上發掘團，陣容整齊，人才濟濟。

〔註11〕董作賓：《獲白麟解》，《安陽發掘報告》第 2 期，1930 年版。
〔註12〕方國瑜：《獲白麟解質疑》，《師大國學叢刊》第一卷第 2 期，1931 年版；唐蘭：《獲白兕考》，《史學年報》1932 年第 4 期；裴文中：《跋董作賓獲白麟解》，《世界周報》1934 年 3 月 18 日、25 日。

發掘的地點定在小屯村北，在第三次發掘地點上繼續工作。又把遺址分為 A、B、C、D、E 五個區，分別由梁思永、郭寶鈞、董作賓、吳金鼎等人做領隊主持。A、B、C 三區同時開工。先是採取了整個遺址平翻方法，工作一周之後，覺得工作量太大，也沒有必要全部平翻，就改變了做法：留數米翻一米。每坑大小均等，長 10 米，寬 1 米，每隔幾米平行開坑。工作持續了 52 天，各區共開坑 175 個，佔地 147 平方米。出土甲骨 782 片，其中字甲 751 片，字骨 31 片。E16 和 E10 兩坑所出的甲骨比較重要，值得一說。

E16 是個圓坑，位於村北何家七畝地之南半。坑之直徑 1.7 米。在距地表深 3.5～4.5 米時，開始出現有字卜甲。從此往下，字甲、字骨與陶器、獸骨、石器、青銅器等混雜在一起斷斷續續地出土。至距地表深 7 米時，字甲、字骨逐漸增多，深至 9.3 米（潛水面以下）時，仍有甲骨出土。全坑共出土刻辭甲骨 289 片，其中刻辭卜甲 285 片，刻字卜骨 4 片。因 E16 是個未經擾亂的甲骨坑藏，所以這批甲骨材料對於甲骨文分期斷代研究具有重要意義。

E10 是個形狀不太規則的獸骨坑。在距地表 2 米深時，發現許多獸骨，包括虎頭骨、象牙床、牛骨、鹿角、鯨魚骨，非常壯觀。另外，還有一個刻辭的鹿頭骨，上面刻辭的內容是：「戊戌，王蒿田，文武丁祕，王來正……」（甲3940）當是對商王田獵時獲得這些大型動物的記載。

這次除了在小屯村的發掘之外，還派吳金鼎發掘了四盤磨，梁思永發掘了後岡，也都有很重要的收穫。其中，後岡不僅發現了著名的三疊層遺址，而且出土一片甲骨。這是在殷墟範圍內在小屯村之外第一次發現甲骨。這片甲骨上刻有四字「丙辰收禾」，似乎是習刻之作。董作賓先生認為是民間所用。〔註13〕

到 1931 年秋，中央研究院歷史語言研究所考古組對殷墟進行了第五次發掘。這次由董作賓主持發掘，工作人員有梁思永、郭寶鈞、劉嶼霞、王湘及河南省政府代表馬元材、安陽教育局的李英百、郝升霖、河南大學實習生劉燿、石璋如、清華大學實習生張善等 11 人。地點主要設在小屯村北及村中，大體上繼續春季的工作。郭領 B 區，石領 E 區，董領村中 F 區。從 11 月 7 日開工，到 12 月 19 日收工，工作持續了 43 天。共開坑 93 個，佔地 818 平方米。這次共出土甲骨 381 片，其中字骨 106 片，字甲 275 片，還有一片牛肋骨刻辭，是以前所未曾見過的。在這些甲骨出土中，地下的遺物地層遺跡表

〔註13〕董作賓：《解釋後岡出土的一片卜辭》，《安陽發掘報告》第 4 期，1933 年版。

明，甲骨文分佈是堆積廢物的原有形狀，而不是漂沒而來的。第一次至第三次發掘所假定的殷墟甲骨漂流淹沒學說，到第四次發掘已經修正，到這一次發掘，纔從根本上予以推翻。

1932 年 4 月 1 日，考古組又進行了第六次發掘。由李濟主持，董作賓、吳金鼎、劉嶼霞、石璋如、王湘、李光宇、周學英等七人參加。工作地點選在小屯村北的 B、E 兩區。B 區作小規模「平翻」，E 區則密集開坑。共開坑 82 個，佔地 900 平方米。到 5 月 31 日收工，共持續工作了 61 天。遺跡、遺址方面的收穫很大，如發現了黃土臺，用純淨的黃土夯築而成，方向正對南北，耐人尋味。後來的發掘結果表明，這個夯土臺是殷墟都城宮殿區內一個重要祭祀建築基址。甲骨的發現卻很少，祇發現一片牛肩胛骨。除小屯之外，這次還挖掘了洹河以北的侯家莊高井臺子和小屯村西南的王裕口、霍家小莊一帶，也沒有甲骨出土。

對於第四、第五、第六次殷墟發掘，李濟先生曾著文《安陽最近發掘報告及六次工作之估計》作了情況介紹和發掘結果的總結評述。在此文中，李濟先生介紹了殷墟甲骨的基本情況：商代「占卜的甲骨，遺留下來的，以無文字記載者為多，有文字的不過十分之一。甲以腹甲為多，背甲參用，骨以牛肩胛骨為多，羊鹿肩胛骨參用。除占卜文字外，陶器、骨器與獸骨上，亦有刻劃文字者。」李還特別談到了甲骨文的發現與研究對於認識殷墟遺址以及殷墟文化的重要性：「由這六次發掘的發現以及甲骨文字的研究，首先我們可以推斷殷墟文化層是一個長期的堆積。」「殷墟文化實為一種極進步的文化。」〔註14〕

由於殷墟遺址的科學發掘促進，甲骨學研究在這個階段裏有了長足的進步和發展。其重要標誌就是董作賓先生依據新出土的甲骨文材料對甲骨卜辭進行了分期斷代研究，使得長達二百多年的甲骨文字有了較為明確的時代歸屬，而更富於科學的史料價值。

自甲骨文發現之後，學者們對其時代和性質作了長期不懈的探索。初始之時，劉鶚定之為「殷人刀筆文字」，〔註15〕羅振玉定之為「夏殷之龜」，〔註16〕孫詒讓定之為「周以前之物」，〔註17〕都有些失之籠統。到 1910 年，羅振玉纔

〔註14〕 李濟：《安陽最近發掘報告及六次工作之總估計》，《安陽發掘報告》第 4 期，1933 年版。

〔註15〕 劉鶚：《鐵雲藏龜》自序，抱殘守缺齋石印本，1903 年版。

〔註16〕 羅振玉：《鐵雲藏龜》羅序，抱殘守缺齋石印本，1903 年版。

〔註17〕 孫詒讓：《契文舉例》，上海蟫隱廬石印本，1927 年版。

定此爲「卜辭者，實爲殷室王朝之物。」〔註18〕後來又定爲「武乙文丁帝乙」三世之物。〔註19〕再後來，經過王國維〔註20〕、董作賓〔註21〕、胡厚宣〔註22〕諸學者的考證，甲骨文字乃是盤庚遷殷之後至殷紂王滅國 273 年間的王室占卜之物。

以前，大多數學者祇是將近三百年先後產生的甲骨材料作平面處理，籠統稱爲「殷墟書契」或「殷墟甲骨文」，仍是一堆「斷爛朝報」，無法知其爲何世何王之物。

但也仍不乏一些睿智的學人對甲骨文的分期進行初步的研究。早在 1917 年，羅振玉、王國維即根據卜辭中出現的商先王稱謂來確定一些甲骨卜辭的時代，如考證有「兄己」、「兄庚」、「父丁」稱謂的幾片甲骨（後上 19・14、7・7、7・9）爲祖甲時物；刻有「父甲一牡、父庚一牡、父辛一牡」（後上 25・9）一片甲骨爲武丁時代的遺物。〔註23〕當時就能以「稱謂」定卜辭時代，難能可貴。到 1928 年，明義士牧師也已經開始了以「稱謂」對甲骨卜辭進行分期，並較早地注意到了不同組類卜辭的「字體」的變化，力圖把 1924 年小屯村民盜掘的一批甲骨劃分爲：武丁時、祖庚時、祖甲時、康祖丁時、武祖乙時等。〔註24〕也是很有意義的基礎工作。羅、王、明生活的時代，殷墟的科學發掘還沒有舉行，所以要他們完成甲骨文分期斷代的使命並使之系統化，是不現實的。但他們在探索中充分注意到了「稱謂」、「字體」在甲骨文分期、斷代中的重要性，對後來的甲骨文分期研究是有其啓發意義的。

「眞正較爲縝密系統地進行甲骨分期斷代研究的，還是 1928 年科學發掘殷墟之後，由甲骨學大家董作賓進行的。」

第一次殷墟發掘之後，村北、村南、岡地三個地方出土的甲骨文字的不同，對董作賓先生是個很大的啓發，從那時起，他即苦思冥想，「要找出一個

〔註18〕羅振玉：《殷商貞卜文字考》自序，玉簡齋石印本 1910 年版。
〔註19〕羅振玉：《殷虛書契》自序，《國學叢刊》石印本 1911 年版。
〔註20〕王國維：《說殷》，《觀堂集林》第十二卷，中華書局 1959 年版。
〔註21〕董作賓：《殷墟沿革》，《中央研究院歷史語言研究所集刊》第二本第二分冊，1933 年版。
〔註22〕胡厚宣：《殷墟發掘》第 4 頁，學習生活出版社 1955 年版。
〔註23〕王國維：《殷卜辭中所見先公先王考》，《觀堂集林》卷十二；中華書局 1959 年版。
〔註24〕明氏此研究成果未發表，可參見李學勤：《小屯南地甲骨與甲骨分期》所附明義士《殷墟卜辭後編》序，《文物》1981 年第 5 期。

可以判別卜辭時代的方法」。1931 年他發表的《大龜四版考釋》，就已經提出了甲骨文分期斷代的八項標準。尤其是其中的「貞人」說的發現，使這一問題的解決開始出現了端倪。

圖 5-4　董作賓畫像與《甲骨文斷代研究例》書影

1933 年，董作賓在更多的出土甲骨材料的基礎上，發表了全面論述甲骨文分期斷代的論文《甲骨文斷代研究例》。〔註25〕全文 10 餘萬字，堪稱鴻篇巨構。在此文中，他將《大龜四版考釋》中所提出的八項標準，發展擴充為十項標準：一、世系；二、稱謂；三、貞人；四、坑位；五、方國；六、人物；七、事類；八、文法；九、字形；十、書體。據此，他把甲骨文分成五個時期：

盤庚、小辛、小乙、武丁（二世四王）；

祖庚、祖丁（一世二王）；

廩辛、康丁（一世二王）；

武乙、文丁（二世二王）；

帝乙、帝辛（二世二王）。

這十項標準中，最重要的是世系、稱謂、貞人三項，可稱為甲骨文分期的直接標準。世系是指殷人祖先的世次，即先王、先公的前後排列次序，包

〔註25〕董作賓：《甲骨文斷代研究例》，《中央研究院歷史語言研究所集刊》外編一種，《慶祝蔡元培先生六十五歲論文集》，商務印書館 1933 年版。

括直系和旁系。他列出了殷人先公、先王世系圖，世系是各項標準的基礎。稱謂是占卜時王對祭祀對象的稱呼。由稱謂而定卜辭的某王時代，是斷代研究的絕好標準。貞人是代表時王占卜並記事的史官，其時代可由甲骨上的稱謂而定。根據同版貞人的繫聯關係，可以整理出各個時期的貞人集團。從第一期到第五期都有貞人，以貞人分期是甲骨斷代中的常用方法。坑位在斷代中有一定的作用，但不適用於甲骨文中佔絕大多數的私人盜掘甲骨材料。其餘如方國、事類、人物、文法、字形、書體等幾項，都是從已經確定了時代的卜辭中派生出來的，祇能作為分期的間接標準。但是其中的字形和書體兩項，對於那些沒有稱謂、沒有貞人的卜辭，尤其是那些殘辭，是最為實用的分期標準。因為字形和書體在五期中有所變化，各期均有自己的特有風格，對此熟練之後，可以一看字體即判斷出為何期何世的甲骨卜辭。

董作賓先生的這一分期學說，建立在綜合分析大量科學發掘出土的甲骨文材料基礎上，是一項嚴謹全面的研究成果。一經發表，立即贏得了學術界大多數人們的贊同，許多學者為之拍案叫絕，爭相傳誦，成為一時洛陽紙貴的鴻文。學術界對此有很高的評價，如傅斯年先生曾把董作賓與漢代的張衡相提並論：「後漢人文，宛都為盛，而張平子尤擅一代高名，文史哲思，固已抗節前賢，星曆製作，又稱東京絕技。吾友董延唐先生，今之南陽賢士也，是能識倉頡之奇文，誦丘聚之瑋書，發冢以求詩禮於孔丘之前，推步而證合朔於姬公之先。使平子在，宜曰後來可畏矣。」〔註26〕

董作賓《甲骨文斷代研究例》的發表，是甲骨學史上的一件劃時代的大事。它使得過去混沌一團的十幾萬片甲骨，一下子變成了可以劃分為五個不同時期分屬於不同王世的歷史資料。它使得商代後期的歷史文化研究建立在較為科學的基礎之上成為可能。儘管「五期斷代法」和「十項標準」還有需要補充和修正之處，但直到現在，它仍為學術界所普遍使用，許多重要的甲骨學、殷商歷史論著，都是在此基礎上進一步研究的成果。

更進一步地說，董作賓這項甲骨學重大研究成果，是在殷墟發掘的基礎上完成的。沒有殷墟發掘提供的大量的甲骨文材料，沒有殷墟發掘所得到的科學的地層和甲骨文分佈情況，沒有對殷墟遺址和殷墟遺址所出土材料的長期接觸的感性認識，閉門造車、憑空想像是不會虛擬出來的。反過來說，甲骨文的分期研究也同樣對殷墟發掘產生了積極的影響。通過這一研究，知道

〔註26〕見引自《董作賓先生全集》嚴一萍序，臺灣藝文印書館1977年版。

了甲骨文是自盤庚遷殷至殷紂滅國二百七十多年之中不同時段的王室占卜文字記載，從而也就更加可以肯定殷墟遺址是商代後期的都城遺存這一事實，並對殷墟遺址及其出土文物進行分期研究提供了一個可以借鑒的參考體系，從而也促進了殷墟遺址的進一步發掘和研究。兩者關係密切，相輔相成。

董作賓之所以被尊爲「甲骨四堂」之一，很大程度上是由於他的這篇歷史名文的原因。固然董作賓在其後的時間裏還以極大的精力從事了利用甲骨材料恢復殷商曆法和年代的研究，著成了巨著《殷曆譜》，而且還寫作了大量的甲骨學史著作。但可以毫無疑義地說，正是在從 1928 年到 1933 年的這段時間裏，董作賓以其卓越的甲骨分期斷代探索、研究，使他成爲百年甲骨學史上最主要的甲骨學家之一。

五、洹北的開掘

第七、第八、第九次殷墟發掘是考古組把發掘地點擴展到小屯村以外甚至山東、河南等地之後舉行的。在此之前，他們發掘了山東的歷城龍山鎮遺址、河南的淇河流域的濬縣辛村遺址、大賚店遺址、黃河南岸的廣武、陳溝等遺址。這些遺址的發掘都是對殷墟以外的中國近代考古工作的極大豐富，對殷墟的考古發掘具有積極的借鑒和指導意義。

第七次發掘於 1932 年 10 月 9 日開工，由李濟主持負責，董作賓、石璋如、李光宇等人參加，地點仍在小屯村北的 A、B、C、D 四區。工作到 12 月15 日停止，共持續了 58 天。共開坑 173 個，佔地 1612 平方米。這次發掘的主要收穫是挖掘到了重要的版築基址，在後來的發掘中，又有大量的出土，被認定爲殷墟都城的宮殿、宗廟建築遺留。發現了甲骨文 29 片，其中字甲 23片，字骨 6 片。同時也有不少其他器物伴隨出土。

值得一提的是，在一片白陶殘片上，有一個毛筆墨書的「祀」字，鋒芒畢露，形體結構與甲骨文字完全相同，但筆劃略粗。發現者認爲，這當是「唯王幾祀」的殘文。〔註27〕由此可以證明，當時的文字形式除甲骨文、金文、陶文、玉石文之外，還有筆墨文字。筆墨的使用，並非秦代蒙恬的發明，而早在商代就已經出現了。由這一片陶片，也使考古工作者聯想到了甲骨文寫與刻的關係。我們知道，甲骨文是刻在龜甲獸骨之上的。那麼就有一個問題

〔註27〕石璋如：《第七次殷墟發掘 E 區工作報告》，《安陽發掘報告》第四期，1933年版。

始終困擾著甲骨學家們：刻字之前是否要經過書寫呢？大多數人持否定態度，因爲他們看到的祇是刀刻的甲骨文字，未見到筆墨書寫的甲骨文字。董作賓先生極爲留意這一問題，他注意到有些甲骨片上殘留有朱色墨跡，認爲這些朱色即是書寫的痕跡。也就是說，有一些甲骨文是先寫後刻的。而這種情況往往是那些刻字的生手所爲，老練的刻字專家則不必如此地麻煩，依憑豐富的經驗率刀而刻，省卻了這道工序。〔註 28〕後來在殷墟遺址又有一些墨筆文字發現，證明了董作賓先生的推斷是有道理的。

到第八次發掘時的 1933 年的秋季，發掘團的生活和工作條件有了較大的改善。駐地和辦公處已經由袁世凱墓地所在的洹上村搬到了安陽城裏南大街的冠帶巷 26 號院，雖然離考古工地遠了，但是吃住都方便舒服多了，又以車代步，節省了時間和精力，工作效率增加了不少。發掘於 10 月 20 日開工，由郭寶鈞主持負責，石璋如、劉燿、李景聃、李光宇及河南省政府的代表馬元材等人參加。地點仍設在小屯村北的 D 區，工作於 12 月 25 日停工，共持續了 65 天。獲得甲骨 257 片，其中字甲 256 片，字骨 1 片。這次發現的重要遺址是版築基址兩座。同時在四盤磨、後岡也作了繼續發掘，各有所得。

第九次發掘於 1934 年 3 月 9 日開工，由董作賓主持負責，石璋如、劉燿、李景聃、祁延霈、尹煥章及河南省政府的馮進賢等人也參加了工作。發掘地點集中在小屯村北的 D、G 兩區進行。至 4 月 1 日停工，共持續了 24 天。先後開坑 28 個，佔地 300 平方米。重要的發現仍是夯土臺建築基址的挖掘。發現了甲骨 441 片，字甲 438 片，字骨 3 片。

這次發掘除了小屯村之外，還在後岡、南霸臺及洹水北岸的侯家莊南地進行了工作。其中侯家莊南地發現了窖藏甲骨，出土了「大龜七版」，是這次發掘的意外收穫。

侯家莊的「大龜七版」發現，實際上與村民盜掘殷墟活動有關。1933 年前後，洹河兩岸又出現了「挖寶」的高潮，常常可以聽到人們說起，誰家挖到了字骨，誰家挖到了古器，換了大錢，等等。侯家莊的侯新文也是趕這一潮流的人。他在自家的八分地裏挖到了一些甲骨，背到城裏去賣，但一連問了幾家古董店，沒有一家願意出好價錢收買的。這個時候的安陽城裏的古董店，眞正的「字骨頭」幾乎早已絕跡了。中央研究院歷史語言研究所考古組進駐殷墟小屯以後，把甲骨出土地佔領了，村民已經很少能挖到甲骨，祇是

〔註 28〕董作賓：《殷人之書與契》，載《中國藝術論叢》，商務印書館 1938 年版。

在外圍挖一些青銅器和玉器。所以此時古董店裏即使有甲骨，要麼是幾年以前的老收藏，要麼是指甲蓋大小的小碎片，其餘更多的是藍葆光等人仿刻的僞品。架上貨雖然奇缺，但是有了貨價錢卻賣不上去。這是因爲，其一，甲骨作爲一種文物和歷史資料，已經廣爲學人知道，又有大量的著錄書籍和發掘資料報告，不必再用親自收買；其二，純粹的古董商並不研究甲骨，先前的高價收買，是因爲有大收藏家和金石學家肯要，有一定的市場，而今這些人不肯再出高價買實物，就無利可圖，於是他們的興趣早已由甲骨轉到了青銅器、玉器等古物方面。侯新文嫌價錢太低，跟自己的如意算盤相差太遠，賭氣不賣，就又背了回去。

3 月 29 日，這個消息被董作賓雇用的「密探」探知以後，報告了正在小屯村北工地上作業的董作賓，「密探」還裝作古董商從侯那裏買了一片甲骨。董作賓看著這片盜掘甲骨，從字形、書體判斷，是一片晚期的字骨。按說，這樣一片字骨，在殷墟發掘了這麼多次出土了大量的甲骨之後並不算什麼。但等聽到這是出自洹河北岸的甲骨時，馬上引起了考古工作者的警覺。私人盜掘和科學發掘的大多數甲骨，都出自洹河以南的小屯村一帶，洹河以北還從來沒有出過甲骨啊？侯家莊是否也像小屯村那樣有重要的殷商遺址？這給考古組的學者們一個極其重要的信號，從而促進了殷墟發掘工作的向外圍開拓並取得更大的成績。

其實，在此之前，考古組中已經有人發現了侯家莊高井臺子一帶，有一些殷墟時期的遺址和遺跡。在第六次發掘殷墟的同時，吳金鼎和王湘二人在此發掘到了早於殷墟和晚於殷墟的地層遺跡和材料。﹝註 29﹞但當時考古組的主要工作中心是在小屯村，他們祇是把這裡當作一般的外圍遺址作了簡單的處理，並沒有引起考古組的足夠重視。這次侯家莊發現了甲骨，說明這裡也是一個極其重要的場所，他們這纔感覺到了殷墟發掘的新之希望所在。於是，董作賓決定停止在小屯村北的發掘，移師侯家莊。從這天起，考古組派人調查了甲骨的出土地點，並同時辦妥了發掘侯家莊的公文手續。

這一件事也很好地說明了甲骨文的發現與研究對於殷墟發掘工作的重要性。如果不是這裡出土了甲骨文字，如果不是甲骨學家董作賓先生的正確的分析和果敢的判斷，恐怕誰也不可能會想到去洹河以北的地區作大規模的考古發掘。後來的發掘結果證明，這裡不僅出土甲骨文，不僅有居住遺址，而

﹝註 29﹞吳金鼎：《摘記小屯迤西之三處小發掘》，《殷墟發掘報告》第 4 期，1933 年版。

且通過後來的向其四周的鑽探和發掘知道，這裡也是殷墟都城佈局規劃的重要一部分——殷商王室的大型陵墓的所在地。正是這樣一個轉變的契機，促成了殷墟發掘向著更高層次的目標遞進，使殷墟發掘真正地做到了嚴謹有序地再現和搜集珍貴的地下材料的科學工作。

4 月 2 日一大早，考古組殷墟發掘團集齊了工作人員、民工和保安隊員，來到了侯家莊南地。董作賓先生把人員分成了南北兩組，決定挖成兩條南北方向的縱溝，試探這塊寶地地下的奧秘。安排停當之後，董作賓來到了村中，在村長的幫助和帶領下，出錢收繳了侯新文的私自盜掘甲骨。這批材料中，共有有字甲骨 31 片，其中有字卜骨 30 片，有字龜甲 1 片，無字甲骨（卜骨）很多，裝了一大包袱。卜骨多數被弄碎了，但從包袱中撿出了 30 多個牛肩胛骨的骨臼頭來看，這一包袱骨片應是由 30 多個大版的牛肩胛骨破碎而成。

當天下午，董作賓又約侯新文到南地去找他挖的甲骨坑。坑正在考古組剛剛發掘的 HS.3 坑東南數米處。讓民工把盧土從中掏出，在盧土中又發現了 6 片有字甲骨。其中兩片，正好與侯新文交出的骨版相吻合銜接。坑為不規則圓形，直徑約 1 米，深達 1.45 米，其中為灰黃雜土，周圍都達到了生黃土牆。由此可知，這個坑原來正是為了貯藏東西而挖成的。

後來，考古組就在這個甲骨坑的旁邊，發掘出了兩組殷商時代的居住遺址。當初清理這個遺址的目的，不過是想看看這個遺址同所出甲骨的貯藏坑到底有什麼關係，沒有太大的奢望。然而不曾料想，就在要收工之時，意外地發現了「大龜七版」。

4 月 11 日下午五點左右，天已有些昏黑了，是該收工的時候了。突然，石璋如先生在居住遺址裏的一個大灰坑底的東北角，在深 5 米的黃硬土層中，發現了卜用過的大龜板。它們分南北兩組，錯落地疊壓著。南邊一組共有六個完整的腹甲，正面向下，背面有鑽鑿灼痕之處向上，牢牢地粘貼在一起。這些龜版的頭端指向西南，尾端指向西北。北邊的一組，是幾塊破碎了的背甲，散置在那裡，成為一層，南邊高，北邊地，傾斜地放著，它們的右方，壓了六塊腹甲的一部分。天儘管是黑了，但既然發現了，就要立即把它們取出，免得夜長夢多。這幾塊龜版附近的黃土堅硬異常，非常難以剔剝。考古組工作人員想盡了各種辦法，在燈球火把的照耀下，一塊，又一塊，……緊張而又小心地揭取著。直到暮色蒼茫，纔把它們全部挖取出來。捧回駐地以後，又連夜剔土刷洗，考古組人員纔看到顯露出來的滿版的甲骨文字跡。

　　所謂「大龜七版」，其實是六塊腹甲和半個背甲。背甲本已破碎，後來纔把它們粘兌起來。這七塊龜甲同時出土於遺址的第三層，可知是同一時代之物。依據其中有第三期貞人「狄」，可以判斷是第三期廩辛康丁時代之卜辭。

　　這批甲骨出土的意義也頗爲不小。首先，它說明洹河北岸也有甲骨的分佈，這對研究當時的占卜機構和占卜制度極有用處；其次，由甲骨文的時代也可以直接判斷該遺址的時代和性質，甲骨埋入時爲廩辛康丁之時，那麼這個居住遺址的時代當不會晚於廩辛康丁時代；其三，又可以由此判斷殷墟遺址地下情況的變化，第三期廩辛康丁時，這裡曾是田遊居住之所，其後廢棄，到第五期帝乙帝辛之時更有改建和居住的遺跡。

　　對於侯家莊「大龜七版」，董作賓有詳細的記述和考證。〔註30〕由董作賓論文可以得知，貞人「狄」是第三期中居官較久、資格最老的史官，故其手跡較多。七版龜甲中，共有卜辭 137 條，除了貞人「口」有兩卜之外，其餘 135 條均是貞人「狄」所占卜的辭例，內容涉及到祭祀、田獵、風雨、行止、昏晨等幾個方面。董作賓還具體考證了貞人「狄」的時代和事跡，考釋了某些涉及到的文字，並對卜辭的行款、佈局、書法等甲骨學問題做了極有意義的推測和探索。

六、窖藏的揭露

　　從 1934 年秋到 1935 年秋，中央研究院歷史語言研究所考古組在侯家莊的西北岡進行了大規模的第十、第十一、第十二次殷墟發掘。這裡是殷商王朝晚期的王陵墓地，規模宏大，墓葬密集，出土的殉葬物極多。在這裡，共發現了大墓 9 個，小墓 1228 個。〔註31〕經過在這裡的大規模的科學的考古發掘，考古組學習到了新知識，利用了新工具，掌握了新技能。此時的考古工作已經由遺址的尋找而進入了有目的的發掘，爲以後的考古工作打下了堅實的基礎。

　　這裡沒有發現甲骨文。但是在商代文字資料方面，卻有一些別樣的收穫。在第十次發掘的西區大墓中發現了許多一面塗有朱砂的龜板，〔註32〕其意義頗值得研究，很可能是與甲骨占卜有關的一種特殊宗教儀式做法。在第十一次發掘的 M1003 大墓的西墓道北壁發現了白色大理石質石簋的斷耳一隻，上

〔註30〕董作賓：《安陽侯家莊出土之甲骨文字》，《田野發掘報告》第一冊，1936 年版。
〔註31〕胡厚宣：《殷墟發掘》第 50 頁，學習生活出版社 1955 年版。
〔註32〕胡厚宣：《殷墟發掘》第 77～78 頁，學習生活出版社 1955 年版。

面契刻著銘文兩行，共 12 字：

　　辛丑，小臣茲入畢，宜才書，以殷（簋）。〔註33〕

　　銘文的字體和金文很相似，整齊優美。在這三次發掘中，還經常在一些青銅器、陶器、石器、骨器和角器上，發現一個或幾個所謂的「款識文字」。〔註34〕這些文字也許就是區別家族的「族徽文字」，或許就是製作器物時的「物勒工名」。這種情況表明，商代的文字形式不僅僅祇是甲骨文字，還有金文、陶文、玉石文、筆墨文字等其他類型的文字形式，甲骨文字祇是當時眾多文字形式中的一種特殊形式而已。

　　等到西北岡王陵大墓的發掘告一段落之後的 1936 年春季，考古組發掘團的工作地點又從洹河以北的西北岡等地遷回到了小屯村，繼續前九次發掘未竟之事。這時考古組不僅積累了豐富的殷墟考古發掘經驗，而且也得到了社會各界的極大重視和政府的大力支持，中華文化基金會予以資助，中央博物院籌備處也給予有力的協作，考古組殷墟發掘團裏也隊伍整齊，實力大增。

　　第十三次發掘於 1936 年 3 月 18 日開工，地點設在小屯村北的 B、C 兩區。這次發掘由郭寶鈞主持負責，石璋如、李景聃、祁延霈、王湘、高去尋、尹煥章、潘愨、魏善臣等人參加。中央古物保管委員會的王作賓、河南省政府代表孫元青也到工地監察並協助工作。工作站辦公處臨時設在安陽火車站西邊的高樓莊內。

　　這次發掘從組織實施到工作方法上都與以往有很大的不同。發掘以每 1000 平方米為一個大的工作單位，100 平方米為一個小的工作單位。每個大的工作單位中央設置一套測量儀器，配給工作人員兩人，民工 40 人，終於實現了以前發掘總想實行卻由於種種原因而不能實行的「平翻」政策。每有現象發現，馬上就測繪畫圖。工作完畢後，總的發掘圖也就完成了。這樣就免去了歷次發掘之後的繁瑣的拼圖工作。這是一個很有效率的發掘方法，在發掘工作中間，董作賓先生特地從南京趕來視察發掘情況，並現場研討了這種新的考古工作方法。〔註35〕

　　發掘於 6 月 24 日結束，共持續工作了 99 天。（自從挖掘西北岡王陵以來，

〔註33〕胡厚宣：《殷墟發掘》第 81 頁，學習生活出版社 1955 年版。

〔註34〕胡厚宣：《殷墟發掘》第 86 頁、第 99 頁，學習生活出版社 1955 年版。

〔註35〕石璋如：《殷墟最近之重要發現附論小屯地層》，《田野考古報告》第二冊，商務印書館 1947 年版。

每次發掘的時間都在 3 個月以上。）開坑 47 個，佔地面積 10000 平方米。由於是徹底平翻，所以這次發掘出的遺物很多，而且地層遺跡也有空前的重要發現，比如發現了夯土臺基版築建築基址四座、水溝 60 米、武士車馬坑、俯身葬、朱書陶皿、釉陶、白陶、玉佩、金針等等。還零星地出土了一些甲骨的殘片，共有 708 片，其中字甲 668 片，字骨 40 片，但內容並沒有特別之處。〔註36〕

尤其重要的是，這次發掘於無意之中，又發現了一個未經翻擾、蘊藏豐富的甲骨窖藏——YH127 坑，爲甲骨學研究提供了一批極其重要的新的甲骨文字材料，從而也在很大程度上推進了甲骨學研究的進程。此事也更說明了，殷墟的科學考古發掘對於甲骨學研究的重要性。

本來這次發掘計劃於 6 月 12 日結束。12 日這天上午 12 點鐘，127 坑被發現。下午考古人員對此坑作了清理。六月的天氣，直到下午四點鐘了，露天的考古工地坑穴中，依然很是悶熱。工地上全部工作都大致作完了，差不多就要提前完工了。這時，正在 127 坑中作收尾清理工作的王湘，突然一聲驚呼：「這裡還有大片甲骨。」這次發掘，雖然方法改進，收穫很大，但遺憾的是還沒有發現大宗的甲骨，祇有一些零星的出土。聽到王湘的呼喊，大夥都來了精神，圍攏過來。

王湘所發現的這個坑，是所挖的 127 個窖穴中之最後一個，所以稱爲「127 坑」（YH127）。它的附近地層頗爲複雜，最上層是墓葬群。但就與 127 坑本身有關係的遺跡來說，最上層是 M156，其次是 H117 和 Y121，一個大而淺的土坑。當 H117 挖到底時，纔發現了 127 坑的上口。因此從地層時代來說，127 坑當是這一帶資格最老的遺跡了。127 坑坑口距離地面 1.7 米，直徑爲 1.8 米；坑底距離地面 6 米，坑底直徑爲 1.4 米。坑中遺物堆積可分爲三層：上層爲灰土，厚 0.5 米；下層爲綠灰土，深 1.6 米；中間是一層堆積灰土和龜甲，厚 2.3 米。從坑口往下 0.5 米，即開始發現字甲，到深 2.1 米處仍有甲骨，甲骨所佔空間約高 1.6 米。

這個坑穴也是一個普通的圓窖，在字甲放入之前，已經有了相當長時間的堆積。這就是下層的綠灰土和少數的陶片、獸骨等垃圾廢物。它呈現出北高南低的斜坡狀。在當年往這個坑中傾倒字甲時，也是沿著傾倒垃圾的方向順斜坡倒入的，所以甲骨的分佈也呈現出北高南低的斜坡狀。正因爲如此，斜坡的北壁上掛貼了這許多整版和殘碎的甲骨片。這些龜甲是當時人們清理前代文物時

〔註36〕胡厚宣：《殷墟發掘》第 99 頁、第 101 頁，學習生活出版社 1955 年版。

倒入坑中的。在龜甲的堆積中，有一架蜷曲倒置的人體骨骸。緊靠北壁，大部分壓在龜甲之中，祇有頭部和軀體上身露在龜甲層之外。似乎在傾入龜甲之時，把這個人的屍體也扔入其中。龜甲的排列，有的正面向上，有的正面向下。映入人們眼簾的，盡是一些卜兆、灼痕和龜甲的輪廓，大版的、小版的、有字的、無字的、完整的、殘缺的、堅硬的、腐朽的，應有盡有，互相疊壓著、枕藉著，排滿了由南向北的斜坡，遍佈了整個的坑底。〔註37〕

這是發掘之後發掘者對坑中的整個情況介紹。可是當初的發掘過程卻不是這麼一目了然，而是頗費周折。

主持發掘的郭寶鈞先生根據發掘到的情況，決定延長一個鐘頭收工。讓發掘經驗豐富、技術嫻熟的石璋如和王湘二人跳到坑中，從中一塊塊地揭取甲骨。他們原想，利用這段加班時間，一定能把這些龜甲取完。然而他們想像的太簡單了。在一個鐘頭裏，在不到一立方米體積的土塊中，竟然出土了3760 塊龜版。這是人們怎麼也不會預料到的。雖然天已經很晚了，127 坑的邊緣還沒有來得及找到，但人們的心情格外得好。眼看是做不完了，他們祇好先收工回站，等明天再延長一天工期，爭取把它取完。爲了保險起見，他們還把挖出的土又回填到坑裏，並派人在坑邊看守。

第二天（13 日）一早，考古組工作人員又來到了工地 127 坑旁邊。挖出坑中回填的鬆土之後，石璋如、王湘兩位考古學家再次跳入坑中，繼續清理坑中的龜甲。坑的直徑約爲一米，除了龜甲土層，其餘地方祇能容納兩人在內。這又是一個要求細緻的工作，不能急躁，所以干起來並不那麼容易。一開始時，由於露出的甲骨片較少，動作還比較隨便。但當露出的甲骨漸漸地多了起來，腳下可以活動的地方越來越小，腳步的挪動，受到了極大的限制，一不小心就會踩到甲骨片上。兩隻腳祇好固定在一個地方。時間一長，腰酸腿麻，剔剝一會兒，就得站起來伸伸腰，喘喘氣。

就這樣，二人略無間隙地剔剝了整整一天，工作效率算是很高了，但也祇是剔剝了上面的一層。此時展現在人們面前的又是一層甲骨，多數是整版的，有大字的，有小字的，有朱書的，有墨書的，滿坑滿眼都是甲骨文字。

〔註37〕石璋如：《小屯後五次發掘的重要發現》，《六同別錄》上冊，《中央研究院歷史語言研究所集刊》外編第三種，1945 年版；《殷墟最近之重要發現附論小屯地層》，《田野考古報告》第二冊，商務印書館 1947 年版；《殷墟最近之重要發現附論小屯地層後記》，《中國考古學報》第四冊，商務印書館 1949年版。

看看下面還有一米多厚，而沿著坑的南壁往下再探 40 釐米，仍有甲骨。這時，二人已經累得雙膝酸痛，直不起腰來。應當說，這是自科學發掘殷墟以來，考古組工作人員最艱苦最勞累的一天，但也是他們最為高興的時刻。當天晚上收工之時，他們取出的龜版已經裝滿了四個大籮筐，滿載而歸。

實際上，這個坑的甲骨埋藏情況，完全超出了人們的想像，裏面蘊藏的遺物也不像人們平常所見的那麼簡單。即使再有一兩天的時間，也許也不可能把它清理完畢。這時，一向不以挖寶為目的的考古學家們，逐漸意識到這是一個特殊的現象，不能用普通的方法來做。像這樣一層層地剔剝揭取，如此一大坑甲骨堆積決非一時的辛勞可以一蹴而就。況且，當時已入盛夏，驕陽似火，暑氣逼人，新出的甲骨本來已經極其脆弱，哪裏還經得起炎炎烈日的灼烤。必須改變方法。

考古學家們經過反覆商討，最後決定：做一個大木箱子，把鑲嵌有甲骨的那段灰土整個裝進箱子裏，運回南京，作室內發掘。

當天晚上，王湘、石璋如、魏善臣、高去尋、李治國、靳九發等六位年輕的考古學家，邀請村中的十幾個民工，再加上十名荷槍實彈的士兵，露宿在坑邊，保護現場，以防萬一。

14 日早上，發掘團又上工了。依照計劃，他們以 127 坑為中心，讓民工把坑四周的生土挖空，把埋藏龜甲的灰坑孤立成一個大灰土柱子。又從村裏雇用了木工，趕做了一個大木箱子，高一米，長寬各 1.7 米。但是，怎麼把灰土柱子裝進木箱，頗費腦筋。人們想盡了各種辦法，做了各種實驗，最終於 18 日這天，纔把這堆鬆如海綿、質如薄紗的灰土以及灰土中鑲嵌的腐朽、脆弱的龜甲，穩妥、安全地裝入了大木箱，並抬到了坑外地面。

到這時候，考古學家們在 127 坑旁邊已經工作、守候了整整四天四夜了。這期間，考古組主任李濟先生聽到消息，專門從南京趕回安陽小屯，現場指導工作。

最後，考古組又雇用人工，抬抬抗抗，行行停停，費盡功力地運到火車站。中間又不知經歷了多少磨難，直到 7 月 12 日，纔把箱子運到了南京的中央研究院歷史語言研究所本部的院裏。〔註38〕

〔註38〕 石璋如：《殷墟最近之重要發現附論小屯地層》，《田野考古報告》第二冊，商務印書館 1947 年版；《殷墟最近之重要發現附論小屯地層後記》，《中國考古學報》第四冊，商務印書館 1949 年版。

圖 5-5　YH127 甲骨坑整體搬遷照片

　　從此之後，127 坑窖藏甲骨的發掘，由急促的田野發掘轉入了漫長的室內發掘整理階段。

　　在南京中央研究院歷史語言研究所考古組的室內發掘工作室裏，這個巨大的箱子被翻轉過來。打開箱子時，整個甲骨土塊呈底朝天狀。之所以如此，是因為這個土塊在原坑中時，甲骨都是正面朝下的。為了便於揭取並照顧有字部分，就把他們翻轉過來，這樣每塊甲骨都正面向上了。為了保留這坑特殊的甲骨窖藏的原貌，在發掘之前還雇請工匠，特意做了一個 127 坑甲骨埋藏標本模型。正因為如此，發掘工作被耽誤了一個月左右。

　　室內發掘工作由董作賓、胡厚宣二人負責，參加者有關德儒、魏善臣等人。由於是室內發掘，不受野外條件的限制，可以認眞仔細的剔剝揭取了。但發掘者一刻也不敢怠慢，馬不停蹄地工作著。每揭取一片，都要登記編號，記錄下其位置與方向，並將其形狀繪入圖中。那種精確、細緻，完全可以將這些龜甲復原到原樣位置。

　　室內發掘工作進行了極其艱難的三個月時間。到 10 月中旬，纔終於把這坑甲骨整理完畢。共清理出甲骨 17096 片，其中字甲 17088 片，字骨（牛肩胛骨）8 片，完整的龜甲 300 多版。〔註39〕這是一個完整的、未經擾亂和盜掘

的甲骨窖藏，是目前殷墟發掘中一坑所出甲骨最多的一個窖藏。

127 坑甲骨確實非同尋常。它不僅數量大，整版多，而且甲骨學現象十分豐富，爲進一步探索甲骨學上一些重要問題提供了極好的材料。以前殷墟所出甲骨，其卜兆都是自然裂紋。而這坑中發現的卜兆，有的用刀重加刻劃，使卜兆更明顯可觀。這是以前所沒有見過的新東西。127 坑中的甲骨，有些是用毛筆寫的，有些卜辭刻道內塗朱或塗墨，這對了解當時人們書寫、用筆、刻辭等甲骨占卜檔案製作程序都有益處。坑中所出的龜甲形式，有一種新型的「改製背甲」，即將背甲從中間鋸開，兩端修成近圓形，中間穿孔，呈鞋底狀，極有特點。坑中所出眾多的龜版之中，有一個最大龜腹甲，右邊殘缺約有五分之一，長約 44 釐米，寬約 35 釐米，龜甲的背面有 204 個鑽鑿，被董作賓先生稱爲「武丁大龜」。〔註40〕經著名古生物學家伍獻文等人的研究，斷定此龜來自馬來西亞，是進貢而來的。〔註 41〕又因爲坑中所出龜甲太多，所以學者纔得以確知「甲橋刻辭」等特殊甲骨刻辭的所在位置及其內容與性質，並窺得到其中的奧秘。〔註 42〕127 坑的發現，對於甲骨文的卜法文例、記事刻辭、卜辭同文、卜辭雜例等甲骨學知識和規律的探索，也提供了有利的條件。

更值得注意的是，這坑甲骨除了 8 片牛骨之外，全是龜甲。結合此前出土的「大連坑」、「大龜四版」、「大龜七版」以及其他幾個甲骨坑的發掘，可以斷定，當時甲骨檔案埋藏是卜骨、卜甲分埋的。127 坑明顯是個有意埋藏的儲存窖藏，而其中的遺骸屍首生前當是管理甲骨檔案的人。〔註43〕

這些甲骨的時代比較集中，主要是武丁時代之物，也即屬於董作賓「五期說」的第一期。但也有一些可能要早些，被指認爲是早於武丁的盤庚、小辛、小乙時代之物，〔註 44〕因此對於甲骨文的分期斷代研究有重要意義。果

年版。

〔註40〕董作賓：《殷虛文字乙編》序，《中國考古學報》第四冊，商務印書館 1949 年版。

〔註41〕伍獻文：《武丁大龜之腹甲》，《動植物研究集刊》第十四卷 1～6 期，1943 年版；胡厚宣：《殷代卜龜之來源》，《甲骨學商史論叢》初集第四冊，1944 年版。

〔註42〕胡厚宣：《武丁時五種記事刻辭考》，《甲骨學商史論叢》初集第三冊，1944 年版；《卜辭記事文字史官簽名例》，《中央研究院歷史語言研究所集刊》第二十二本，1947 年版。

〔註43〕石璋如：《小屯後五次發掘的重要發現》，《六同別錄》上冊，《中央研究院歷史語言研究所集刊》外編第三種，1945 年版。

〔註44〕董作賓：《殷虛文字乙編》序，《中國考古學報》第四冊，商務印書館 1949

如所言，由此也更可證明了殷墟遺址是「自盤庚遷殷至殷紂滅國 273 年間的
都城」所在，從而也爲殷墟遺址的年代和性質的判定又找到了一個有力的證
據，從而也更爲以後的殷墟發掘提供了一個更加廣闊的歷史時空背景，對殷
墟考古發掘工作有積極的指導意義。

年版。

第六章　抗戰之中的國寶罹難

一、發掘的停止

在發現了 127 坑窖藏甲骨之後，考古組又在殷墟作了兩次考古發掘。

1936 年 9 月 20 日，小屯北地的 C 區、I 區又迎來了第十四次殷墟發掘。這次發掘由梁思永主持，石璋如、王湘、高去尋、尹煥章、潘愨、王建勳、魏鴻純、李永淦、石偉及河南省政府的王思睿等共十一人參加了發掘工作。到 12 月 1 日停工，持續了 103 天。共開坑 60 個，佔地面積在 10000 平方米以上。發掘出了不少遺跡，如版築基址，還有不少的青銅器、陶器、玉器、石器等遺物。但這次並沒有發現多少甲骨，有字甲骨祇出了兩片。小屯村北地之外，從 10 月 24 日至 12 月 10 日這段時間，高去尋、石偉還在洹水北岸發掘了大司空村遺址，發現了大量的地下窖穴遺址和俯身葬墓葬。〔註1〕

考古組進行的最後一次發掘即第十五次發掘，於 1937 年 3 月 16 日在小屯村北的 C 區也就是殷墟遺址宮殿區的中心位置開工。由石璋如領隊負責，王湘、高去尋、尹煥章、潘愨、王建勳、魏鴻純、李永淦、石偉及河南省政府的張光毅等共 10 人參加了這次發掘工作。到 6 月 19 日停工，共發掘了 96 天，開坑 37 個，佔地面積約 10000 平方米。發現了大型的夯土臺基建築基址 20 多處，窖穴 220 個，墓葬 103 座，收穫很大。尤其是這些建築基址的發現，對於弄清殷都宮殿區中的建築分佈情況有重要意義。同時也發現了甲骨文字 599 片，其中字甲 549 片，字骨 50 片，其上刻有內容重要的卜辭。〔註2〕

〔註1〕　胡厚宣：《殷墟發掘》第 101、102 頁，學習生活出版社 1955 年版。
〔註2〕　胡厚宣：《殷墟發掘》第 103、104 頁，學習生活出版社 1955 年版。

　　從 1928 年到 1937 年，殷墟考古發掘工作一共持續了近 10 年之久。在這期間，中央研究院歷史語言研究所考古組在蔡元培院長「風雨如晦，雞鳴不已」訓詞的指導下，幾乎每年春秋兩季都要組織兩次發掘工作，先後工作了十五次。不僅獲得了大量的具有明確地層和坑位的具有科學史料價值的甲骨文字材料，而且也發現了眾多商代晚期遺跡和豐富的各種質料的遺物，取得了輝煌的成就。殷墟考古發掘的實施在我國考古學史上具有重要的歷史意義。學者們在總結殷墟考古發掘的極大成就時，曾如此說：

　　「首先，殷墟科學發掘工作第一次完全由中國學者主持和參加工作，改變了以往一些考古工作受外國人控制，或不能對資料進行研究的局面。當時的發掘工作由李濟、董作賓、梁思永、郭寶鈞、石璋如等人主持，在工作中鍛煉和培養了一批有影響的考古學家。……可以毫不誇張地說，殷墟發掘為中華民族培養了幾代考古學者。

　　其次，殷墟的十五次大規模科學發掘工作，積纍了大批珍貴的考古學資料並形成了一套嚴格的科學發掘方法，奠定了我國田野考古學的基礎。又經過建國以後的繼續科學發掘和深入研究，得以對殷墟文化遺址進行分期。而殷墟文化分期建立後，不僅可以對全國各地商代文化遺址的時代進行判斷，而且又進一步向上推斷除了鄭州二里岡中商文化遺存和分佈在豫西晉南二里頭文化類型的早商文化遺存……實現了『使殷墟知識不啻為其他古墟知識作度量』的初衷。

　　其三，解放前對安陽殷墟的十五次發掘工作發現了商朝後期的宮殿和王陵等重要遺址。解放後又繼續進行了二十多次科學發掘工作，並取得了很多科學資料。五十多年來對殷墟的發掘和研究，查清了殷墟的範圍和佈局：殷墟以小屯村為中心，西起北辛莊，東至袁家花園，北自後小營，南抵鐵路苗圃，面積約在二十四平方公里以上。……

　　其四，一九二八年以來的殷墟科學發掘工作，本來是為了搜求甲骨文，但其學術意義卻遠遠超出甲骨學的範圍，不僅獲得了大量科學發掘的甲骨文，而且還為我國考古學，特別是殷商考古學奠定了基礎。而田野考古學的科學方法論，對甲骨學研究的影響是極其深遠的。自此以後，甲骨學研究突破了傳統金石學祇重文字而不注意與文字同出的遺物、遺跡的藩籬，取得了很大發展。」〔註3〕

〔註3〕 王宇信：《甲骨學通論》第 85、86、87 頁，中國社會科學出版社 1989 年版。

如若不是抗日戰爭的爆發，殷墟發掘本當會有更加豐碩的成果。

1937 年 7 月 7 日，萬惡的日本帝國主義發動了全面的侵華戰爭，給中國人民帶來了莫大的屈辱和深重的災難。步履艱難的中國文化建設事業又雪上加霜，受到了極大的摧殘和破壞。正處在高潮之中的殷墟考古發掘工作也被迫停止了。

從此，殷墟遺址再一次地裸露在貪婪的盜掘者和掠奪者面前，又一次造成了殷墟遺址的被私自盜掘和侵略者瘋狂掠奪的局面。殷墟遺址被盜挖得千瘡百孔，體無完膚，遺址地層遭到了肆意的破壞，包括甲骨文字材料在內的大量殷墟出土遺物再一次地嚴重流失。

日寇的入侵，使得殷墟發掘和甲骨學研究都受到了極大的影響。

二、文物的南遷

1937 年 8 月中旬，□軍轟炸民國政府首都南京。考古組停止了在殷墟的考古發掘工作。為了保護來之不易的考古發掘材料，為了對這些材料進行整理研究，歷史語言研究所決定隨中央研究院遷往大後方的西南地區。從此，考古組的成員們攜帶著包括甲骨文在內的殷墟考古發掘文物，開始了艱難困苦、漫長遙遠的的萬里大遷徙征途。

這時，在南京作室內發掘的 127 坑窖藏甲骨的揭取工作雖然剛剛完畢，但還沒有來得及整理，沒來得及上膠、粘兌、編號和墨拓。祇好匆匆忙忙地先裝入紙盒，再套裝在木箱之中。與其他殷墟發掘所得的甲骨等文物一起，隨著中央研究院的遷徙隊伍先運往湖南長沙。

12 月 12 日，首都南京淪陷，長沙吃緊，這裡也呆不下去了，中央研究院歷史語言研究所繼續向西南方向流亡。這時，考古組的一些成員要離開歷史語言研究所了。當天，考古組的全體同仁，來到長沙清溪閣舉行話別宴會。國仇家恨，鬱積於胸，前途渺茫，借酒澆愁。不多時，幾個人就喝得酩酊大醉。第二天一早，他們就分手了。有的人去了陝北投奔由共產黨控制的延安，有的人找到了別的職業另謀生路。但大多數考古學家願意留在所裏，願與院所一起流亡，願與殷墟發掘文物在一起，保護和研究這些甲骨文材料。這一分手，竟是最後的訣別。後來他們有的去了臺灣，有的留在大陸，當年在殷墟考古工地結成兄弟般友誼的考古學家們，再也沒有團聚見面過。

圖 6-1　史語所考古組合影照片

　　半年之後，歷史語言研究所考古組又經衡陽、到桂林，不久又從桂林經柳州、南寧、龍州，繞道越南。直到 1938 年的春天，纔遷到了雲南昆明的青雲街靛花巷。

　　1938 年 8 月，日本飛機轟炸昆明，不得已歷史語言研究所考古組又遷到昆明北郊的龍泉鎮，住在鎮北的寺廟之中。在龍泉鎮棕皮營一個叫龍頭村的地方，考古學家們再次打開了存放甲骨的箱子，他們要把後三次殷墟發掘所得的甲骨作一次整理。儘管工作條件很差，尤其是地方小，他們局促在一個矮小的屋簷之下，但他們還是認真地一一編號、登記。當時在南京那麼細心地揭取、清理，每盒甲骨都是完整的。可是經過了八萬里的顛沛流落、風吹雨蝕，三年多的搬運振蕩、擠壓碰撞，紙盒裏的甲骨早已七零八落，原來初步粘合在一起的片子復又四分五裂。整理者雖然每個人自己都經歷了千辛萬苦，諸多磨難，但當他們看到這些遭了罪的國寶，心裏沉痛不堪，淚水打濕了眼睛。他們對此曾深深的自責和不安。可是這能埋怨和責備他們麼？這一切都是由慘無人道的日本軍國主義所造成的。歷史語言研究所的考古學家們在那麼艱苦的條件和環境下，盡力做到了他們能做的一切。後人今天能看到經過萬千坎坷保存下來的甲骨文字資料時，應該真誠地感謝他們。

　　1940 年，日軍又從滇緬路進兵，雲南吃緊，歷史語言研究所纔又搬遷到四川南溪縣李莊鎮。在此，考古學家們暫時安頓了下來，在稍事喘息之後，

即開始了對殷墟發掘資料的整理、編纂與研究工作。

直到 1949 年國內戰爭的局勢已定，中央研究院歷史語言研究所遷往臺灣，考古學家們一直和這些殷墟考古發掘資料在一起，風風雨雨，甘苦與共。考古組的負責人李濟、董作賓等人為了保護殷墟文物、甲骨文字，在遷徙搬運中費盡心機，經歷了千難萬險，克服了一個又一個的困難。他們對祖國傳統文化的至愛之情，他們對學術事業的高度責任感，他們對殷墟考古發掘與探索的艱苦卓絕、百折不撓的奮鬥精神，永遠令人欽佩不已。

三、艱難的研究

在西南流亡和抗戰期間，歷史語言研究所考古組的學者們，克服重重困難，在極其艱難的生存環境和簡陋的學術條件下，仍對甲骨文和殷墟考古資料做出了可貴的整理與研究。其中主要的成績是編輯出版了《殷墟文字甲編》和《殷墟文字乙編》，為學術界保存和提供了極有價值的甲骨文字資料。而兩書的出版卻也是歷經坎坷，好事多磨。

早在 1934 年秋到 1935 年秋，考古組在殷墟的侯家莊西北岡發掘殷商王朝的晚期王陵墓地時，甲骨學家董作賓先生沒有參加。身負全面整理殷墟科學發掘出土的甲骨文重任的董作賓先生，決定把前九次出土的殷墟甲骨文編輯著錄，公佈於眾。對此，歷史語言研究所所長傅斯年先生非常支持並經常督促此事。

編輯工作從 1935 年的春天開始，程序包括選片、拓墨、剪貼、編輯登記各方面。費了半年的功夫，終於完成了《殷墟文字甲編》的 300 多頁的稿子。

所以命名為《甲編》，也是遵照所長傅斯年先生的意見。前九次發掘所得的甲骨編為《甲編》，將來再出甲骨，再編《乙編》、《丙編》等等。傅所長還主張，每編都要有圖板和考釋兩部分。《甲編》的考釋，由胡厚宣先生擔任。胡厚宣用了七年的時間，寫出了釋文。後來在大後方的重慶，胡應顧頡剛先生的邀請，去了齊魯大學任教，考釋就一直沒有做出。

在《甲編》完稿之後的 1936 年，歷史語言研究所與上海商務印書館簽訂了出版合同。出版社把圖版上寫的文字和數碼，一律改排成了鉛字，一一粘貼清楚，然後準備照相製版。

至 1937 年的春天，出版社已經印出了 80 多頁的紙樣，派人送到南京看樣、校對，設計封面。董作賓為《甲編》作了一篇學術價值較高的序文。董

作賓此時終於可以輕鬆地長出一口大氣，不久就可以看到正式出版的第一本經科學發掘所得甲骨文資料的著錄書了。

然而，國難當頭，萬事不幸。「七七」事變爆發，抗戰開始了。商務印書館把這批圖版存在浦東的印刷廠中，浦東被日軍佔領，最終也無法付印出版。

1939 年，遷到了四川南溪李莊的歷史語言研究所再次與商務印書館簽約。考古組的董作賓等人把辛辛苦苦整理出來的原稿拓片，寄到了香港，重新照相製版，爭取趕在一年之中印成。

1940 年，《甲編》算是正式出版了。有人在香港見到了報紙上的出書廣告，定價爲 120 元一部。而當時用航空郵寄一部書到昆明郵費要花 300 元。限於經費緊張，歷史語言研究所一時竟拿不出郵費來。

到 1941 年 12 月，日本又侵佔了香港，商務印書館再次遭到重大損失，第二次出版的《甲編》又一次夭折，壯烈地犧牲在第二次世界大戰的炮火之中。所以歷史語言研究所考古組始終也未見到這個印本。

日本投降後的 1946 年秋天，歷史語言研究所由四川李莊遷回了首都南京。董作賓到達南京見到傅所長時，傅說的第一句話就是：我們還要第三次付印《甲編》。就這樣，董作賓等人又是一番忙碌，終於使《甲編》在國民黨政府撤離大陸前的 1948 年 4 月，由商務印書館印行問世。

第一本科學發掘甲骨的大型著錄書《甲編》的出版，如此前後三次印刷，眞可謂好事多磨，這在戰爭災難史和學術厄運史上恐怕也是罕見之事。一些不了解眞相的學者還曾責備董作賓等人將甲骨「秘藏櫝中」、「包而不辦」等等，其實是不應該的。董作賓先生在那麼艱難困苦的情況下，任勞任怨，忍辱負重，其中種種甘苦，不堪回首。傅斯年、李濟、董作賓等學者之於殷墟甲骨文及殷墟考古資料的貢獻，永遠值得學術界的肯定與尊敬。

《甲編》共收入甲骨 3942 片，其中包括字甲 2513 片，字骨 1425 片，還有牛頭刻辭 1 版、鹿頭刻辭 2 版、鹿角刻辭 1 版。書前有董作賓的序言和李濟的跋序。《甲編》所著錄的甲骨，既不分期，也不分類，而是按照出土的先後順序排列。之所以如此，是爲了顯示這批材料是經過科學發掘而得到的。著錄甲骨的編號之後又著明了登記號，從左向右第一位數字表示發掘的次數，第二位數字表示出土甲骨的種類（其中 0 表示有字卜甲，1 表示無字卜甲，2 表示有字卜骨，3 表示無字卜骨），第三位數字表示甲骨的出土號。「這部書中的材料，如果單就文字學方面看去，自然和以前著錄的許多甲骨文字書籍，

有同樣的價值，祇是讀者可以絕對地信任它沒有一片僞刻罷了。如果從考古學的眼光看，就和以前的甲骨文字書籍大大的不同了，它們每一片都有它們的出土小史，它們的環境和一切情形都是很清楚的。」〔註4〕據此，學者在利用該書研究甲骨的出土情形或與遺跡、遺物的關係時，就可在發掘報告的遺址部分將其查明。其科學性和可利用性是其他著錄書所沒有的。

　　《甲編》出版時，胡厚宣尚未做出考釋釋文。直到 1961 年，《殷墟文字甲編考釋》纔由追隨歷史語言研究所去臺灣的學者屈萬里完成，由中央研究院歷史語言研究所在臺灣出版發行。

　　在董作賓爲此書所作的自序裏，綜述了這些甲骨出土和整理概況以及他對這批材料的研究心得。

　　第一，甲骨文的出土情況對甲骨文分期斷代研究方法的啓示。董作賓注意到了在小屯村不同地方所出的甲骨文字是不相同的。「三區各自成爲一組，各有特異之點，比方說：在 1 區第 9 坑，有許多規整的小字，有雄偉的大字；在 2 區第 26 坑，無一塊小字的片，而又有細弱的書體；在 3 區第 24 坑，「亡弌」的辭五見；又有「癸□貞旬亡禍」的卜旬文例，並且書體和 1、2 區的卜辭，大不相同。」董作賓懷疑這是時代有先後的關係，他曾在《新獲卜辭寫本後記》裏提到這一問題，並作了大致的推測。〔註5〕由於三個地方所出甲骨文字的不同，給了董作賓一個很大的啓發，從此就促使董作賓想找到一個可以辨別甲骨卜辭時代的方法。後來又發掘了四次，出土了大龜四版，董作賓考釋時識別出了「貞人」，〔註6〕終於找到了一個甲骨文分期的突破口。在此基礎上，董作賓利用更多考古現象，著成了《甲骨文斷代研究例》，完成了甲骨學史上重要的甲骨文分期斷代工作。據此可以判斷，小屯的第一區即朱姓地內及附近一帶所出甲骨文祇有第一期、第二期、第五期的卜辭。第二區劉姓地一帶所出甲骨包含第一期、第二期、第四期的卜辭而沒有第五期的。第三區包括所有小屯村中所出的甲骨文祇有第三期和第四期，而沒有第一期、第二期和第五期的卜辭。甲骨分期之所以成爲可能並由董作賓實施完成，追本溯源，不能不說是從殷墟考古發掘工作中來，從考古發掘所得的大量地層

〔註4〕　董作賓：《殷墟文字甲編》自序，商務印書館 1948 年版；又《中國考古學報》第四冊，商務印書館 1949 年版。
〔註5〕　董作賓：《新獲卜辭寫本後記》，《安陽發掘報告》第 1 期，1929 年版。
〔註6〕　董作賓：《大龜四版考釋》，《安陽發掘報告》第 3 期，1931 年版。

分佈和位置關係而來。

第二，利用科學發掘的甲骨文字的出土地層和位置關係遺跡所屬期別，可以對以前私自盜掘的著錄甲骨文字的出土地進行推測。由於不同地點所出的甲骨文字時代不同，根據村民的傳說，和以前的著錄，知道劉鶚所得的甲骨文字，凡是《鐵雲藏龜》一系的著錄書，沒有第五期的卜辭，都出在第二區劉姓地內；羅振玉所藏的大部分甲骨，包含第一、二、五期，出在第一區的朱姓地裏。美國人施密士和上海收藏家劉體智所藏的甲骨文字，多是第三、四期，以第三期為多，出土在第一區的小屯村中。總之，「大凡是在 1940 年以前出土的，是劉姓地，無第五期卜辭；在 1909 年以前出土的，有第五期卜辭，無村中的第三、四期卜辭，是朱姓地；1909 年以後所得的，如果有三、四期物，必是村中出土無疑。」由此也可以重新綴合那些出土時人們有意無意使之破損的殘片，讓那些拆散的史料重歸完整。

第三，可以利用這些甲骨文字材料來探測甲骨文在地下的埋藏情況。董作賓結合殷墟考古發現介紹了殷墟都城被洹水破壞的情況、宮殿建築和地下建築的窖穴遺址。「每一座版築，附近必有一窖穴，甲骨文字，大部分是出土在窖穴之中的。埋藏的情形，可以分為四類：第一類是「存儲」。存儲，是有意識的保存儲藏，例如第一次發掘的第九坑，包涵一、二、五期；第三次發掘的「大連坑」包涵一、二、三及五期。這兩個坑，無疑的是在武丁時已用它存儲甲骨卜辭了，到祖庚祖甲時繼續使用，以後各王或者不在此坑存儲，可是到了帝乙帝辛時，又把卜辭存入了。所以這一二五期的甲骨文字，纔能同出於一坑。這第九坑、大連坑都是覆穴而兼有寶窖，甲骨文字就是存儲其中的。……有意的存儲，很明顯的是上節所舉征人方卜辭，從老遠攜帶回來不是要保存是為了什麼？在小屯村中，三、四期卜辭集中在一個地方，在侯家莊，把六塊腹甲，半塊背甲疊在一起放在地下室裏，也許是預備帶回「小屯」存儲而又遺忘了。第二類是「埋藏」，這一類似乎是很少的，第十三次發掘得到了一萬七千多片龜板，在YH127 一個灰土坑之中，……此坑乃是覆穴中的一個寶窖，開鑿的時期很早，初存穀物，後來廢而不用了，就用他埋藏龜板。……第三類是「散佚」，在許多覆穴內或者版築土中、灰土中，偶然發現幾片甲骨文字，都應該屬於這一類。因為當時貞卜刻辭的甲骨太多了，搬運的時候，免不了隨處遺落，但這些都是少數，不能和存儲同埋藏相比。例如第六次在一個地下室一覆穴的土階旁發現一塊骨板上面有第五期的卜辭，大概是無意中的遺落。有些小塊甲骨文字，雜

入灰土中，後來建築新宮室，就被打入版築層裏了。凡是零星發現的甲骨文字，可以說都是當時偶然散佚的。第四類是「廢棄」，這種情況也不多，我們可以看見，一塊骨版被鋸去文字的一半，改爲他物的，有時把用過的骨版拿來作練習書契之用的，許多干支表，就是如此……」

　　第四，利用這些甲骨文字可以確定遺址遺物的年代。「在殷墟全部遺址中，能夠確定每一個建築物相當於某一王的時代的最好標準，就是相伴出土的甲骨文字。許多版築土中，夾雜著零星破碎卜辭，無論如何小，都可以發揮他們最大的效用。即如殘缺一半個干支字，除了甲、乙、巳、壬、卯之外，都可以由字形判定相當的年代，別的字更不必說。……E16 坑可以證明是在祖甲以前，E21 坑可以證明是在帝辛時代。這兩個坑的年代，相距在一百年以上，所以文物製作，便有相當的演變。又如居於中部的黃土臺基，在它的北面，就是一個覆穴，穴中又有寶窖，即是「大連坑」，包涵著武丁以至帝辛時的卜辭，可以由此推測這黃土臺基的建築是相當早的，因爲以後所有向南擴充的建築物，都以它爲中心。又如小屯村中、侯家莊南地所有建築物，地上的和地下的都不能早過第三期廩辛康丁之世，這也是甲骨文字可以作證明的。」這也表明了甲骨文字的研究對於殷墟考古遺址判定的重要意義。當然關於這一點，不能太絕對了。由相伴出土的甲骨卜辭而判斷出的遺址或遺物的年代也祇是個相對的年代，不能指實了。更不能以出土甲骨的年代，斷定伴出的遺物一定也屬於這個時代。僅此條件是不夠的，要斷定遺物年代，還要有別的輔助證據。對此，作爲老朋友的李濟先生在董作賓自序之後所作的跋文作了認眞的辨證。〔註7〕

　　董作賓在這篇序言中，還談到了他對於殷墟甲骨文字的總體看法。

　　第一，甲骨文字不能代表整個的殷代文化。1.甲骨文字祇是殷代應用文字的一種，是一種專記貞卜事項的卜辭文字，不能把它們估計得過高了。2.殷代普通的文例，祇有下行和左行。甲骨卜辭的文例，左行之外，多了一種右行，原因是爲了對稱，增加美觀。3.甲骨文字的貞卜事項除了卜旬、卜夕等例行的公事外，是沒有固定的。在此董作賓還說到了他分甲骨卜辭爲新、舊兩派的做法。殷王朝的禮制有新舊兩派的分野，舊派篤守成規，遵守古制，以武丁爲代表；新派改革制度，祛除迷信，以祖甲爲代表。這兩派又可以分爲四期：第一期是舊派，可以從盤庚遷殷算起，經過小辛、小乙、武丁、祖庚凡三世

〔註7〕　李濟：《跋彥堂自序》，載《殷墟文字甲編》董作賓自序之後，商務印書館 1848
　　　　年版。

五王，可是武丁以前還不甚清楚；第二期是新派，是祖甲創始的，經廩辛、康丁二世三王；第三期又是舊派，武乙、文武丁父子；第四期又是新派，帝乙、帝辛父子。這四期新舊兩派，更迭起伏。兩派在祀典、曆法、文字、卜事等方面都是不同的。

第二，甲骨文字不是原始的文字。中國文化不是開始於殷代，文字也不是殷代纔開始發明的。甲骨文字已經由圖畫演進為一種符號，距離原始的繪畫文字形態已經是很遠的事了。甲骨文字在殷代後期二百七十三年之間，也在漸漸變化，可是不太明顯，可以知道在殷代前期，殷代之前，也必經過許多年的演進了。由此也可以推演出以下幾點結論：1、世界上最初創造的文字，都是起源於圖畫的。2、殷代不是創造文字的時代，我們就不能根據甲骨文字來研究殷代的社會背景。3、原始的圖畫文字在殷代還使用著，圖畫文字在殷代是它們的古字和美術字。

第三，學術界對於甲骨文字的研究還祇是初步的，有待於今後進一步的發掘和探索。今後的方法應該是：1、首先把材料集中，把所得十萬片甲骨，彙為一編。2、用分派、分期、分王的方法，整理全部材料。3、盡量拼合復原，把全部材料，化零為整。4、做成字典、辭典、類典等索引，以便從十個方面研究。5、要應用隅反的原則從一鱗一爪中去推測殷代的文化。等等。

圖 6-2　YH 127 坑出土的「文武丁卜辭」甲骨

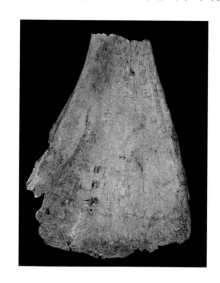

《殷墟文字乙編》的編著、出版情況也同樣經歷了過多的坎坷與磨難。《乙

編》著錄的是第十三次至第十五次殷墟發掘所得甲骨文資料，自然也就包括第十三次發掘時發現的 127 坑的全部龜甲。

抗戰爆發時，127 坑窖藏甲骨經過幾個月的室內發掘，雖然已經揭取出來，但沒有來得及整理，祇好裝入盒中、箱中，隨歷史語言研究所南遷流亡。直到歷史語言研究所考古組臨時在昆明北郊龍泉鎮龍頭村的地方安頓下來，纔由高去尋、胡厚宣二人把這批出土甲骨攤在地上，一一編好、登記。但此時這些甲骨已不復完整如初了。到了四川南溪李莊之後，他們對這些歷經磨難的甲骨材料再一次地整理一番，先墨拓，再編輯。由於條件不允許，沒法進行綴合使之恢復完整舊貌，祇好將所有的有字殘片都盡量收入《乙編》之中。

在董作賓先生的領導下，屈萬里、李孝定、張秉權等人都參加了《乙編》甲骨材料的整理與編輯工作。經過幾年的努力，終於編輯成上、中、下三輯，分別於 1948 年、1949 年和 1953 年在大陸和臺灣出版問世。〔註8〕

《乙編》共收甲骨 9105 片。數量超過《甲編》的四倍，而且地層坑位清楚明白，卜辭內容豐富多彩，其科學價值遠在《甲編》之上。正如董作賓先生在自序中所稱：「這真是一塊尚未開發的新園地。這裡面奇花異葩，滿目琳琅，足供研究甲骨文字的人們探討欣賞。可惜的是我不能為他們做導遊。」

儘管如此，董作賓先生還是像一個高級「導遊」一樣，介紹其中的一些奇珍異寶般的甲骨學現象，使人們初步領略了這座學術寶藏的繽紛色彩。比如：1、坑位和出土情況；2、包涵的時代；3、刻劃卜兆的龜版；4、毛筆書寫的字跡；5、龜版的塗朱與塗墨；6、改製的背甲、7、武丁大龜；8、甲橋刻辭和骨臼刻辭等等。

也正是在《乙編》的自序裏，董作賓先生宣稱他已經「揭穿了文武丁時代卜辭之謎」。所謂「文武丁時代卜辭」，是有一類特殊的甲骨卜辭，他曾劃分一部分到第一期武丁時代，另一部分到第四期文武丁（文丁）時代。董作賓經過進一步的研究發現，以稱謂而言，這類甲骨卜辭的一部分完全可以放在第一期，但它們的書法、字體、文法、事類、方國、人物等方面與武丁卜辭有明顯的不同。這確實是一類比較特殊的甲骨卜辭。這一矛盾現象似乎成了一個難以解開的謎。後來他在《殷曆譜》中發明了所謂新派、舊派兩種祀典的觀點，認為文丁時代的紀日法、月名、祀典等方面都恢復了武丁時代的

〔註8〕 董作賓：《殷墟文字乙編》上輯，商務印書館 1948 年 10 月版；中輯，商務印書館 1949 年 3 月版；下輯，臺灣中央研究院歷史語言研究所 1953 年 12 月版。

各項舊制。董作賓先生在經過認真的研究之後得出了以下的結論：1、文武丁在文字、曆法、祀典等方面屬於舊派，復武丁時代之古；2、文武丁時代有一批貞人（十七名），雖然有不少貞人已經見於此前的甲骨著錄書，但是因為這類卜辭大多不書「貞」字，所以從前沒能認出「卜」字之下一字即是貞人名；3、文武丁時代卜辭的辭例非常複雜；4、文武丁時代貞卜的事類大體上也恢復了武丁時代的各種舊制；5、文武丁時代卜辭的稱謂與商代傳統的大、小宗稱謂不合等等。因而他就把原來劃分在第一期武丁時代的這類卜辭全部後移了八、九十年，重新確定為是第四期的文武丁時代的甲骨卜辭。這樣一來，第一期武丁時代存在不同書體、字形、文法、事類、方國、人物的矛盾似乎就可以圓滿的得到解決了。所以他宣稱「揭開了文武丁時代卜辭之謎」。

但此事並沒有那麼簡單，謎底並沒有真正揭開。董先生的這一觀點，後來引起了海峽兩岸甲骨學界關於甲骨文分期斷代問題的一場持續多年的學術爭論。

四、日寇的掠奪

早在 1931 年，日本帝國主義發動了對我國的侵略戰爭，製造了「九一八事變」，與漢奸勾結起來搞了所謂的「華北特殊化」。在這塊狗頭招牌下，一些日本「文化人」組織了各種各樣的文化團體，如考古調查團、考古研究班等，或以私人探訪古跡、考古旅行的名義，在包括殷墟在內的我國華北、東北等廣大地區進行盜掘盜竊我國歷史文物的活動。這樣，殷墟甲骨等古物源源不斷地流到了日本。

抗日戰爭全面爆發，華北和中原地區先後淪陷，安陽殷墟一帶直接控制在日本軍國主義侵略者勢力之下。那些原來想發掘殷墟而未得逞的分子，這時又雲集到安陽小屯。這些人在小屯村頻繁地出沒，專門進行殷墟古物的盜掘活動。

一些日本的大學和文化機構也紛紛乘機前來瓜分搶占，如：

1938 年春，日本慶義塾應大學文學部組織了北支學術調查團，曾由大山柏率領來安陽考古；

同年秋，日本東方文化研究所水野清一、岩間德也等人也曾來到安陽侯家莊考察發掘；

1940～1941 年日本京都帝國大學考古教室也曾來殷墟發掘；

1942～1943 年駐河南安陽的日本軍隊也曾利用漢奸、土匪對殷墟進行了瘋狂的發掘；〔註9〕

……

這些發掘所得甲骨與其他殷墟古物也一股腦運往日本，日本帝國主義在政治、軍事上對我國實施全面侵略的同時，也扮演了極不光彩的文化掠奪者的角色。

抗戰之後不久，年輕的甲骨學家金祖同來到日本，繼郭沫若之後搜集拓摹殷墟甲骨。僅東京一地，就搜集到河井荃廬、中村不折、堂野前種松、中島玉振、田中救堂、三井源右衛門等六家所藏，重要的就達三四千片。金氏選擇了其中特別有價值的共 1459 片，編成《殷契遺珠》，〔註10〕又爲學術界提供了一批新的甲骨材料。

國外單位和個人收藏我國殷墟甲骨文的，以日本所藏爲最多。在 1928 年之前，流入日本的甲骨在 15000 片左右。〔註11〕「九一八」及抗戰以後，流散到日本的甲骨就更多了。〔註12〕現在，經過日本甲骨學家們多年的不懈努力，絕大多數藏家的甲骨基本已公佈於世，爲甲骨學界的研究提供了極大的方便。

據統計，日本公家收藏甲骨的共 31 個單位，收藏甲骨爲 7677 片；私人收藏甲骨的共 31 家，收藏甲骨 4776 片。〔註13〕公私合計共收藏我國殷墟甲骨 12453 片。但據日本甲骨學家自己的說法，日本共藏殷墟甲骨 8200 片。〔註14〕

自然，除了殷墟甲骨文之外，日本侵略者也掠奪走了大批的殷墟遺址的其他器物。〔註15〕中華國寶——司母戊大鼎也差點被日寇掠奪而去。關於司母戊大鼎的出土、遭遇和保存的經歷，留下了一個頗爲曲折驚險的動人的故事：

〔註9〕 胡厚宣：《殷墟發掘》第 117 頁、第 118 頁，學習生活出版社 1955 年版。

〔註10〕 金祖同：《殷契遺珠》，上海中法出版委員會 1939 年版。

〔註11〕 胡厚宣：《殷墟發掘》第 31 頁，學習生活出版社 1955 年版。

〔註12〕 胡厚宣：《美日帝國主義怎樣劫掠我們的甲骨文》，《大公報》和《進步日報》1951 年 4 月 27 日。

〔註13〕 胡厚宣：《八十五年來甲骨文材料之再統計》，《史學月刊》1984 年第 5 期。

〔註14〕 松丸道雄：《散見於日本各地的甲骨文字》，《古文字研究》第 3 輯，中華書局 1980 年版。

〔註15〕 梅原末治：《河南安陽與金村之古墓》，《支那考古學論考》，東京 1938 年版；《河南安陽發現之遺物》，《東方學報》第七冊，京都 1936 年版；《河南安陽遺寶》，京都 1940 年版等。

　　1934 年至 1935 年，中央研究院歷史語言研究所考古組在侯家莊西北岡發掘殷墟王陵時，曾經探測到西北岡東區的吳家柏樹墳下還有殷商時代的陵墓。吳家墳地共有墳頭五個，周圍栽種著 100 多棵柏樹，鬱鬱森森，很有些墳場的氣象。但是要挖掘這些墳頭下的殷代遺址，吳家是不會答應的。誰家的祖墳肯讓人扒毀，那不就破壞了風水了嗎？歷史語言研究所考古組礙於習俗，不能動手，祇好作罷。

　　日軍佔領安陽以後，由於修築工事的需要，把吳家墳地的柏樹砍伐淨盡。日本兵可不比那些知書達理、入鄉隨俗的歷史語言研究所考古學家們。吳家人敢怒而不敢言。但當時日軍不知道墳地底下還有殷商陵墓，沒有對墳墓進行發掘。

　　1939 年 3 月的一天，武官村農民吳希增和吳培文在墳地的西南角吳家田地中，用探扦探測知道地下有東西，當下在地裏設好了標記。晚上二人帶上挖掘的工具，又來到田中。先挖了一個寬一尺、長六尺的大坑，然後縮小範圍，一直挖下去。將近午夜時分，人困馬乏的二吳纔在地下水面之下的距地面 10 米左右的深處找到了寶鼎。大鼎口朝東北，柱足西南，傾斜著橫放在泥水之中。但這是一個受過傷的青銅大鼎，祇有一個鼎耳。另一個鼎耳的部位用水沖洗之後，發現有被擊斷的痕跡。他們在四周破土尋找，但什麼也沒找到。很明顯，這是經過了他們的先輩盜墓賊光顧過了的地方。古代的盜墓賊把小的東西都搬了出去，而這個銅鼎太龐大，不容易抬出，就打算把它擊碎，一塊塊地拿出。結果也祇是敲下了一個鼎耳。或者此時天已大亮，盜墓賊祇好放棄了大鼎。二吳也不比古代的盜墓賊更高明，也沒辦法把大鼎抬出。也想把大鼎敲碎，可怎麼也敲不動。一個人在洞內等著，另一個人跑回家去拿來了一把大鋸，想把大鼎鋸成幾段。他們從一個鼎足鋸起。可是沒鋸幾下，鼎足安然無恙，而鋸條卻先被弄斷了。不得已，二吳祇好爬出洞口，又把洞口用虛土埋上。

　　幾日後，他們多叫幾個人來，把此鼎挖開抬出，運回家中藏了起來。

　　不料風聲走漏了出去，被當地的日軍聽到了。日軍派了一個連的人馬到村中搜索，還揚言要以 70 萬偽幣購買此鼎。可是誰都知道，日軍是不會花錢買的，發現了大鼎準會以武力搶去，比巧取豪奪的黑道組織還要屬害和凶殘。日軍為得到此鼎，派兵搜索了幾次。當地人見此事硬抗是躲不過去了，懾於日軍的淫威，怕日軍得不到此物，肯定不會善罷甘休，但又不願看到中國的

寶物落到日本人手裏，於是就有人獻出了一個小的銅鼎給日本人。此事就這樣搪塞過去了。

抗戰勝利後，當地村民根據過去所作的標記，組織人馬又挖出了此鼎。村民們見此鼎很大，像馬槽一樣，就稱之為「馬槽鼎」。挖掘後，一些古董商也聞訊而之，多次來商量價錢，想把此鼎買走。但因此鼎的分贓問題發生了爭執，就被公家沒收，放在縣政府的倉庫裏。後來一個河南的軍閥把它作為向總統蔣介石敬獻的壽禮，帶到了南京，一直存放在南京博物院。〔註16〕

現在這個國寶級的文物安全地存放在北京的中國國家博物館。

司母戊大鼎呈長方形，立耳，柱足，通身以雷紋為底，以龍紋盤繞，四角飾以饕餮紋。腹內鑄有銘文「司母戊」三個字。通高 1.37 米，長 1.16 米，寬 0.77 米，重達 875 公斤。它不僅是殷墟發掘以來所發現的器物中之最龐大之物，而且也是世界青銅文化史上罕見之器，是舉世聞名的稀世珍寶。

當地村民本為牟利而盜掘此寶，但在日本侵略者掠奪它時，能不為利誘，不畏強暴，機智、妥善地將此珍貴的殷墟文物保存下來，難能可貴，值得稱道。

〔註16〕陳夢家：《殷代青銅器》第 29 頁，《考古學報》第七冊，1954 年版；邵慎之：《安陽探古・殷代祭器出土記》，《申報》1946 年 10 月 27 日；張恩言：《國寶罹難錄——殷墟司母戊方鼎出土前後》，《中州今古》1984 年第 2 期。

第七章　殷商歷史的新繹重構

　　殷墟甲骨文的發現與研究，爲重新構建殷商時代的社會歷史提供了彌足珍貴的資料，爲先秦歷史的研究開創了一個新的局面。新史學的開山鼻祖王國維先生，即是利用甲骨卜辭對商代世系進行了創建性的考證，取得了驚人的成績。

　　然而，這還僅僅是個開始。眞正意義上的商代歷史重構，是在殷墟甲骨文字經過科學發掘而有大量出土之後，是在這些珍貴的史料經過科學整理和分期斷代以後。在董作賓先生爲甲骨文字作了初步的分期之後，曾經設想由此可以把所有的出土材料統統彙集起來，「然後用這標準，這方法，去整理研究它，以完成殷代的一部信史。」而且相信「必獲以下的結果：1.可以還他殷代每一帝王的眞實而貴重的史料。2.可以編著每一帝王的傳紀。3.可以作各種專史的研究，如禮制、曆法、地理等。4.從各期史實中，可以看出殷代社會發展的程序。5.從各期文字上，可以看出殷代文化演進的階段……7.可以印證古代記載裏的眞實材料。8.可以糾訂前此混合研究的各種謬誤。」〔註1〕

　　眾多的古文字學家、古史學家、考古學家都是在此基礎上，利用這批甲骨文字原始史料，依據「二重證據法」，從不同的歷史角度來探求上古三代歷史的眞面目，取得了纍纍碩果。

一、郭沫若馬恩史觀

　　以甲骨卜辭繹寫殷商歷史，最爲出色、最爲優秀的當屬被譽爲「甲骨四堂」之一的郭沫若先生。郭沫若不僅是我國現代著名文學家、著名詩人，著

〔註1〕　董作賓：《甲骨文斷代研究例》，《中央研究院歷史語言研究所集刊》外編第一種《慶祝蔡元培先生六十五歲論文集》上冊，商務印書館 1933 年版。

名政治家、國務活動家，也是一位傑出的考古學家、歷史學家和甲骨學家。

郭沫若（1892～1978），原名開貞，號尚武，又名沫若，字鼎堂，四川樂山縣人。郭幼年聰慧，三四歲能背古詩文，五歲入私塾，十四五歲已經熟讀「四書五經」、《左傳》等古籍。十七八歲時，他已讀完了《史記》和《皇清經解》等書。1913 年考入天津陸軍軍醫學校，次年赴日本就讀於東京第一高等學校預備班醫科。1923 年畢業於日本九州帝國大學醫科之後，棄醫從文，投身到反帝反封建的「新文化運動」中，以其劃時代的詩作《女神》而成爲中國新詩歌運動的奠基人。1924 年回國到上海，後來任廣東大學文科院長。1926 年參加了北伐戰爭，任國民革命軍總政治部代理主席。1927 年參加南昌起義，並在南下途中加入了中國共產黨。大革命失敗以後，爲了躲避國民黨政府的搜捕，於 1928 年流亡日本，隱居在千葉縣市川市。從此他開始了對中國古代歷史、甲骨文、金文的研究。寫出了一系列的重要著作，如《中國古代社會研究》、《甲骨文研究》、《兩周金文辭大系圖錄》、《殷周青銅器銘文研究》、《金文叢考》、《卜辭通纂》、《殷契粹編》等等，在學術界產生了較大的影響。抗戰爆發後，郭沫若回國參加了抗日救亡運動，同時繼續進行先秦時期社會形態和諸子思想的深入研究，寫下了《十批判書》、《青銅時代》、《歷史人物》等重要學術著作。中華人民共和國建立以後，郭沫若歷任政務院副總理兼任文化教育委員會主任、全國人大常務委員會副委員長、全國文聯主席、中國科學院院長兼哲學社會科學主任、歷史研究所所長等重要黨政和學術領導職務。在從事繁重的國務活動、科學文化和國際交往工作的同時，堅持進行學術研究。在歷史、考古和古文字等學術領域，一方面將三十年代的舊作一一修訂重版，另一方面不斷進行新的研究和探索，出版了《奴隸制時代》、《文史論集》等著作，並主編了《中國史稿》、《甲骨文合集》等大型歷史學和甲骨學巨著。郭沫若才華橫溢，學識淵博，在哲學社會科學的許多領域，如文學藝術、哲學、歷史學、考古學、甲骨文、金文和馬列主義著作、外國文藝作品翻譯介紹等諸多方面，都有很好的建樹，對中國當代的文化學術事業貢獻很多，被譽爲是繼魯迅先生之後中國文化戰綫的又一面光輝的旗幟。

說到郭沫若的甲骨文字研究，還有一段頗爲曲折的經歷呢！

1928 年，已是著名詩人和職業革命家的郭沫若離開了如火如荼的國內革命運動，遠離鄉邦和故友，旅居日本過起了寄人籬下的坎坷生活。孤寂淒涼的他冷靜下來，他要把手中的筆轉轉方向，作些有益於歷史和文化的事，而

不再是革命社團內部的爭鬥和消耗。他要把在社會論戰中接觸到的馬克思主義理論用於實際，用馬克思主義來研究中國社會、中國思想和中國文化。

於是郭沫若從最為熟悉的《易經》做起，只用了一個星期的時間，就寫成了他由文學轉入史學的第一篇論文《周易的時代背景與精神生產》。接著便又去研究《詩經》、《尚書》，又是不到半個月的工夫，他寫成了《詩書時代的社會變革與其思想上的反映》。

然而，這幾篇文章寫成之後，他卻又猶豫起來：《易經》果真是殷周之際的產物嗎？那個時代的人們能有辨證的形而上學宇宙觀嗎？同屬殷周時代的《詩經》、《尚書》表現出來的是人格神支配觀念，為何二者不同？《詩經》如果真的經過了孔子的刪改，其中的史料還能代表原來時代的狀況嗎？《尚書》中的《虞書》、《夏書》本不足信，其它各篇也都歷經傳抄翻刻，早已不是本來面目，用他們來研究中國上古社會狀況能行嗎？

他感到了這麼做有些不對頭。要研究上古歷史，必須找到第一手資料，找到能代表當時真實狀況的原始史料。這時，他想到了國內風行一時的「羅王之學」和甲骨文字。

早在 1916 年他在日本岡山第六高等學校讀日語時，他曾在學校圖書館的目錄架上見到過羅振玉的《殷虛書契》一書。

憑著這一綫索，他很幸運地在上野圖書館借到了羅振玉的《殷虛書契》。可是當郭沫若打開一看，卻傻了眼。除了書前有羅振玉本人所作的簡短序文之外，整本書全是甲骨拓片的著錄，沒有一個字的釋文。他知道這正是他要尋找的上古原始文字，但他一個字也不認識。他決定要找到破讀這些文字的工具和方法。

之後，他四處奔波，尋找辦法。在專賣中國古書的文求堂找到了羅振玉的《殷虛書契考釋》，但由於賣價太高他買不起，只好抱憾而歸。

後來經人介紹來到了藏有大量中國古籍的東洋文庫，在此借閱藏品豐富的甲骨金文著作。郭沫若只用了一兩天的時間，就全部明白了甲骨文字的奧秘，步入了那原本是一片漆黑的神奇殿堂。

從此，郭沫若每天都去東洋文庫，潛心研讀，不到兩個月的工夫，他讀完了庫中所藏的所有的甲骨文字和金文著作，也讀完了王國維的《觀堂集林》和一些中國境內的考古研究報告。這使他眼界大開，如虎添翼。

這時，他對中國古代社會的認識已經有了一個自信的把握。在此基礎

上，他筆下生風，很快寫出了《卜辭中的古代社會》、《周易中的社會史觀》，連同此前所寫的幾篇文章，集結而成《中國古代社會研究》一書出版問世。〔註2〕

《中國古代社會研究》是中國第一部參用摩爾根《古代社會》的具體模式，運用馬克思主義理論和方法研究中國古代歷史的著作。在其自序裏，郭沫若明確申述該書是恩格斯《家庭、私有制與國家的起源》一文的續編。此書一掃前人舊說，觀點新穎，論說犀利，特別是他那明白曉暢的語言，把不易理解、詰屈聱牙的古文字、古文獻說得一清二楚、深入淺出。這和當時社會史論戰中的一些玄而又玄、空洞無物的理論著作決不一樣。所以，儘管由於郭沫若本人的政治身份而使本書遭到國民黨政府的嚴厲查禁，但還是贏得了廣大年輕知識分子的喜愛。該書在幾個月中，連印三版，大有「洛陽紙貴」之譽。

《中國古代社會研究》中收有《卜辭中的古代社會》一文，是一篇系統利用甲骨文字研究上古歷史的著名論文。該文包括三個部分，其《序說》專講《卜辭出土之歷史》；第一章《社會基礎的生產狀況》，運用甲骨卜辭材料描述了殷商社會的漁獵、畜牧、農業、工藝、貿易等經濟狀況；第二章《上層建築的社會組織》，一方面介紹了殷商時代仍然存在的氏族社會痕跡，包括彭那魯亞婚制、母權中心、氏族議會等；另一方面闡論了氏族社會的崩潰，包括私有財產的發生和階級制度的萌芽。

在《中國古代社會研究》一書的導論中，郭沫若利用對甲骨文字的考釋，進行了商代社會歷史的探討，得出了以下的結論：「一、中國的古物屬於有史時期的只出到商代，是石器、骨器、陶器、青銅器，在商代的末年可以說還是金石並用的時期。二、商代已有文字，但那文字百分之八十以上是象形圖畫，而且寫法不一定，於字的構成上或倒書或橫書，或左或右，或正或反，或數字合書，或一字析書。而文的結成上亦或橫行或直行，橫行亦或左讀或右讀，簡直是五花八門。可以知道那時的文字還在形成的途中。三、商代末年還是以畜牧為主要的生產，卜辭中用牲之數每每多至三百四百以上，即其例證。農業雖已發明，但所有的耕器還顯然在用蚌器或石器，所以農業在當時尚未發達。」因此認為「中國的歷史是在商代纔開幕，商代的產業是以畜牧為本位，商代和商代以前都是原始公社社會。」

〔註2〕 郭沫若：《中國古代社會研究》，〈導論〉，上海聯合書店 1930 年版。

　　1947 年重印此書時，郭沫若在《後記》中對此書作了如下的總結：「在我自己是一部劃時期的作品，在中國史學界似乎發生了相當大的影響。」「本書在思想分析部分似有它的獨到處。在十七年後的我自己也寫不出來，現在讀來有些地方都還感覺著相當犀利。」「我用的方法是正確的，但在材料的鑒別上每每沿用舊說，沒有把時代性劃分清楚，因而便夾雜了許多錯誤而且混沌。」〔註3〕他在後來的一些論著裏，尤其是在《十批判書》中的《古代研究的自我批判》一文中，對自己的一些錯誤觀點進行了大膽的糾正，難能可貴。到了四十年代，他已經根據後來新出的材料的全面研究，對商代社會性質進行了重新的認識，改變了原來的看法，認為商代是奴隸社會。〔註4〕

　　郭沫若除了利用甲骨文字材料重新構建上古歷史之外，對於甲骨文字和甲骨學本身的研究也有較大的貢獻。這方面的成就主要反映在《甲骨文字研究》、《卜辭通纂》和《殷契粹編》等主要甲骨學著作裏。

　　《甲骨文字研究》在寫成之後，歷經磨難，終於在國內出版。〔註5〕這是他研究甲骨文字成果的第一個集子。共收甲骨文字考釋論文 17 篇。在此後的幾次再版中，又多有增刪。〔註6〕

　　其實，郭沫若此書並不單單是考釋文字之作。他在甲骨文的斷片綴合、殘辭互補、缺刻橫劃、分期斷代等方面也有諸多的發現，而且該書也是他在潛心研究中國古代社會歷史的道路上所作的基礎工作。要研究古代社會歷史，「對於殷代的甲骨文字和殷周兩代的青銅器銘文也就不得不研究」，是「想通過一些已識、未識的甲骨文字的闡述，來了解殷代的生產方式、生產關係和意識形態。」因此，它可以說是《中國古代社會研究》的姊妹篇，有相輔相成的作用。如《釋藉》一文，論定了「藉之初字，象人持耒耜而操作之形」，從而可以論證古代的田畝耕作情形。《釋五十》一文，研究了古代紀數：「數生於手，古文一、二、三、四作一、二、三、三，此手指之象形也」，認為表數之文字自三、四以上不免發生變例，我國「數字系統大數，古文則合文。」「萬與千之倍數亦合書。」「不足十百千之數於文每加『又』。」並在《釋七

〔註3〕　郭沫若：《中國古代社會研究》，群益出版社 1947 年版。
〔註4〕　郭沫若：《古代研究的自我批判》，《十批判書》，群益出版社 1946 年版。
〔註5〕　郭沫若：《甲骨文字研究》，大東書局 1931 年版。
〔註6〕　郭沫若：《甲骨文字研究》，人民出版社 1952 年版，刪去 9 篇，又增 1 篇，合共9 篇；《甲骨文字研究》，《郭沫若全集》「考古編」第一卷，科學出版社 1982 年版，又加入《殷契餘論》、《安陽新出的牛肩胛骨及其刻辭》等後來寫作的篇目。

十》中說：「七十也是合文，上面是十，下面是七。『九十』之例在卜辭中未見，推測也是合文，上十下九，將來終必有出現之日。」果然後來有學者在甲骨文中發現了「九十」的合文，證實了當年郭沫若推論的正確性。〔註7〕《釋朋》一文，論證了「貝朋之由頸飾化爲貨幣，當在殷周之際」。這對古代的服飾穿戴和商業經濟的研究都提供了材料。《釋歲》一文，考證了起初「歲」、「戉」本爲一字，但「古人尊祀歲星，以戉爲之符徵以表示其威靈，故歲星名歲。」由「歲星之歲孳乳爲年歲之歲」，以後「歲」、「戉」纔有了分別。《釋支干》一文，對甲骨文中常見的 22 個天干、地支字進行了初步的研究，認爲十二支起源於巴比倫的十二宮等等。這些考證多獨到精審，頗有創獲。

　　所以說郭沫若的考字特點是，不爲考字而考字，他總能結合當時社會狀況，聯繫說解歷史文化。因此，他考出一個字，也往往能揭發出與之相關的當時的典章制度、社會風俗、人文習性、思想觀念等等，達到一定的歷史高度。比如《釋祖妣》一文，他論定了「祖妣爲牝牡之初字，則祖宗崇祀及一切神道設教之古習亦洞見其本源。」「蓋上古之人本知母而不知父，則無論其父之母與父之父。然此有物焉可知其爲人世之初祖者，則牝牡二器是也，故生殖神之崇拜，其事幾與人類而俱來。」他在此中對古籍記載的「燕之馳祖」、「齊之社稷」、「宋之桑林」與「楚之雲夢」等作了精闢的考證，恢復了古代婚姻制度和母權時代的歷史遺跡，是那些「視此事爲不雅訓而諱莫如深」的「縉紳先生」們所不能也不敢想像的史跡得到了科學的解釋。不僅如此，由於《釋祖妣》一文討論了古代天神上帝觀念的起源，作者言不盡意，後來就擴充寫成了《先秦天道觀的進展》一書，〔註8〕指出甲骨文中稱帝不稱天，帝稱爲天大約在殷周之際。因爲殷人崇拜祖先，對上帝很是虔誠；而西周統治者一方面繼承天命思想，另一方面看到殷人雖然對天地虔誠，但失掉民心還是要亡國，所以產生了動搖和懷疑，提出了「敬天保民」的思想以爲修正，並舉西周金文《大盂鼎》、《毛公鼎》中的「受天有大命」、「皇天弘散厥德」作例子進行論證。

　　1978 年郭沫若去世以後，著名古文字學家商承祚先生在回憶文章中緬懷郭沫若在甲骨學研究方面的豐功偉績時，很佩服郭沫若考釋甲骨金文的正確方法和敏銳洞察力，認爲《釋祖妣》、《釋五十》、《釋朋》、《釋支干》等重要

〔註7〕 王宇信：《釋九十》，《文物》1977 年第 12 期。
〔註8〕 郭沫若：《先秦天道觀的進展》，商務印書館 1936 年版。

論文，像是一顆顆明珠，照亮讀者的心，引導讀者去思索去研究。〔註9〕

　　《卜辭通纂》是郭沫若對甲骨學的又一大貢獻。郭沫若在研究甲骨文的過程中，發現殷墟盜掘甲骨流亡日本的很多，不少日本收藏家手中都有殷墟甲骨文材料。他利用自己寓居日本的便利條件，盡力搜求，徵集日本諸家所藏甲骨，再加上國內學者的著錄書，合編一書而成《卜辭通纂》，〔註10〕「選擇傳世卜辭之菁粹者，依余所懷抱之系統而排比之，並一一加以考釋，以便觀覽。」所取材料主要是《殷虛書契前編》、《殷虛書契後編》、《龜甲獸骨文字》，少數採自《鐵雲藏龜》、《鐵雲藏龜之餘》、《殷虛書契菁華》、《戩壽堂所藏殷虛文字》等著錄書及科學發掘發現的牛頭、鹿頭刻辭、「大龜四版」等拓片，還收錄了一些日本收藏家和東京帝國大學、東洋文庫、上野圖書館等單位所藏的甲骨拓片。本書共選錄甲骨拓片和甲骨照片 800 幅，分圖版一卷，考釋三卷，索引一卷，合上《別錄一》、《別錄二》，共爲四冊。每片之後附有釋文，畫出原片形，在相應位置逐辭做出釋文並補足殘辭，以箭頭表明卜辭行款走向，「原辭有當疏證之事項，悉述於辭後」，方便讀者讀辭。

　　這是一部分門別類地解釋甲骨文字的著作。全書按內容整理甲骨，共分八類：一、干支；二、數字；三、世系；四、天象；五、食貨；六、征伐；七、畋遊；八、雜纂。每頁之後都有考釋，並且還有一個小結，使讀者能對商代社會歷史狀況有一個系統而全面的瞭解和印象。所以說，《卜辭通纂》又可以作爲初學甲骨文與殷商歷史的入門讀物。

　　《卜辭通纂》不僅僅是一部甲骨學工具書和甲骨文字的考釋書，郭沫若在此書中，對商代社會歷史的某些問題的考證也每每有獨到的見解。如在「世系」一節的考證中，論定了戔甲即河亶甲、羌甲（彊甲）爲沃甲、象甲爲陽甲等等，補充並糾正了王國維關於商人世系和王名的考證觀點，解決了各家長期爭論不休的問題。另外，他還揭示並證明了「以干支紀日程」、「殷車常駕二馬」、「卜雨兼卜來自四方」、「卜辭有長達 64 字的長文，把驗證記在 179 日以後」等等現象，發前人所未發。這些也是他當初編纂《卜辭通纂》時未能預料到的新收穫。

〔註9〕　商承祚：《緬懷郭沫若同志》，《中華文史論叢》第八輯，1978 年版。
〔註10〕　郭沫若：《卜辭通纂》，日本東京文求堂書店石印本，1933 年版。

圖 7-1　郭沫若遺像與《卜辭通纂》書影

　　1932 年，郭沫若剛剛寫完《卜辭通纂》，與之過從甚密的年輕的甲骨學家金祖同來到日本，從國內帶來了一大厚本甲骨拓片，請郭沫若選印、研究。這是上海著名收藏家劉體智所藏的甲骨文的全部拓片，共有甲骨 20000 餘片。劉體智是繼羅振玉之後個人收藏甲骨最多的收藏家之一。「劉氏體智所藏甲骨之多且精，殆爲海內之冠。劉氏已盡拓出其文字，集爲《書契叢編》，冊凡二十。」郭沫若剔除其中的僞造贋品和價值不大的碎片，從中選出了 1595 片精粹甲骨，編爲《殷契粹編》。〔註 11〕

　　《殷契粹編》的編著體例，基本上與《卜辭通纂》相同。「唯此乃一家藏品，各類多寡有無之異，故渾而出之，不復嚴加限制。」但基本上仍是按「次序以類相從」的。此外，郭沫若爲了方便初學者，對所選甲骨作了文字考釋。考釋中對商朝的文字、禮制、政治、經濟等各方面多有闡發。如其中的第 113片，是劉氏所藏的兩個斷片與燕京大學藏片之拼合，而此版上也有「報乙、報丙、報丁」三個先王名稱，不僅爲王國維所綴合的甲骨片子增加了新的鐵證，而且證明了《史記‧殷本紀》對「三報」的記載次序確實有誤，解決了上甲以來的周祭順序，爲研究殷代祀譜奠定了基礎。又如第 1162 片辭云：「丁酉卜，其乎師，多方小子小臣其教戒。」郭氏認爲，「多方者，多國也，周書

〔註 11〕郭沫若：《殷契粹編》，日本東京文求堂書店石印本，1937 年版。

中猶沿用之。多國之小子小臣同受殷人之教戒，非留學制之濫觴而何歟？」
此外，他還論及殷人的書法，指出武丁卜辭字多雄偉，廩辛康丁之時，字雖
潦草而多姿，帝乙之時文咸秀麗，由此「足知存世契文，實一代法書，而書
之契者，乃殷世之鍾王顏柳。」

　　《卜辭通纂》和《殷契粹編》二書，所收錄的甲骨主要是 1928 年殷墟科
學發掘前的各家所藏的珍品。而且郭沫若在此中對各片的考釋多有創建，不
少是羅、王諸家所未知或遺誤者，「足以矜耀於契林」。所以這二書的出版引
起國內外學術界極大的重視。直到今天，還不失爲在甲骨學和殷商歷史研究
中具有重要參考價值。

　　後來，郭沫若利用甲骨文對商代歷史的研究又有了新的成就，當然這是
由於古代文獻材料、甲骨文、青銅器銘文的整理研究有了長足進展的結果。
到四十年代，他明確指出：「十幾年前認爲殷代是原始公社制末期的那種看
法，當然要修正纚行。」他在《十批判書》、《奴隸制時代》等論著中，改變
了過去的看法，認爲商代是奴隸制社會，並進一步作了全面深入的闡述。〔註
12〕到七十年代，在由郭沫若主編的《中國史稿》一書中，集中體現了他對
商代歷史性質的系統看法。在此中，他全面研究了有關商代歷史的古代文
獻、考古和甲骨文資料，特別是後來發現的大量考古材料，論述了商朝奴隸
制國家的建立發展，尤其是盤庚遷殷之後，達到了奴隸制的興盛時期。以商
王爲代表的奴隸主階級和臣、眾、僕妾等廣大奴隸和平民是商代社會尖銳對
立的兩大階級，正是廣大奴隸和平民投入了辛勤的勞動，促使商代社會生產
發展，剩餘產品增多，文化和科學技術也相應發展起來。在商王朝末期，奴
隸、平民與奴隸主貴族的矛盾，被壓迫、被奴役的方國部落與商王朝的矛盾，
達到了空前的尖銳程度。長達 600 多年的商王朝，就是在奴隸、平民和被壓
迫方國部落的聯合打擊下，被徹底推翻的。〔註 13〕

　　對於甲骨學本身的規律和現象，郭沫若也大膽探索，不遺餘力，成績卓
著。

　　首先，他在甲骨文的卜法、文法的研究上，造詣頗深。如他曾指出：「卜
辭契例，凡於長骨分契成段，左行右行率一律。然亦有參錯互行者。」他

〔註 12〕郭沫若：《古代研究的自我批判》，《十批判書》，群益出版社 1946 年版；《青
　　　　銅時代》，文治出版社 1945 年版。
〔註 13〕郭沫若主編：《中國史稿》第一冊，人民出版社 1976 年版。

較早地注意到了卜兆序數，說這是「紀卜之數字」。他還發現了「驗辭」和「記用刻辭」，說「茲御，卜辭恒語，蓋猶它辭言『茲用』也」。關於甲骨文字的書寫，他提出了「習刻卜辭」、「缺刻橫劃」、「缺刻豎劃」等問題。他認爲骨臼刻辭是「署書頭或標牙簽」等。在《卜辭通纂考釋》中，他提出了「卜用三骨」——即甲骨占卜是以三枚爲一組、一次卜用三龜或三骨的論斷。這一著名論斷後來被從安陽殷墟小屯西地及藁城臺西商代遺址的考古發掘材料證實。到後來年近八旬的郭沫若還著文對甲骨文字的起源、用途、事類、格式、規律等方面進行總結，並從象牙工藝的工序中，領悟到了古代整治甲骨和刻寫文字時要用某種酸性溶液浸泡，使之鬆軟，便於契刻。

其次，他在甲骨的斷片綴合和殘辭互補方面，也每每發凡啓例，多有成功。僅在《卜辭通纂》一書中，他就綴合了甲骨 30 多片，其中有合三片、綴四片而成整版的。尤其是在《殷契粹編》中，將幾片上有「三報」先王名稱的甲骨片綴合在一起，爲王國維在《殷卜辭所見先公先王考》中的綴合與考證補充了證據，證明了《史記‧殷本紀》所載商王室世系有誤，很有意義。他還把平時精心綴合所得的成果與經驗，寫成了《斷片綴合八例》，介紹給學術界。由此他還發明了「殘辭互補」的做法，即「卜辭紀卜或紀卜之應，每一事數書，因之骨片各有壞損時，而殘辭每互相補足。」他將同文的殘缺卜辭互相補充，寫成了《殘辭互足二例》。後來的《甲骨文合集》編纂，也是根據郭沫若的這一做法的啓示，盡量將殘辭甲骨綴合，並將同文卜辭按卜辭的卜序集中在一起處理，以便讀者利用。

再者，對於甲骨文的分期斷代，郭沫若雖然並未刻意爲之，卻也取得了不小的收穫。郭沫若之於甲骨文研究，與其他「三堂」有所依傍和師承不同，可謂異軍突起。三十年代初，身在日本的郭沫若不可能參與殷墟甲骨文的發掘工作，竟能與主持殷墟發掘工作的董作賓先生的研究不謀而合，發現了 273 年的殷墟甲骨文有時代的早晚之別。他本來打算在《卜辭通纂》中附列「卜辭斷代表」，「凡編中所列，就其世代可知者一一表出之。」但他在與董作賓的通信中，得知董作賓正在撰寫《甲骨文斷代研究例》，知道有所謂「十項標準」，他就不再論列。董作賓後來將《甲骨文斷代研究例》的三校稿本寄給郭，郭還爲董作賓補充了第二期貞人「尹」，並對董作賓文中的「羌甲」、「虎甲」等商王名稱有所辯難。可見郭沫若也是較早地對甲骨文進行分期分類的學者之一。直到七十年代，郭沫若還從新出的殷墟甲骨文中的稱謂，對一些卜辭

的時代進行探索。〔註14〕

　　郭沫若，一代學術宗師，在甲骨學史上建立了令人敬仰的豐功偉績。他與羅振玉、王國維、董作賓一樣，無愧於「甲骨四堂」的稱號。

二、唐立厂文字理論

　　為「甲骨四堂」評定功績的是著名的古文字學家唐蘭先生。他說：「卜辭研究，自雪堂（羅振玉）導夫先路，觀堂（王國維）繼以考史，彥堂（董作賓）區其時代，鼎堂（郭沫若）發其辭例，固已極一時之盛。」〔註15〕而他自己又何嘗不是一個堂堂的甲骨學大家。

　　唐蘭（1901～1979），號立厂，又作立菴、立盦。浙江嘉興秀水兜人，故自稱秀水唐蘭。出身貧寒，經歷坎坷。為生活所迫，先讀商業學校，後又改習醫學。1920年棄醫從文，入無錫國學專修館，攻治小學，研習群經。1929年在天津編《將來》月刊和《商報》文學周刊，同時研究古文字，漸得門徑，取得不小成績，為以後的繼續研究打下了堅實的基礎。唐蘭自學古文字成才，深得當時的甲骨學大家王國維的稱許：「今世弱冠治古文字學者，余所見者四人焉：曰嘉興唐立菴蘭，曰東莞容希伯庚，曰膠州柯純卿昌濟，曰番禺商錫永承祚。立菴孤學，於書無所不窺。嘗據古書古器以校《說文解字》。」〔註16〕後來唐蘭在瀋陽和東北大學參編方志叢書並講授《尚書》。「九一八」事變之後，他來到北平，先後在燕京大學、北京大學、北京師範大學、輔仁大學、清華大學、中國大學講授《尚書》、金文與古籍新證、甲骨學等課程。1936年被聘為故宮博物院專門委員。1939年隨北京大學輾轉至昆明，在西南聯大中文系任教。1940年任北京大學文科研究所導師，1947年任北京大學教授和中文系主任。1952年被借調至故宮博物院做專門的研究工作，先後任設計員、研究員、學術委員會主任、陳列部主任、美術史部主任、副院長等職。

〔註14〕郭沫若：《安陽新出土的牛肩胛骨及其刻辭》，《考古》1972年第2期。
〔註15〕唐蘭：《天壤閣甲骨文存》自序，北平輔仁大學影印本，1939年版。
〔註16〕商承祚：《殷墟文字類編》王國維序，決定不移軒刊刻本1923年版。

圖 7-2　唐蘭遺像

　　唐蘭先生一生治學，嚴謹、勤奮，著作等身。他的學術專著和論文達 200
多種。在古文字學、青銅器、古代歷史、音韻學和器物考古學等方面很有建
樹。他在甲骨學方面的功績尤其是由考釋甲骨文字而建立起來的古文字學理
論，是應當值得尊敬的。

　　首先，是他在甲骨文字材料的搜集方面，做出了應有的貢獻。天壤閣，
是甲骨文的發現者王懿榮家中祖傳的藏書樓。王懿榮去世之後，其收藏甲骨
雖然大都轉賣給了劉鶚，但這些甲骨文的拓片和一些甲骨文實物仍在王懿榮
家中存放。唐蘭根據王懿榮後人提供的這些拓片，選擇其中的 108 片，編輯
而成了《天壤閣甲骨文存》影印出版。〔註 17〕王懿榮所藏的甲骨，大多數被
收入了《鐵雲藏龜》，但《鐵雲藏龜》之外的其他王懿榮收藏甲骨，一般學者
很難見到。《天壤閣甲骨文存》的著錄，為學術界提供了早期甲骨收藏的又一
批新材料，對甲骨文及甲骨學史的研究，都是有其積極意義的。

　　其次，唐蘭先生在甲骨文字考釋方面也有驕人的成績。他考釋甲骨文字的
成果，主要集中在《天壤閣甲骨文存考釋》和《殷虛文字記》二書中。《殷虛文
字記》是 1934 年在北京大學任教時的講義，〔註 18〕共收甲骨文字考釋論文 33

〔註 17〕唐蘭：《天壤閣甲骨文存》，輔仁大學影印本，1939 年版。
〔註 18〕唐蘭：《殷虛文字記》，中華書局手寫影印本，1981 年版。

篇，考釋文字近百個。唐蘭在其古文字學理論著作《古文字學導論》自序中云：「前人所稱已認識的文字不過一千，中間有一部分是不足信的；根據我個人的方法，所認識的字幾可增至一倍。」〔註19〕又在其《天壤閣甲骨文存》自序中說：「予以卜辭文字致力最久，所釋倍於前人。聞者或以爲誇誕。」如今僅從《殷虛义字記》來看，可證唐蘭先生之語絕無誇飾之處。據統計，唐蘭先生共考釋甲骨文字100多個，而且大多數字的考釋準確無誤，可以徵信。

　　第三，然而更重要的是，他根據自己研究甲骨文字的心得，總結出了考釋文字時辨明古文字形體的四種方法。他說：「認清字形，是學者最須注意的，例如形體筆劃，沒有弄清楚，一切研究便無從下手。認清字形的方法，首先要知道，文字的變化雖繁，但都有規律可循，不合規律的不合理的寫法，都是錯誤的。」這四種方法是：一、對照法，或叫比較法。羅振玉由許書以上溯古金文，由金文以上窺卜辭，就是對照法。二、推勘法。就是根據古文獻或已認識的文字的成語，經過文句的勘校，尋繹文義，確定未識字的意義。自宋代已開始使用此法。三、偏旁分析法。即把已識的古文字分析成若干單體作偏旁，在遇上用這些偏旁組成的字時，可以由可知偏旁而定之。四、歷史考證法。即對一些不能認識或仍有疑問的字，就得去追求它的歷史，搜集、找求證據，歸納出公例，從而考定文字。偏旁分析法是對文字進行橫向分析，歷史考證法則是對文字進行縱向研究。這是兩種古文字研究中的最重要部分，而歷史考證法尤其重要。〔註20〕正如陳夢家先生評價的那樣：「在辨明形體上，唐氏強調用分析法是正確的，他應用分析而認定的字確實是有貢獻的。」
〔註21〕

　　再者，唐蘭在研究甲骨文等古文字的基礎上，還對我國流傳了數千年的傳統「六書」學說提出了挑戰。所謂「六書」，是指象形、指事、會意、形聲、假借、轉注，是漢代學者對文字構成的理論總結，但並不能完全反映先秦古文字結構的實際。千百年來，研究漢字的學者，誰也沒能擺脫這種傳統理論的束縛。唐蘭根據他對甲骨文字的研究指出：傳統的「六書」，「從來就沒有明確的界說，各人有各人的說法。其次，每個文字如用「六書」來分類，常常不能斷定它應屬於哪一類。單以這兩點說，我們就不能只信仰六書而不去

〔註19〕唐蘭：《古文字學導論》，齊魯書社增訂影印本，1981年版。
〔註20〕唐蘭：《古文字學導論》第161～189頁，齊魯書社增訂影印本，1981年版。
〔註21〕陳夢家：《殷虛卜辭綜述》第70頁，中華書局1988年版。

找別的解釋。」〔註22〕他在其《古文字學導論》中，終於找到了「別的解釋」
——「三書說」。他把所有的文字都歸入三種類型文字：象形文字、象意文字、
形聲文字。對此，著名古文字學家張政烺先生評論道：「中國古文字研究，已
有一兩千年的歷史，但很少理論性的著作。」唐的《中國文字學》、《殷虛文字
記》、《古文字學導論》等建立的古文字學理論體系，其重大突破「是空前的，
在今天仍很有用。」〔註23〕唐蘭先生的文字考釋和古文字學理論研究，對於
古文字學包括甲骨學研究的發展和深入，有著深遠的影響。

三、于省吾新證學派

　　說到甲骨文字的考釋與甲骨學的研究，不能不提另一個大師級的學者——
——于省吾。有人認爲在三十年代以後，甲骨學史上「最有貢獻的代表是郭沫
若、唐蘭和于省吾。他們對於甲骨文字和銅器銘文同樣地都有深刻的研究，
對於古器物和一般的古史都有較豐富的知識，在孫、羅、王以後更進一步地
去研究甲骨文字而有著創造性的貢獻。」〔註24〕

　　于省吾（1896～1984），字思泊，晚號凤興叟，齋名澤螺居，因收藏過吳
王夫差劍和少虞劍，故又以「雙劍誃」爲齋名。遼寧海城人。七歲入私塾，
十七歲入海城中學。1917 年畢業於瀋陽國立高等師範。青年時代以文才聞名
鄉里。先在安東縣署編輯縣志，後在奉天交通銀行任職員。1920 年任西北籌
邊使文牘委員及奉天省教育廳科員，兼臨時省督學。張作霖的總參議長楊宇
霆很欣賞其才華，聘爲秘書。1924 年楊委任于省吾爲奉天省城稅捐局局長。
這是一個肥缺，這段時間也爲他以後收藏古文物和甲骨文字攢下了足夠的錢
財。1928 年又升爲奉天萃升書院院監。1931 年「九一八」事變後移居北京，
大量收購古代文物，潛心研究銅器銘文和甲骨文字，成爲著名的文物收藏家
和鑒賞家，出版了《雙劍誃古器物圖錄》、《雙劍誃吉金圖錄》等書。〔註25〕
之後，先後在輔仁大學、燕京大學、北京大學任教，講授古文字學。1952 年，
被聘任爲故宮博物院專門委員。1955 年以後任職於東北人民大學（今吉林大
學）歷史系教授，專門從事古文字和古文獻的整理和研究工作。

〔註22〕唐蘭：《中國文字學》第 75 頁，上海古籍出版社 1979 年版。
〔註23〕唐蘭：《古文字學導論》附張政烺後記，齊魯書社 1981 年版。
〔註24〕陳夢家：《殷虛卜辭綜述》第 68 頁，中華書局 1988 年版。
〔註25〕于省吾：《雙劍誃古器物圖錄》，北京大業印刷局影印本，1940 年版。

圖 7-3　于省吾遺像

　　于省吾治學嚴謹，鑽研勤奮，常常幾個月足不出戶，埋頭撰述。六十多年的學術生涯，著作等身，有專著 18 種，論文 60 多篇。他在古文字考釋、古代典籍考證和古史研究等方面都取得了很大的成績，尤其是對甲骨學和殷商歷史的研究成就最爲豐偉。

　　首先，于省吾的甲骨文字考釋成績超過了羅、王之後的同輩學者。早在四十年代，于氏即出版了一系列的關於甲骨文字考釋的研究成果《雙劍誃殷契駢枝》初續三四編。〔註 26〕這一時期他共考釋甲骨文字 100 多個。到 1979 年他出版了總結自己考釋甲骨文字成果的最終著作《甲骨文字釋林》，共收甲骨文字 300 個左右。〔註 27〕這些甲骨文字都是前人所未釋或已釋而不知其造字本意的單字，考論翔實，觀點正確，達到了當代學者研究甲骨文字的最高水平。眾所週知，甲骨文單字約有 4500 個左右，而如今被學者考釋出來的尙不足 2000 字。于省吾考釋甲骨文字時，一些易釋的字，如數字、干支、山川、河流、天象、動植物等名物字詞，早已被甲骨學發展初期的學者如孫詒讓、羅振玉、王國維、王襄等人考釋出來。剩下的都是些罕見少用的冷僻字，難度較大。但于省吾先生知難而進，孜孜以求，每有創獲。于在其《甲骨文字

〔註 26〕于省吾：《雙劍誃殷契駢枝》初編，北京大業印刷局石印本，1940 年版；《雙劍誃殷契駢枝》續編，北京大業印刷局石印本，1941 年版；《雙劍誃殷契駢枝》三編，北京大業印刷局石印本，1944 年版；《雙劍誃殷契駢枝》四編，稿本，1945 年版。

〔註 27〕于省吾：《甲骨文字釋林》，中華書局 1979 年版。

釋林》的自序中說：「我從事古文字研究已四十餘年，雖然很少間斷，但用力多而成功少。」這是他的自謙之詞。以一人之力而考知 300 多字，可見用力之勤，付出了多少艱巨的勞動。他的這一成功，是與他運用的科學考釋方法分不開的。他在清代學者考據學所取得的某些優秀成果基礎上，利用新發現的甲骨文字材料，對古文字的偏旁或點畫以及與音義的關係進行分析，通過分析偏旁而定形，通過分析聲音通假而定音，通過援引典籍而訓詁其字義，總之是要貫通字形、字音、字義，達到一個字的確釋。于氏考字的另一個特點是，考字不是單單地孤立研究單個古文字，而是從社會發展史的角度，從研究世界古代史和一些少數民族志所保留的原始民族的生產、生活、社會意識等方面的知識來追溯古文字的起源。所以這種方法考釋古文字的結果，纔有助於對古文字的造字本義有正確的理解，也有助於去正確地釋讀某些古文字資料。他的不少甲骨文字的考釋之作，都是這種考釋文字理論的實踐典範。

其二，于省吾通過甲骨文字的考釋而研究商代歷史，爲恢復我國古代社會真實面目做出了貢獻。他主張：「研究古文字的主要目的，是爲了探討古代史，尤其是探討古代的階級和階級鬥爭服務的。」而且中國古文字中的某些象形字和會意字，往往形象地反映了古代社會活動的實際情況，可見文字的本身也是很珍貴的史料。他還指出，一些甲骨文字的字形，直接反映了商代統治者對民眾的「人身蹂躪」、「捆縛」、「械具和囹圄」、「肉刑」、「火刑」、「陷人以祭」、「砍頭以祭」、「剖腸刳腹」和斷足刖刑及斷肢裂體等等酷刑。〔註28〕他還以甲骨文字考釋爲基礎，撰寫並發表了一系列的關於商代社會歷史各個方面的論文，如商王廟號與我國的成文歷史、商代的交通工具與馹傳制度、商代的農田墾殖與穀類作物、商代的奴隸身份和社會制度、商代的土地賞賜與土地制度、商周圖騰與宗教起源等等，對商代的社會歷史的經濟基礎和上層建築、意識形態等都作了創造性的探索。〔註29〕

〔註28〕于省吾：《甲骨文字釋林》自序，中華書局 1979 年版。

〔註29〕于省吾：《略論甲骨文「自上甲六示」的廟號及我國成文歷史的開始》，《社會科學戰線》創刊號，1978 年第 1 期；《殷代的交通工具和馹傳制度》，《東北人民大學學報》1955 年第 2 期；《商代的穀類作物》，《東北人民大學學報》1957 年第 1 期；《從甲骨文看商代的農田墾殖》，《考古》1972 年第 4 期；《殷代的奚奴》，《東北人民大學學報》1956 年第 1 期；《釋奴婢》，《考古》1962 年第 9 期；《釋尼》，《吉林大學學報》1963 年第 3 期；《釋鬲、隸》，《史學集刊》1981 年第 3 期；《從甲骨文看商代的社會性質》，《東北人民大學學報》1957 年第 2 期；《釋皇》，《吉林大學學報》1981 年第 2 期；《釋中國》，《中華學術論文集》，

　　其三，通過對甲骨文字以及其它的古文字的考釋與研究，于省吾勘校了大量的古代典籍。他在考釋和研究古文字的過程中，體會到單靠典籍來研究歷史是非常不夠的。雖然王國維早已提出了將地下資料和古代典籍互相參證的古史研究「二重證據法」，這較前輩學者有了很大的進步，但于氏認爲還沒有充分認識地下資料的重要性，「地下資料與先秦典籍兩者還應有主輔之別，即以地下資料爲主，典籍爲輔，纔能得出眞正符合客觀實際的結論。這主要是因爲地下出土的古文字資料和其它考古資料是原封不動的最可靠的資料，這和輾轉傳訛不盡可據的典籍記載是有主輔之別的。」〔註30〕其見識要比王國維更進一步。在此基礎上，他積二十多年的功力，運用甲骨文字和地下出土文獻對傳統史學典籍進行了考證，先後寫出了包括《尙書新證》、《易經新證》、《詩經新證》等在內的《雙劍誃群經新證》，以及包括《論語新證》、《管子新證》、《晏子春秋新證》、《莊子新證》、《韓非子新證》、《呂氏春秋新證》、《淮南子新證》、《列子新證》、《法言新證》等在內的《雙劍誃諸子新證》等系列古籍校勘叢書，把清代學者關於先秦經典文獻的研究提高到了一個新的水平。爲此，于氏被學術界稱之爲「新證學派」的代表人物。

　　其四，于省吾先生還積極培養了一大批甲骨學等古文字研究人才，爲古文字研究隊伍的建設與發展做出了貢獻。早在 1955 年、1956 年，他就培養了兩屆古文字學的研究生。1978 年以後，又招收了碩士和博士研究生。他還主辦了古文字學進修班，親自授課，培訓來自全國各大學、研究機構和文博單位的進修人員，給古文字研究隊伍增添了新的活力，可謂桃李滿天下。而他早年培養的研究生如姚孝遂、林澐、吳振武等，如今都已成爲國內外知名的古文字學家。他們編著的《甲骨文字詁林》、《殷墟甲骨刻辭類纂》、《殷墟甲骨刻辭摹釋總集》〔註31〕等一系列大規模的甲骨學工具書，達到了當代甲骨學研究的最高水平，在國內外產生了一定的影響。

　　　　中華書局 1981 年版；《關於商周時代對「禾」、「積」或對土地有限度的賞賜》，
　　　　《中國考古學會第一次年會論文集》，文物出版社 1980 年版；《略論圖騰與宗
　　　　教起源和商周圖騰》，《歷史研究》1959 年第 11 期。
〔註30〕于省吾：《于省吾自傳》，《中國現代社會科學家傳略》第三輯，山西人民出版
　　　　社 1983 年版。
〔註31〕姚孝遂、肖丁主編：《殷墟甲骨刻辭類纂》，中華書局 1989 年版；于省吾主編：
　　　　《甲骨文字詁林》，中華書局 1996 年版；姚孝遂、肖丁主編：《殷墟甲骨刻辭
　　　　摹釋總集》，中華書局 1989 年版。

四、胡厚宣商史論叢

「甲骨四堂」之後，對甲骨學用力最勤、貢獻最大的要數胡厚宣先生。有這樣幾句詩可以形容胡氏在甲骨學上的地位：「堂堂堂堂，郭董羅王，觀堂沉淵雪堂化，彥堂入海鼎堂忙……君不見，胡君崛起四堂後，丹甲青文彌復光；鳥篆遺體奚足數，史巫紛若不難詳……」〔註32〕

胡厚宣（1911～1996），原名福林，河北望都縣人。出身書香門第，但家境貧寒。他學習用功，奮發向上。十歲即離家到保定府讀書。小學畢業後考入保定培德中學第一班，每年名列榜首，成績優異，深得其國文老師、著名學者繆鉞先生的賞識與器重。中學畢業後，因其品學兼優，母校保送其進入北京大學史學系深造，並資助其讀完了預科二年和本科四年。在北大讀書時，中央研究院歷史語言研究所的傅斯年、李濟、董作賓、徐中舒、梁思永等著名學者都曾到學校史學系兼課。這爲他以後工作選擇打下了堅實的基礎。1934年，他從北大史學系畢業，被去學校拔尖子的中央研究院選中，分配到歷史語言研究所考古組工作。之後，他先隨梁思永在河南安陽參加了第十次、第十一次殷墟發掘和同樂寨三層文化遺址的發掘，並親自主持了侯家莊西北岡王陵大墓 M1004 的挖掘。後來又隨董作賓先生作《殷墟文字甲編》釋文，並參加了室內發掘、整理 YH127 甲骨坑的工作。1940 年任成都齊魯大學國學研究所副研究員、教授、中國文學系主任、歷史社會學系主任。1947 年任上海復旦大學歷史系教授兼中國古代史教研室主任。1956 年調至北京任中國科學院歷史研究所研究員、歷史研究所學術委員會委員、先秦史研究室主任，主持了《甲骨文合集》這一甲骨學史上巨大工程的組織實施和編輯工作。生前曾兼任《東亞文明》期刊顧問委員會委員、加拿大多倫多大學東亞人文科學研究領導小組成員、中國史學會理事、中國先秦史學會副理事長、中國殷商文化學會會長、中國古文字學會理事、中國考古學會理事、中國訓詁學會顧問等學術職銜。

〔註32〕陳子展爲胡厚宣《戰後南北所見甲骨錄》所題之詩。《戰後南北所見甲骨錄》，來薰閣書店 1951 年版。

圖 7-4　胡厚宣遺像

　　由於胡厚宣參加過第一至九次殷墟發掘所得甲骨文字的整理工作，所以他對科學出土的甲骨材料十分熟悉。他早年在北大讀書時，即感到先秦歷史「書闕有間，文獻難徵」，如今面對這些彌足珍貴的大量第一手資料，他興奮不已，每天努力的作著整理工作。他逐漸地下定了一個「對甲骨文字作一個通盤總括之徹底整理」的志願。在經歷了數年大西南流亡生活的顛沛流離與艱難困苦中，他發憤完成了《殷墟文字甲編釋文》。同時，他利用 YH127 坑豐富的材料與現象，以常人不可想像的堅韌毅力，寫出了一系列的甲骨學商史論文。這就是被稱作甲骨學史上具有劃時代意義的巨篇宏文論文集——《甲骨學商史論叢》。〔註33〕

　　《甲骨學商史論叢》一書，原來是胡厚宣要撰寫《甲骨文字學》、《商史新證》等宏大計劃的「軔始之工作」。他向來主張，要避免斷章取義，穿鑿附會，要掌握全面的資料。為此，他在當時經濟條件並不寬裕的條件下，對已出版的甲骨書籍，必設法購置；未出版的甲骨材料，一旦知其下落，就一定要輾轉尋求，借出觀摩、拓墨或臨寫。一時間，胡氏手中積纍了大量甲骨資料，國內國外、公藏私藏，雖一片不遺，雖千金莫惜。而中央研究院歷史語言研究所考古組發掘的近 30000 片甲骨，由於他參加了整理工作，尤為熟悉，

〔註33〕胡厚宣：《甲骨學商史論叢》初集、二集、三集、四集，成都齊魯大學國學研究所 1944、45、46 年版。

瞭如指掌。《甲骨學商史論叢》就是在這種條件下，在這種基礎上逐漸寫成的。它不僅包括了當時人們已經著錄的傳世甲骨材料，而且也引用了很多人們所罕見的科學發掘所得甲骨文資料。因此可以說，這是一部集當時甲骨材料之大成的巨著。

《甲骨學商史論叢》共分四集。其中初集四冊：第一冊收錄了《殷代封建制度考》、《殷代婚姻家族生育制度考》等；第二冊收錄了《殷代古方考》、《殷代之天神崇拜》、《殷代年歲稱謂考》、《一甲十癸辨》、《甲骨文四方風名考》、《論殷代五方觀念及中國稱謂之起源》等；第三冊收錄了《卜辭下乙考》、《殷人疾病考》、《殷人占夢考》、《武丁時五種記事刻辭考》等；第四冊收錄了《殷代卜龜之來源》、《卜辭地名與古人居丘說》、《釋死》、《廈門大學所藏甲骨文字》、《甲骨文發現之歷史及其材料之統計》等等。二集分爲上下兩冊：上冊收錄了《卜辭所見之殷代農業》一文；下冊收錄了《氣候變遷與殷代氣候之檢討》、《甲骨學緒論》、《甲骨類目論述》等。三集爲《甲骨六錄》，收錄了中央大學、華西大學、清暉山館、曾和窘氏、于省吾氏等六家所藏甲骨 670 片，每片都附錄有摹本並作了考釋。

胡厚宣的《甲骨學商史論叢》，利用甲骨文材料研究商代歷史，幾乎涉及到了甲骨學商史所能擴展到的每個方面與領域。不僅論述了商代社會的經濟基礎，如農業生產的發展等，而且還涉及了商代社會的上層建築，諸如封建制度、婚姻生育、宗法家族、天神崇拜等方面。同時，對於商代社會的科技文化，諸如天文曆法、氣候氣象、醫療衛生等也都進行了探討。此外，《甲骨學商史論叢》還對甲骨學本身的一些問題，諸如記事刻辭、卜龜來源、文字釋讀、校對重片等，都有所論述與闡釋，並對甲骨學研究的狀況和甲骨學研究的歷史進行了及時的總結。《甲骨學商史論叢》中處處閃爍著智慧的光華，直到現在，這部甲骨學商史研究百科全書式的學術巨著，還對甲骨學與商史研究有重大的參考價值。

關於《甲骨學商史論叢》的學術價值，具體說來，表現在如下一些方面：

首先，《甲骨學商史論叢》在不少地方糾正了前人的謬誤。如對於商代農業問題，當時的學者萬國鼎、吳其昌等人都曾著文，認爲商代農業生產水平低下。[註34] 而胡厚宣先生在《卜辭所見的殷代農業》一文中，充分利用了甲骨卜辭的農業資料，對農業環境、農業區域、農業管理、農業技術、農業產品、農業

〔註34〕萬國鼎：《殷周之土地制度》，《文史雜誌》第四卷第 5、6 期，1944 年版；吳其昌：《甲骨金文中所見的商代農稼情況》，《張菊生紀念論文集》，1937 年版。

禮俗等方面進行了系統的論證，認爲商代農業比較發達、農業種作技術很有進步，從而批評了低估商代農業發展水平的說法。對於商代農業，當時不少學者認爲「殷人使用燒田耕作法」，即處在粗耕農業階段。胡厚宣在《卜辭焚田說》中，根據大量甲骨文材料，得出了「焚」字應爲「殷人嘗燒草以田獵」的結論，從而推翻了殷人焚荒肥田的說法。有人認爲卜辭中的「下乙」是地名，而胡在《卜辭「下乙」考》中，考證「下乙」爲商王祖乙的稱號。對於古代人們稱「年」的名字，《爾雅·釋天》云：「夏曰歲，商曰祀，周曰年。」羅振玉、董作賓從不完全的甲骨卜辭材料出發，認爲這是金科玉律，不可更改。而胡在《年歲稱謂考》中，列舉了稱「歲」的卜辭 12 例，稱「年」的卜辭 6 例，稱「祀」的卜辭 33 例，從而論證了在商代稱「歲」、稱「年」、稱「祀」沒有區別，可以通稱，認爲商代不稱「年」、「歲」的說法是錯誤的。關於商代曆法，有兩派不同的說法，董作賓、吳其昌認爲，商代平年十二月，閏年十三月；大月三十日，小月二十九日。劉朝陽、孫海波則認爲，商代一年十二月，無閏年，月也無大小，通常都是三十天；只有在特殊情況下，某月可附加十日或二十日，所以紀日干支和每旬日次比較固定，即逢一爲甲、逢十爲癸。兩說相異，是非莫辨。胡在《一甲十癸辨》中，用一條祖甲時代的卜辭爲例，證明了一日非甲，十日非癸，從而證明了劉、孫之說有誤。

其次，《甲骨學商史論叢》在不少地方發前人所未發，或對前人成說有所補苴與深化。如胡在《殷代婚姻、家族、宗法、生育制度》中，根據大量的甲骨卜辭，從武丁多婦的現象考論商王實行一夫一妻及變相的一夫多妻制；由卜辭有王族、子族、多子族、三族、五族和大宗、小宗等，考論了商代已有了家族、宗法的制度；從卜辭中求生、受生、娩嘉、命名以及多子、多女、大子與小子等的記載，詳細考證了商代的生育制度，指出當時已經有了重男輕女的思想，目的是爲了「上以事宗廟，下以繼後世」，「光嗣重祖」，與土位繼承和宗法制度都有密切的關係。胡在《殷代封建制度考》中，論述了周代的五等爵位的來源、畿服說的演變等重要歷史問題，指出商代制度與周制基本相近，周代的各項制度濫觴於商代，並非如王國維所說的殷周之際發生了劇烈的變革。《氣候變遷與殷代氣候之檢討》，則根據文獻記載、卜辭和其它考古資料，指出古代黃河流域川流和湖泊縱橫，雨量充沛，生產蠶桑、稻竹、野豬、水牛、竹鼠很多，甚至有犀牛、大象等熱帶或亞熱帶動物，因而推論「殷代的氣候，至少當與今日長江流域或更以南者相當也。」這一觀

點得到了著名氣象學家竺可楨先生的非常贊同，多次在其論著中稱引。《五種記事刻辭》、《卜龜來源》、《甲骨六錄》等甲骨學論文，考證了商代採集與貢獻龜甲的制度，並談及了商代南北交通的問題，對甲骨學的校重、辨偽等也都做出了貢獻。另外，《殷代古方考》、《殷人疾病考》、《殷代的天神崇拜》等，分別為研究方國地理、戰爭、醫學、宗教等諸方面的問題，也非常重要。

再者，《甲骨學商史論叢》一書，還依據甲骨文的研究，證明了我國古書中有不少記載是真實可信的。如甲骨文中有「四方風」的內容，而《山海經》、《夏小正》、《尚書·堯典》等文獻中也有「四方風」的記載。胡在《四方風名考證》中，除考證了「四方風」的名稱外，也論證了一些自古以來多數學者視為荒誕不雅訓的古書的記載，其中有不少地方確實有遠古史實的影子。因此可以說，《甲骨學商史論叢》不僅充分考證了甲骨文史料價值，而且也通過甲骨文這種商代社會的第一手資料，又發掘並印證了我國古代文獻的重要價值。

胡厚宣先生在利用甲骨文資料研究商代歷史方面所做出的成績是相當突出的，學術界對此給予了高度的評價。《甲骨學商史論叢》初集出版之後不久，即被教育部學術審議會授予「著作發明獎」。著名古史學家徐中舒先生在為該書所作的序言中稱：「余生既逢甲骨之發露，故師友間治此學者尤眾，而陳義豐長，用志專篤，翕然為世所崇信者，則不得不推三人焉：曰海寧王靜安先生，南陽董彥堂先生，望都胡厚宣先生。此三人者，或資宏富之收藏，或與發掘之工作，凡先民之手跡，不但有摹本可據，且得摩拂其物，而較其占畫卜兆，故其所得彌為深切，宜為甲骨學劃期之學者焉。」高亨先生在序言中則稱許胡厚宣「博聞強記，於金石甲骨之學，鑽研尤精。近著《甲骨學商史論叢》一書，萃文十二篇，巍然巨帙。其識察則內外炯澈，其論敘則上下條達，其組織則經緯得體，其運用則左右逢源。洵為積學深思之佳構，而非零摭濫裒之駁言也。」高氏並概括此書有五大優點：一曰取徵甚詳，二曰立論不苟，三曰匡正舊說，四曰創獲新義，五曰證實古書。著名古史學家顧頡剛先生曾贈詩對胡《甲骨學商史論叢》的出版表示祝賀：「忽地黃昏起異軍，鳳雛才調信超群，一聲裂帛驚天下，燕趙悲歌今又聞。」不僅中國學者如此，外國學者也非常推崇胡氏此書。日本著名古文字學家白川靜教授稱譽《甲骨學商史論叢》是「這一學科空前的金字塔式的論文集」，是甲骨學史上繼董作賓《甲骨文斷代研究例》之後又一部劃時代的著作。〔註35〕胡氏本人也因此贏得了「中國甲骨學研究的第一人者」〔註36〕

〔註35〕白川靜：《胡厚宣氏的商史研究——甲骨學商史論叢》，日本《立命館文學》

和當之無愧的「國寶」〔註37〕的盛譽。

當然，胡厚宣先生對甲骨學、殷商歷史研究的貢獻並不僅僅如此，他後來還寫了不少散篇論文，都有相當的分量。另外，他的《殷墟發掘》、《五十年甲骨文發現的總結》、《五十年甲骨學論著目》〔註 38〕等著作，對於介紹甲骨文的發掘與研究歷史、甲骨學知識等都極有其權威性。尤其是他在異常艱難的條件下堅持不懈地收集甲骨材料，在神州劫難的環境下主持《甲骨文合集》，艱苦卓絕，難能可貴，都是值得大書特書的。

五、丁山氏史料考證

丁山（1901～1952），安徽和縣人。1924 年考取北京大學國學門研究生。1926 年任廈門大學助教，次年任中山大學教授。1929 年至 1932 年任中央研究院歷史語言研究所專任研究員。其後 20 年，歷任中央大學、山東大學教授。

丁山先生與徐中舒、張政烺等人一樣，是沒有參加殷墟考古田野發掘，而只做室內研究工作的歷史語言研究所成員。他積極利用甲骨文字材料，研究商代的曆法、文字、序數、都城、宗教、神話、氏族及其制度，努力地重新構建著殷商時代歷史。〔註39〕

丁山在這方面的工作成績，除了一些散篇論文之外，還集中表現為 1940 年他發表的《新殷本紀》。〔註40〕此文以《史記‧殷本紀》為基礎框架，增加了許多文獻中關於殷商歷史的記載，尤其以甲骨卜辭中關於商代史實的內容加入其中，使得商代歷史尤其商代後期歷史豐富起來。對於商代前期的歷史以及商先公時期的史跡，丁山也盡量以甲骨卜辭材料注釋文獻記載的簡略，

第 102、103 號，1953 年版。
〔註36〕松丸道雄：《日本現存的殷墟甲骨》，《朝日新聞》夕版，1981 年 8 月 21 日。
〔註37〕祝敏申：《國寶——記甲骨學家胡厚宣》，《人物》1983 年第 2 期。
〔註38〕胡厚宣：《殷墟發掘》，學習生活出版社 1955 年版；《五十年甲骨文發現的總結》，商務印書館 1951 年版；《五十年甲骨學論著目》，中華書局 1952 年版。
〔註39〕丁山：《殷契亡尤說》，《數名古誼》，《中央研究院歷史語言研究所集刊》第一本一分冊，1928 年版；《釋疾、釋夢、釋蒙、釋冀》，《中央研究院歷史語言研究所集刊》第一本二分冊，1930 年版；《由三代都邑論其民族文化》，《中央研究院歷史語言研究所集刊》第五本一分冊，1935 年版；《辨殷商》，《山大文史論叢》第一輯，1934 年版；《宗法考源》，《中央研究院歷史語言研究所集刊》第四本四分冊，1934 年版；《甲骨文所見氏族及其制度》，科學出版社 1956 年版；《中國古代宗教與神話考》，上海龍門聯合書局 1961 年版。
〔註40〕丁山：《新殷本紀》，《史董》第一冊，1940 年版。

訂正其謬誤。

　　該文一個突出的特點即是正文篇幅少，只有 3000 字左右，而注釋極多，篇幅大約是正文的十倍。正是在這些注文中，丁山先生集中徵引了大量的有關資料，並表達了他對商代歷史的一些觀點。

　　比如，開篇說到商族的創世神話：商族的祖先是契，契的母親簡狄是有娀氏之女，簡狄吞吃了天帝派來的使者燕子所留下的卵，因而懷孕，生下了契。所以《詩經‧商頌》說：「天命玄鳥，降而生商。」丁山在注一中，引用《大戴禮‧帝系》記載，帝嚳之四個妃子所生的兒子都曾即位有了天下，與商族起源神話一樣，周族的母親姜嫄因踐踏巨人的足跡而懷孕生了周祖后稷。丁山認爲：「玄鳥與巨人跡說，由今《初民社會學》言，固皆獲孕圖騰也。所謂契與后稷皆帝嚳子說，疑皆演自『天父地母』神話。卜辭所見『癸巳貞于高祖夒』，或謂即帝嚳，或謂即帝舜。……所謂高祖夒……即顓頊，音乃訛爲舜……蓋帝系所傳古代世系，唯祝融子孫較明確有據。祝融出自顓頊，顓頊即卜辭所見「高祖夒」。以卜辭論，《本紀》開宗當云：『簡狄爲顓頊妃』，以他書無徵，不敢故爲駭俗之言，姑從略。又契，《漢書‧古今人名表》作禼，說文『禼，蟲也，從厹，象形。讀與偰同。𥜓，古文禼。』郭沫若據古文禼字以釋卜辭所見「宮于萬」（《通纂》考釋第 71 頁）。若得「高祖夒」或「王夒」之辭爲準，則更確矣，故未逕改。」

　　又如在說到「湯舉伊尹以國政」時，丁山在注廿中列舉了《史記‧殷本紀》、《孟子‧萬章》、《墨子‧尚賢》、《莊子‧庚桑楚》、《韓非子‧難言》、《呂氏春秋‧本味》和《呂氏春秋‧尊師》等有關伊尹的文獻記載，並加以說解，最後引金文、甲骨卜辭對伊尹的身份和身世做進一步的考證，云：「叔夷鐘銘：『湯有九州，伊小臣爲輔。』小臣，習見於卜辭，未知當周官何等？殷人卜祭伊尹，大抵在癸日，云『癸丑，子卜，來丁，酒伊尹？』（《殷虛書契菁華》第 11 頁）則伊尹或卒於丁日。」

　　再如，關於殷紂王帝辛征伐東夷事件及殷紂亡國，丁山在注百二十中稱引：「卜辭常見伐夷方紀錄云：『癸巳卜，貞：王旬亡禍？在二月，在齊次。隹王來征夷方。』（前 2‧15）『癸亥，王卜貞：……在九月，王征夷方，在雇。』（林書一，第 9 頁）『……在正月，王征夷方，在攸。』（明氏藏片）『癸未，王卜貞：旬亡禍？在十月又二，王來征夷方，在舊。』（前 2‧51）『癸巳卜，黃貞：王旬亡禍？在十月又二，往夷方，在鬲。』（明氏藏片）董彥堂謂皆帝

辛時事，證之左傳云：『紂克東夷，而殞其身。』夷方當即東夷，考卜辭王來征夷方，正月在攸，二月在齊，九月在雇，十二月在舊在鬲，至少可歷年時，夷方之強梁，可以想見。則《左傳》所謂克東夷而殞身者，決非言過其實。故余後文特云：『及東夷底定，殷力衰竭。』以見帝辛之亡，非亡於酒色，實亡於周師西逼，呂尚東擾，東西交侵，殷人疲於奔命也。」

　　不過，由於此文使用文言文撰寫，一般讀者不易讀懂，而且流傳也不廣泛，在學術界造成的影響也並不太大。今天看來，丁山所依據的是四十年代人們所能見到的甲骨材料和能達到的甲骨文字研究水平，有不少地方顯得不足和有待修正。比如，他把舌方釋作呂方，以「顯」爲文丁時代的貞人，等等。但無論如何，這是一項富於開創性的工作，其思路、方法無疑都是正確的，值得今天研究這段歷史的學者借鑒。

　　到六十年代，學術界出版了丁山先生的又一部利用甲骨、金文材料貫通研究商代歷史的遺作──《商周史料考證》。〔註41〕

　　本書從「殷墟考古鳥瞰」入手，以大量考古材料確證了殷墟遺址是商代後期都城。其後，討論了洹水以及洹水對殷墟的影響，滴水即漳水，商民族與漳水有密切的關係，商族的族名即得自於漳水。其三，追尋了盤庚遷殷以前的商族遷徙之蹤跡，詳細考證了商族先公遷徙的幾個重要地名：契居之「蕃」（亳）、昭明所居之「砥石」、昭明所遷和相土所居的「商」、成湯所居之「亳」，順便也論及了與商族先公在遷徙過程中相關的「有易」、「有扈」、「班祿」等族名和地名。在這一部分，他分別考證了商族建國之後幾次的都城遷徙地望：上司馬、隞、相、庇、奄等。其四，這一部分論證盤庚遷殷前後的歷史，不過他並不認爲盤庚遷殷至殷墟小屯一帶，而認爲盤庚遷於蒙澤而武丁始居小屯。第五，他又回過頭來，推測了神話時代商族人們的社會生活包括商族的社會性質、經濟基礎、家庭婚姻狀態等等。第六，是關於傳說時代的王名與傳統，在這一部分，他論及了成湯的名號及其歷史功績、伊尹放太甲的歷史眞相、大戊之治的所以形成、中宗祖乙的復興及巫術神權政治、「九世之亂」的發生及其影響等等。第七，在這一部分，他以大量篇幅，從第一期甲骨卜辭詳說武丁時代的開疆擴土的武功，考證了武丁不是文獻中所說的「高宗」，介紹了武丁王朝的幾位賢佐良弼：甘盤（師般）、傅說，以及武丁在他們的幫助下攻伐鬼方、舌方（實爲舌方）、土方、沃方（實爲羌方）、馬方、龍方、印方、下由（實爲下危）、虎方、周方

〔註41〕丁山：《商周史料考證》，龍門聯合書局1960年版，中華書局1988年再版。

等方國的戰績。第八，主要介紹武丁的內治，由武丁的多妻說到了商代的多妻制度以及商王朝的後宮秩序、子嗣生育、世子的教育及古代的大學制度等等。第九，又對武丁以後諸王的紀年利用前人的成果又加以甲骨卜辭的新證，進行了排譜統計，論證了古本《竹書紀年》所說的「自盤庚遷殷，至紂之滅，二百七十三年更不徙都」是殷商晚期大致可信的紀年之書。第十，補證了孝己、康丁之間的商王世系，並敘述了此段時間內發生的事件。第十一，對商王武乙死於河渭之間的文獻記載進行了考察。最後一部分未寫標題，主要考證了商末周初文丁至帝辛時的一些人物及史跡。

這本是丁山先生未完成的遺稿，不管從結構、語言，還是觀點、論述，都有些過時，顯得陳舊，有需要整理、加工之處。但書中收集了大量的甲骨卜辭和商周金文材料以及古文獻的記載，並旁及對前人觀點的解說，論述了商、周二代尤其是商代歷史中的一些重要問題，資料豐富，涉及面廣，一些考證也非常精彩，對商代歷史研究有一定的參考價值。

六、周鴻翔殷紀新繹

無獨有偶。以甲骨文材料補證殷商歷史者還有美籍華裔學者周鴻翔先生。

周鴻翔，師從香港著名甲骨學家饒宗頤先生研治契學，曾著有《美國所藏甲骨錄》、《卜辭對貞述例》、《甲骨辨偽四題》〔註 42〕等甲骨學著作，成為海外華人研究甲骨文字學問的翹楚。

1958 年周在香港出版了他的甲骨商史著作——《商殷帝王本紀》。〔註 43〕書前有著名古史學家錢穆先生和甲骨學家董作賓分別為此書題寫的書簽，有甲骨學家饒宗頤先生所做的序言。全書共分為四個部分，一、夏商周帝系比較表；二、前論；三、本紀；四、附圖（甲骨文所見商殷帝系表）。與丁山氏的《新殷本紀》一樣，這也是一部以《史記‧殷本紀》和其他古代有關殷商歷史文獻記載為根本框架，以大量的甲骨卜辭資料補證殷商歷史之缺略的商代帝王紀傳體歷史著作。本書的主體部分是商殷帝王的本紀，正如作者在自序中稱：「於本紀但求簡當，於注解則力求詳盡。全書體裁，以司馬氏《殷本

〔註 42〕周鴻翔：《美國所藏甲骨錄》，美國加利福尼亞大學 1975 年版；《卜辭對貞述例》，1969 年版；《甲骨辨偽四題——這是一連串與甲骨辨偽有關的文章的第一篇》，《饒宗頤教授南遊贈別論文集》，1970 年版。
〔註 43〕周鴻翔：《商殷帝王本紀》，香港出版社 1958 年版。

紀》、皇甫氏《帝王世紀》及兩本《紀年》爲經，六藝、諸子、甲骨及其他史籍以至近賢論著爲緯，裁斷他書，綴而爲文。」可以說，古代典籍及地下出土文獻材料中有關於商代諸王歷史的史料，基本囊括在概述之中。對此，饒宗頤先生在序言裏給以了很高評價：「君踵武於觀堂之後，恢彍之爲商殷帝王本紀，其書以經傳爲主，而甄採甲骨資料及諸家新說，則取其戞然可信，犁然有當於人心者，以補舊乘所不及，態度嚴謹，與乎近世輕據卜辭而侈談殷史者，大異其趣，余深韙之。」「今觀君所作，椎輪粗具，大輅所始，世之爲書，苦病繁蕪，君則力求簡當；視王氏先公先王考，丁氏新殷本紀，已邁進一步，足爲史公書之羽翼，而上與皇甫士安爭席焉。」

《商殷帝王本紀》一書，作者依據甲骨卜辭材料，在注文中有許多輯逸發覆之處，新意不勝備舉。今俯拾數例，以見全豹之一斑。

如「天乙」本紀：「成湯即諸侯位十八年而踐天子位，爲天子十二年，年百歲而崩。葬於徵。主入太廟，爲小宗之始，與配妣丙並受饗。」下注釋第 34 引用甲骨卜辭來證明稱湯大乙爲小宗、其配偶妣丙和卜辭對大乙的祭祀方法：「《禮記・祭法》：『殷人禘嚳而郊冥，祖契而宗湯。』《國語・魯語上》：『商人禘舜而祖契，郊冥而宗湯。』右皆言商殷人宗湯。甲骨文亦如此，惟甲骨文有大小宗之異。大宗起自上甲，小宗則起自大乙，如：『己丑卜，在小宗又，升歲自大乙。』（佚存一三一，遺珠六三一重。後編下四二・一五文同。）三片同版皆稱上甲爲大宗。又大乙之法定配偶爲妣丙，文云：『丙寅卜，貞：王賓大乙奭妣丙，羽日亡尤。』（前編一・三・七）『乙巳卜扶：屮大乙母妣丙，一牡。』（屯甲二五四綴二四八）『其又妣丙逮大乙，酒，王受又。』（屯甲一六〇九）其他之言大乙奭妣丙者，有後編一・一二（一・一三同），又下四一・八，續編一・八・二，屯甲一六四二，續存下八八〇等。湯名見於卜辭，有三種不同，一曰大乙，二曰唐，三曰武唐，參上注二。至甲骨文所見，用於湯之祭名，約有（或稱唐，或稱大乙，或稱武唐）：『酒』……；『彡』……；『賓』……；『又』……；『祭』……；『屮』……；『告』……；『升』……；『祈』……；『取』……；『御』……；『督』……；『戠』……；『羽』……；『崔』……。又稱其廟曰『大乙宗』，存一・一七八云：『乙亥，王其彝于大乙宗。』」

又如「太戊」本紀：「帝太戊在位七十五年而陟。後人以其復興商道，尊其廟爲中宗，祀以烈祖之歌；有配曰妣壬，與太戊並受饗。」其下注釋第

九、第十也以甲骨卜辭考證太戊之名及其配偶同饗的情況，注九曰：「按『中宗』經籍皆以爲『太戊』廟號，右引諸例可證。甲骨文亦有『中宗』之名，常見於『扶』卜之辭，云：『中宗且乙』，此『且乙』未知何指，王國維以爲即祖辛之子『祖乙』，可備一說，然彼謂經史諸籍所稱之『中宗』非太戊而應爲『祖乙』，則非。」明確提出了與王國維「祖乙即是中宗」的不同說法。注十曰：「卜辭有『大戊』一名，即『太戊』。或倒稱作『戊大』（見粹編二一八）。猶『大乙』之作『乙大』、『大甲』之作『甲大』、『中丁』之作『丁中』、『妣己』之作『己妣』也。又有『天戊』者，前編四‧一六‧四云：『天戊五牢。』羅振玉以爲即太戊（見書契考釋上二）。又卜辭有云：『戊戌卜旅，貞：且戊歲……』（前編一‧二三‧二）考商殷先公先王之名戊者，僅『太戊』一人，然則此『且戊』，殆庚甲時代稱其遠祖『太戊』也。由是觀之，太戊見於卜辭，有『大戊』、『天戊』、『且戊』諸別稱矣。又契文所見，大戊之配偶曰妣壬。文云：『壬子卜行，貞：王賓大戊奭妣壬……』（後編上二‧三……）殷人祭祀太戊，所稱有『大戊』及『祖戊』之異。其稱『大戊』者約有：『祈』……；『賓』……；『又……』；『又歲』……；『劣』……；『羽』……；『叙』……；『告』……；『侑』……。稱『且戊』者有：『御』……；『又』……；『侑歲』……。」等等。

不僅如此，周氏還在該書的「前論」之中對一些商代歷史基本而且重要的問題作了專門的闡發。「前論」包括六部分：（甲）商殷正名；（乙）卜辭所見商先公上甲以上無徵說；（丙）王亥非振說；（丁）商殷諸王繫年；（戊）卜辭所見商殷男女地位平等說；（己）商殷諸王別名、配偶、在位年數及定都所在總表。在「商殷正名」中，他說：「『商』乃『子』姓自稱，具自豪之意。而『殷』則爲周人呼子姓之他稱，雖不蔑視，但不若『商』之尊貴。姬周以後，則商殷互用矣。」「稱『商』稍可概括子姓四十五王，然而稱『殷』，而僅能指盤庚以後八世，而未能上溯盤庚以上二十二世也。故欲稱子姓四十餘王天下，必『商殷』並稱，而不能偏曰『商』或『殷』。擬尤有進者，自來治商殷史者，每喜稱『殷商』，近世甲骨學者尤甚。實則此乃首末倒置，蓋子姓自號稱『商』，周人呼之爲『殷』，則『商』必在『殷』之前而宜合稱爲『商殷』。即使如皇甫所言自盤庚遷殷後，始改商曰殷之分子姓爲『商』『殷』二期，其合稱亦必商先於殷而爲『商殷』，斷不能稱『殷商』者。」在「卜辭所見商先公上甲以上無徵說」中，明言「契文所見商殷先公先王，上甲以下迄

帝乙，確而可信，而上甲以上，則皆無徵焉。」他認為王國維等人考證上甲以上的商殷先公都是穿鑿附會，不可信據。接著他在「王亥非振說」中，進一步從三個方面考證了甲骨卜辭中的王亥並非古文獻中的商殷先公「振」。並且總結說：「卜辭所見神祇，遑論百數，若欲一一比附本紀，難如登天。靜安之必欲強為之說者，以其時所見甲骨不多，未明卜辭神祇之夥雜，吾人今之所見，何止十百倍於王氏時，稍諳甲骨者，當知以通假之法證神祇，以之比附商殷先公，每易陷於穿鑿，與其穿鑿，不若存疑。」在「卜辭所見商殷男女地位平等說」中，利用同樣的甲骨卜辭材料，得出了與胡厚宣所認為的「商代已有重男輕女的觀念」截然相反的觀點：「以生者論，甲骨所見，有男有女，男稱『子某』，女稱『婦某』，所見兩者地位均等。」「凡上所舉（卜辭），皆足證商殷祭祀先公先王（男）或先妣先母（女）一律平等，無輕重，無歧視，猶子婦之平等然。」「甲骨所見，男女於社會中，不論生活死者，其所居之地位實平等。從知近世考古學者所倡之『母系社會』，實不足以繩商殷一世也。」等等，所論多有新意，出人意表。

　　周鴻翔此書同丁山的《新殷本紀》一樣，由於是以《史記・殷本紀》為結構框架演繹而成的，通篇使用文言寫成，這在一定程度上影響了廣大讀者的閱讀。再加上該書出在香港，出版較早，內地學者能見到者很少，這也使它未能產生其應有的學術影響。

　　甲骨文的發現和甲骨學研究的深入，極大地影響了一大批學者，一些原來偏重古代文獻的歷史學家也紛紛向這個陣營靠攏，以他們紮實的古文獻功底，結合甲骨學家的研究成果，撰寫出了新型、豐滿的殷商歷史著作。比如吳澤的《古代史大系——殷代奴隸制社會史》，〔註44〕即是具有這樣的特點的一部歷史著作。這是吳澤1940年在重慶復旦大學史地系講授《殷周史》時所寫的專著。該書引用了大量的甲骨卜辭，較為系統地論述了殷商民族起源和建國、殷商的政治區域和地理環境、殷商帝王名諡、世系和年數以及殷商社會的經濟結構、殷商社會的政治結構與家族制度、殷商社會的意識形態等等。當時的中國學術界正對中國社會史階段問題，特別是夏商周三代的社會性質再次提出討論。吳澤與范文瀾、翦伯贊、華岡、鄧初民等人都同意呂振羽提出的「殷代奴隸社會論」，參加了社會史大論戰。由於論戰的需要，成書倉促，加上抗日戰爭時期的歷史條件下，在引用卜辭材料和利用甲骨學研究成果方

面都受到一些限制，一些觀點也因此受到影響。後來，此書受到甲骨學家胡厚宣先生專門而嚴厲的批評。〔註 45〕不過，相對於當時社會史論戰的其他著作而言，此書由於利用了甲骨文資料，還是相當有份量的。另外，吳氏尚有《殷代帝王名諡、世次、世系、家族與繼承制研究》、《甲骨文地名與殷代地理新考》、《殷代貢納制度辨》〔註 46〕等以甲骨資料證商史的學術論文，也各有所得，值得一讀。

這一時期，一些知名的歷史學家如李亞農、周谷城、劉節、王玉哲、陳邦懷、呂振羽、金景芳、楊寬及日本學者貝塚茂樹、西嶋定生、伊藤道治、白川靜〔註 47〕等，都充分利用甲骨文字材料和甲骨學研究成果研究中國古代歷史，寫出了不少史學名著，觀點不一，各有特色，為恢復商代歷史的真實面貌做出了貢獻。

〔註45〕 胡厚宣：《古代研究的史料問題》，商務印書館，1950 年版。

〔註46〕 吳澤：《殷代帝王名諡、世次、世系、家族與繼承制研究》，《中山文化季刊》第一卷第 4 期，1944 年版；《甲骨地名與殷代地理新考》，《中山文化季刊》第二卷第 2 期，1944 年版；《殷代貢納制度辨》，大夏大學《歷史社會學季刊》第一卷第 2 期，1947 年版；

〔註47〕 李亞農：《殷代社會生活》，上海人民出版社 1955 年版；周谷城：《古史零證》，新知識出版社 1956 年版；劉節：《古史考存》，人民出版社 1958 年版；王玉哲：《中國上古史綱》，上海人民出版社 1959 年版；陳邦懷：《殷代社會史料徵存》，天津人民出版社 1959 年版；呂振羽：《殷周時代的古代社會》，三聯書店 1962 年版；金景芳：《中國奴隸社會的幾個問題》，中華書局 1962 年版；楊寬：《古史新探》，中華書局 1965 年版；貝塚茂樹：《中國古代國家》，東京弘文堂 1952 年版；西嶋定生：《中國古代帝國的形成與構造》，東京大學出版社 1961 年版；伊藤道治：《古代殷王朝的存亡》，東京角川書店 1967 年版；白川靜：《甲骨文的世界——古代殷王朝的構造》，東京平凡社 1972 年版。

第八章　殷墟甲骨的深入研究

一、殷墟的建站

　　1949 年 10 月，中華人民共和國成立。在此之前，中央研究院歷史語言研究所將殷墟發掘所得包括甲骨文在內的器物精品，分裝了 38 個大箱子，由李濟等人負責押運到了臺灣。歷史語言研究所考古組的原有成員，走的走，留的留，分道揚鑣。11 月，中國大陸即組建了由著名甲骨學家郭沫若任院長的中國科學院。1950 年 8 月，成立了考古研究所，由著名學者鄭振鐸出任首任所長。考古所成員主要由原北平研究院史學研究所和中央研究院歷史語言研究所考古組留在大陸的部分學者組成。考古所籌備伊始，即開始了對殷墟的考古發掘。從此，殷墟考古發掘與甲骨文研究進入了一個新的時期。

　　1950 年 4 月至 6 月，由考古學家郭寶鈞主持了建國後的第一次殷墟發掘。發掘地點分爲洹南、洹北兩個地區，洹北工作區位於西北岡王陵東區，發現了一座帶兩條墓道的王陵大墓和 26 座祭祀坑，出土隨葬品數百件。洹南的發掘地點有四盤磨西地和西北地、萬金渠兩岸、五道溝西南岸、花園莊西北地等，分別發現了一些灰坑、房基、小型墓葬的文化遺跡及一些器物。

　　其後的 1953 年、1955 年、1957 年、1958 年，考古所爲了配合社會主義基本建設，又在殷墟進行了多次考古發掘，涉及的地點有大司空村、小屯東南地、薛家莊等地，發現了一批商代後期墓葬、夯土基址、灰坑和一些陶窯、車馬坑等，墓葬或隨葬坑中出土了大批陶器、銅器、玉石器等。

　　爲了有計劃、有目的地發掘殷墟遺址，爲了使殷墟發掘有組織保證並加

強對殷墟文化的研究，中國科學院考古研究所於 1958 年春組建了安陽工作隊，暫住王裕口。1959 年春又在安陽小屯村西建立了殷墟考古工作站。這樣，考古學家可以長年地駐在當地，組織發掘、整理材料更加方便。

1961 年，國務院把殷墟列入第一批全國重點文物保護單位，劃出了重點保護區、一般保護區和外圍區的範圍，面積約有 24 平方公里，還制定了一些保護措施。從此，殷墟遺址的私人盜掘現象得到了有效的控制，殷墟遺址的遺跡和遺物也得到了很好的保護。

從 1958 年直到 1966 年文化大革命開始，安陽隊配合基建對殷墟遺址進行了全面的發掘工作，涉及到了殷墟範圍裏的 20 多個地點，基本摸清了殷墟遺址的大致範圍和規劃佈局。

1969 年，為了當時的階級鬥爭形勢的需要，考古所安陽隊又恢復了對殷墟的發掘。此後，安陽隊配合當地基建作了大量的發掘工作，有很多重要的發現。他們還在小屯、西北岡、後岡等殷墟重點保護區作了多次主動發掘，也有不小收穫。此外，他們還有意識地把工作地點擴展到殷墟範圍的 24 平方公里之外，擴大了對殷墟範圍及其與周圍環境關係的認識和理解。

如今，經過安陽工作隊幾代考古學家的辛勤努力，我們可以對這一殷商時代晚期都城遺址的範圍和佈局概況有進一步的認識了。殷墟遺址的範圍：東起安陽市西北的郭家灣迤東一帶，向西經高樓莊、薛家莊、王裕口、霍家小莊、白家墳、梅園莊、孝民屯、北辛莊等村落，東西長 6 公里；南邊由三家莊、徐家橋、劉家莊、苗圃北地到小屯村、四盤磨跨過洹河向東北，經大司空村、小司空村、前營至洹北三家莊一帶，南北寬 5 公里。如此，殷墟遺址的總面積應在 30 平方公里左右。〔註1〕

建國以後尤其是安陽工作站建立以後的殷墟考古工作，大多是配合基建而做的搶救性的發掘、整理工作，主動發掘的目的也集中在探求殷墟遺址的範圍和佈局上，集中在尋找城牆遺跡上，這是和殷墟前十五次發掘有較大不同的地方。因此，這一階段尤其是七十年代以前的殷墟發掘，儘管發現了大量的有科學價值的遺跡、遺物、遺址等考古學材料，對認識殷墟都城的年代和性質有極其重要的意義，但殷墟甲骨文材料的發現數量並不太多。祇是在一些遺址中有些許零星的出土。

〔註1〕 中國社會科學院考古研究所編著：《殷墟的發現與研究》第 40 頁，《殷墟的範圍與佈局概況》，科學出版社 1994 年版。

圖 8-1　中國社會科學院考古研究所安陽工作站

　　在 1950 年春的建國後第一次殷墟發掘中，考古工作者在小屯以西的四盤磨村一個小探坑**裏**，發現了一片特殊的卜骨，上面有三行由數字組成的刻辭。〔註2〕這片卜骨上的刻辭與一般甲骨卜辭的行款、文例極不相同，所以引起了一些爭論。詳見下文。

　　此後，安陽工作隊在每年春秋兩季的考古發掘中，時有零星的甲骨出土，間或也有一些內容比較重要的。

　　1953 年，考古研究所在大司空村發掘，在 H1 坑底部出土 2 片有字龜甲，文字係習刻。〔註3〕

　　1955 年秋，河南省文化局文物隊爲配合基建，在小屯村東南發掘，在 1 號灰坑中出土了一片甲骨，其上刻有卜辭：「丁卯。癸亥卜，王其入商，叀乙丑王弗晦？」〔註4〕屬於甲骨文的第四期之物，當是商王出門在外，要回到都城，貞問乙丑這天進城會不會有災禍發生。

　　1957 年 8 月，考古所安陽隊在薛家莊南地發掘時發現了一小片龜甲，上面刻一字。〔註5〕

　　1958 年春，在小屯西地灰坑 H215 的發掘中，出土一片卜甲，爲龜之背

〔註2〕　郭寶鈞：《一九五〇年春殷墟發掘報告》，《中國考古學報》第 5 冊，1951 年版。
〔註3〕　馬得志等：《一九五二年安陽大司空村發掘報告》，《考古學報》第 9 冊，1955 年。
〔註4〕　河南省文化局文物工作隊第一隊：《一九五五年秋安陽小屯殷墟的發掘》，《考古學報》1958 年第 3 期。
〔註5〕　周到、劉東亞：《1957 年秋安陽高樓莊殷代遺址的發現》，《考古》1963 年第 4 期。

甲，上面刻了 11 個字，但不能連貫成句，當屬於初學契刻卜辭者的習刻之作。
〔註6〕

　　1959 年，一向少有甲骨發現的洹河北岸在大司空村也出土了兩片刻辭卜骨。其中一片上刻著「文貞」二字，另一片（SH314③:3）卜骨，沒有切掉臼角，其上刻著「辛貞在衣」四個字。發掘者認為，這兩片甲骨刻辭，都是武丁時代的習刻之作。〔註7〕我們認為，這些文字雖然不是正式卜辭，但是「辛貞在衣」四字卻向我們交待了安陽小屯一帶何以稱為「殷」的原因。按照古音韻學來講，「衣」同「殷」，二字相通。這在古文獻中有不少二字通假的例子，如《尚書·康誥》：「殪戎殷而有天下。」同樣一句話，在《禮記·中庸》裏卻作：「壹戎衣而有天下。」可知「衣」「殷」相通。鄭玄注釋道：「衣讀如殷，聲之誤也，齊人言殷聲如衣。」《呂氏春秋·慎大覽》：「親郼如夏」，高誘的注釋也說：「今兗州人謂殷氏皆曰衣。」周原的西周甲骨卜辭中也稱殷王為「衣王」，如「衣王田，至於帛。」〔註8〕（是說，殷王田獵，來到了帛這個地方。）「辛貞在衣」，是說辛這一天，在衣這個地方貞卜。此骨在大司空村發現，即表明此地當時稱「衣」。楊寶成先生認為：「這一卜辭的出土，確切地表明安陽殷墟商時名衣即殷也，故商王朝之名即起於此地名也。」〔註9〕衹是此辭的重要意義尚未被學術界所普遍重視。我們認為，與此辭可以相互發明的是另一條卜辭：「丁亥貞：衣、洹……」（《甲骨文合集》13014）有人認為此辭中的「衣」就是王國維所稱的「殷祭」之「殷」，「衣洹」就是殷人對殷都旁邊的洹水所作的「殷祭」。這是不正確的。「衣」作為祭祀之名，多指對殷人祖先的合祭，還不曾見到對自然神作「衣祭」的。況且，在甲骨卜辭中，洹水尚未像「河」、「嶽」那樣上升到自然神的規格。這是一條殘辭，「衣」、「洹」二字相連，我們以為當指兩個地名，並且是兩個相近的地名。這個靠近洹水的「衣」或許正是楊寶成氏所云安陽附近的「衣」地。〔註10〕希望將來能有更多的證據證明這一點。

〔註6〕　中國社會科學院考古研究所編著：《殷墟發掘報告》第 201 頁，文物出版社 1987
　　　　年版。

〔註7〕　中國社會科學院考古研究所編著：《殷墟發掘報告》第 200～201 頁，文物出
　　　　版社 1987 年版。

〔註8〕　徐錫臺：《陝西岐山鳳雛村發現周初甲骨文》，《文物》1979 年第 10 期。

〔註9〕　楊寶成：《殷墟為殷都辯》，《殷都學刊》1990 年第 4 期。

〔註10〕朱彥民：《「殷」「商」名辯》，《南開學報》1998 年第 1 期。

　　1959 年在苗圃北地發掘的探方 T17 之第四層中，也發現了卜骨一片。骨面左側刻有「祖乙，卜……子其彈申」七個字。1961 年苗圃北地又出土龜背甲 1 片，上刻 6 字，字體近𠂤組卜辭，爲習刻。此地後來在 1962 年至 1964 年、1974 年、1985 年的多次發掘中，也都發現了有字甲骨，大多數屬於習刻。〔註11〕

　　1967 至 1977 年，安陽工作隊在小屯村北、村中、村南，先後採集有字卜骨 10 片，有字卜甲 4 片。其中有 1 片是大版龜腹甲，上有刻辭 5 處，有 3 處是數字「易卦」，字體極纖細。〔註12〕

　　1971 年在後岡的一個墓葬裏發現了殘骨一片，上面刻著兩個字，一個是「又」字，另一個殘缺不全。〔註13〕

　　此後，在殷墟範圍的各處，尤其是小屯村附近的商代晚期遺址發掘中，還經常有一些零星的甲骨出土，但內容重要的並不多見。

二、卜辭的綜述

　　1949 之後建國初期的一段時間，隨著甲骨學隊伍的離散以及甲骨文材料出土數量的減少，大陸學者的甲骨學研究一度處於低迷狀態。這從王宇信先生《甲骨學通論》一書附錄的《新中國甲骨學論著目》〔註14〕即可明顯看出。而這一階段卻有一位學者的研究非常突出、非常活躍。這就是由著名的新月派詩人而轉變成甲骨學家的陳夢家先生。

　　陳夢家（1911～1966），原籍浙江上虞人，生長於南京。16 歲時他以同等學歷考入中央大學法律系。但他在大學時代的興趣不在法律而在文學。他喜歡詩歌創作，師從著名的詩人徐志摩、聞一多等人。1931 年出版了他的《夢家詩集》，成爲新月派後期頗有影響的年輕詩人。1932 年大學畢業後，跟隨聞一多先生到青島大學任教。受聞一多的影響，陳夢家也開始對古文字發生興趣，從此開始了甲骨文的研究生涯。1932 年底，到燕京大學宗教研究所學習。1933 年到安徽蕪湖任中學語文教師。1934 年考取了燕京大學的古文字研究生，跟隨著名古文字學家容庚先生研究古文字學和中國古代歷史。1937 年抗

〔註11〕中國社會科學院考古研究所編著：《殷墟的發現與研究》第 16 至 17、18、151 至 152 頁，科學出版社 1994 年版。

〔註12〕蕭楠：《安陽殷墟發現易卦卜甲》，《考古》1989 年第 1 期。

〔註13〕中國社會科學院考古研究所安陽發掘隊：《1971 年安陽後岡發掘簡報》，《考古》1972 年第 3 期。

〔註14〕王宇信：《甲骨學通論》第 484 頁，中國社會科學出版社 1989 年版。

戰爆發以後,陳任教於已前往長沙的清華大學。1938 年任教於遷往昆明的西南聯合大學,任中文系副教授,同時開始了對青銅器和《尚書》的研究。1939年應遷往昆明的北京圖書館的邀請,全面研究古代青銅器和古代歷史,著有《尚書通檢》等書。1944 年赴美國芝加哥大學講授中國文字學,同時利用身在異邦之便,廣泛搜集流散在美國、英國、法國、瑞典、荷蘭等歐美國家的我國古代青銅器,經過摹拓、照相等,著成《美帝國主義掠奪的我國古代青銅器》等書。1949 年他放棄了定居美國的機會,毅然回到祖國,任教於清華大學,繼續進行甲骨學研究。1952 年調至中國科學院考古研究所,專門進行青銅器和甲骨學研究,先後任研究員、考古所學術委員會委員等職。1957 年黨內極左的錯誤路綫,使他蒙受了極不公正的政治待遇,但他忍辱負重,堅持不懈的開展研究工作。1966 年他遭受政治迫害,含冤去世,年僅 55 歲。一位愛國的知識分子,一位才華橫溢的詩人,一位傑出的甲骨學家,何罪之有,竟這樣慘死,嗚呼痛哉!嗚呼惜哉!

圖 8-2　陳夢家遺像與《殷虛卜辭綜述》書影

陳夢家在不長的學術生涯中,勤奮治學,涉獵極其廣泛,他不僅研究甲骨學,而且在殷周青銅器、漢代簡牘、歷史年代學、曆法年譜學、考古學、古代宗教學、神話學、古代禮俗制度等眾多歷史學領域,都有較深的學術造詣。他在古文字方面的治學,雖然是受聞一多的影響,由古代宗教、神話、禮俗等的探索而轉入對古文字的研究,但他卻「能按照考古學的要求,發揚金石學的傳統,盡可能科學地整理大量非發掘出土的資料,在某些方面達到

了超越前人的水平。」〔註15〕尤其在甲骨學研究方面，他力求在前人的基礎上，詳細地佔有資料，精心地搜集到了 40000 多片甲骨拓本，全面地綜合整理，對甲骨學涉及到的方方面面問題都作了較爲詳明的綜述和認眞地考證，取得了驕人的成績。

　　首先，陳夢家在殷墟科學發掘以後不久就開始接觸甲骨文字，寫出了一些甲骨文字的考證論文。如他的考字論文《古文字中之商周祭祀》、《釋冎》、《釋也釋豕》〔註16〕等，也都是一些較有影響的甲骨文字考釋之作。

　　其次，陳夢家的甲骨文字考釋不是爲考字而考字，他注重通過考釋一些關鍵的甲骨文字來研究歷史，尤其是對商代歷史中的宗教、神話、禮俗制度、天文曆法、方國地理等方面，進行深入的探討，有不小的收穫。如他的考史論文《殷代社會的歷史文化》、《祖廟與神主的起源》、《商代的神話與巫術》、《上帝與先祖的分野》、《商周之天神觀念》、《商王名號考》、《射與郊》、《高禖郊祀通考》及其《上古天文材料》、《商代地理小記》〔註17〕等，今天看來，仍對這些方面問題的研究有重要的參考價值。

　　其次，繼董作賓先生之後，陳夢家系統地研究了甲骨文的分期問題，爲殷墟甲骨文斷代研究的進展做出了新的貢獻。1949 年他撰寫了《甲骨斷代學》甲、乙、丙、丁四篇，〔註18〕對董作賓的五期說和十項標準作了補充和修正，深化爲「九期」分法，即把甲骨文分期到王，每個商王爲一期。我們說，董

〔註15〕王世民：《陳夢家》，《中國史學家評傳》下，中州古籍出版社 1985 年版。

〔註16〕陳夢家：《古文字中之商周祭祀》，《燕京學報》第 19 期，1936 年版；《釋冎》，《考古社刊》第 5 期，1936 年版；《釋也釋豕》，《考古社刊》第 6 期，1937 年版。

〔註17〕陳夢家：《殷代社會的歷史文化》，《新建設》1955 年第 7 期；《祖廟與神主的起源》，《文學年報》第 30 期，1937 年版；《商周之天神觀念》，《燕京學報》第 19 期，1936 年版；《上帝與先祖的分野》，《燕京學報》第 20 期，1937 年版；《商代的神話與巫術》，《燕京學報》第 20 期，1937 年版；《商王名號考》，《燕京學報》第 27 期，1940 年版；《高禖郊祀通考》，《清華學報》第 12 卷第 13 期，1937 年版；《射與郊》，《清華學報》第 31 卷第 1 期，1941 年版；《上古天文材料》，《學原》第 1 卷第 6 期，1943 年版；《商代地理小記》，《禹貢》半月刊第 7 卷第 13 期，1937 年版。

〔註18〕陳夢家：《甲骨斷代學》甲編，《燕京學報》第 40 期，1951 年版；《商王廟號考——甲骨斷代學乙編》，《考古學報》第八冊，1954 年版；《殷代卜人篇——甲骨斷代學丙編》，《考古學報》第六冊，1953 年版；《甲骨斷代與坑位——甲骨斷代學丁編》，《中國考古學報》第五冊，1951 年版。後來，他的這些甲骨學分期斷代研究成果又都被收入其《殷虛卜辭綜述》一書的第四章《斷代》上和第五章《斷代》下中。

作賓先生的甲骨文分期「五期說」和「十項標準」被實踐證明是可行的，但他對一小部分甲骨的分期有欠精確，確實需要重新研究並加以調整。爲此，陳夢家先生進行了艱苦的探索。他首先把董氏的分期「十項標準」合併爲「三個標準」：第一標準，即世系、稱謂、貞人，此「乃是甲骨斷代的首先條件」。實際上，這也正是董氏分期斷代「十項標準」的核心部分和主要標準。第二標準，分別是字體（包括字形的構造和書法、風格等）、詞彙（包括常用詞、術語、合文等）、文例（包括行款、卜辭形式、文法等）三項，實際上這是董氏分期「十項標準」的文字、書體和文法等項，「用此特徵可以判定不具卜人的卜辭年代」。第三標準，是將甲骨卜辭按內容分爲不同的事類，大體有祭祀（對祖先與自然神祇的祭祀與求告等）、天象（風、雨、啓、水及天變等）、年成（年成與農業等）、征伐（對戰爭與邊鄙的侵犯等）、王事（王之田獵、遊止、疾、夢、生子等）、卜旬（來旬今夕的卜問）等六項，這也正是董氏「十項標準」中的方國、人物、事類等項。「各種制度的不同，也可作爲判別時代的一種用途」，據此進行研究，「即可綜合成某一時期的祀典、曆法、史實以及其他制度。」依據以上三項標準，陳夢家把殷墟甲骨文分爲「九期」：

董 作 賓 分 期		陳 夢 家 分 期		
期別	分王卜辭	分王卜辭	期別	王世	大分期
一	武丁卜辭	武丁卜辭	1	一世	早期
二	祖庚祖甲卜辭	祖庚卜辭	2	二世	早期
		祖甲卜辭	3		
三	廩辛康丁卜辭	廩辛卜辭	4	三世	中期
		康丁卜辭	5		
四	武乙文丁卜辭	武乙卜辭	6	四世	中期
		文丁卜辭	7	五世	晚期
五	帝乙帝辛卜辭	帝乙卜辭	8	六世	晚期
		帝辛卜辭	9	七世	

在這裡，陳夢家「提出早、中、晚三期大概的分期，同時也保留了董氏五期分法。在可以細分時，我們盡量用九期分法；在不易細分時則用五期甚至於三期的分法。」應當說這是對董氏分期理論的細化，原則上是可以的也是有必要的。但在實際的甲骨分期實踐中，「九期說」目前還有些理想化，

不可操作。在甲骨分期方面，他還對於甲骨中一些異樣的卜辭提出了「午組」、「𠂤組」、「子組」的說法，並對這三組卜辭的特徵進行了系統的研究，比較了它們之間的異同以及與武丁時代典型的賓組卜辭的關係，認爲這些特殊類型的甲骨文字也屬於武丁時代，而不是像董作賓所劃分的那樣把它們歸屬在第四期的武乙文丁時代。後來殷墟新出土的甲骨文材料以及學術界關於此問題的討論表明，陳夢家對此的判斷是正確的。也就是說，他爲學術界集中討論甲骨分期斷代中的關鍵問題、揭開「文武丁時代卜辭之謎」作了很好的鋪墊工作。同時，他在甲骨文分期研究中發現同一王世可能存在有幾種互不相同的甲骨卜辭，認爲簡單地用王世來劃分甲骨卜辭是不夠的。因此他又提出了分組的理論，把所有殷墟甲骨卜辭劃分在賓組（武丁卜辭）、𠂤組午組子組（武丁晚期卜辭）、出組（庚甲卜辭、武文卜辭、康丁卜辭）、何組卜辭（廩辛卜辭、乙辛卜辭）幾組之中。儘管他劃分的不甚精確和詳細，但無疑這是個了不起的創建，它可以更加詳盡地劃分不同時代、不同類別的甲骨文材料。此外，他還將殷墟甲骨卜辭中的貞人進行了較爲徹底的整理，共發現貞人 120名，比董作賓寫作《甲骨文斷代研究例》時所定貞人增多了四倍，這就爲更準確地斷定甲骨文材料的時代提供了更多的新證據。

　　再者，陳夢家先生對於甲骨學的最大貢獻還在於，他善於利用自己對甲骨文有精到研究的優勢，而對甲骨學史的關注和對甲骨學研究成果的總結。他曾對解放以後甲骨文新發現材料進行過綜述和整理研究，[註19] 保存 1949 年以後一段時間殷墟甲骨的新出土材料，介紹了學術界關於這些材料的研究情況，如今看來對甲骨學史有一定的史料價值。不僅如此，他於 1954 年著成了《殷虛卜辭綜述》[註20] 一書，對甲骨文發現以來的甲骨學發展狀況作了全面的綜述與評論，成爲甲骨學史上一部長盛不衰的名著，而日漸受到學者們的厚愛。《殷虛卜辭綜述》一書由總論、文字、文法、斷代、年代、曆法天象、方國地理、政治區域、先公舊臣、先王先妣、廟號、親屬、百官、農業及其他、宗教、身份、總結和附錄等二十章組成，煌煌 75 萬字。這是一部全面、系統地總結了自 1899年甲骨文發現以來至 1956 年該書出版之前近 65 年的研究成果的巨著。就內容而言，可以分爲兩個部分：該書的前五章是對甲骨學的全面總結，陳在概述前

〔註19〕陳夢家：《解放後甲骨的新資料和整理研究》，《文物參考資料》1954 年第 5
　　　　期；《甲骨補記》，《文物參考資料》1954 年第 12 期。
〔註20〕陳夢家：《殷虛卜辭綜述》，科學出版社 1956 年版。

人研究成果的基礎上，結合自己對甲骨學的研究心得，對甲骨文出土及研究經過、方法和內容等方面，特別是在甲骨文分期斷代研究方面進行了科學論述。從第六章到第十九章，是對甲骨文所反映的殷商社會歷史情況從各個不同的方面作了詳盡的考證，同時也是對 65 年來學者利用甲骨文材料研究商代歷史的大總結。該書搜集了大量的文獻記載，引用了大批甲骨卜辭，充分利用了殷墟考古的發掘資料，論證透徹，分析全面，因此在甲骨學所涉及到的許多方面，都較前人與同時代學者的研究更爲深入、更爲精闢。該書氣象博大，蘊藏豐富，對研究商代歷史、地理、語言、文字和考古學的學者來說，既是一本十分重要的參考書，也是一本十分方便的工具書；對於初學甲骨文者來說，又是一本必讀的入門書。所以該書的出版，受到了廣大學者的歡迎，國內外幾曾再版、翻印，在學術界產生了巨大的影響。儘管該書由於編寫倉促，有一些紕誤和缺點，受到了一些學者的批評指正，〔註21〕但瑕不掩瑜。作爲甲骨學史上百科全書式的重要著作，《殷虛卜辭綜述》在甲骨學史上具有不可替代的作用與劃時代的意義。可以這麼說，正是《殷虛卜辭綜述》使得陳夢家先生在甲骨學史上建立了不朽的勳業。

這一段時間的甲骨學研究，值得一提的還有曾毅公、郭若愚等人的甲骨碎片綴合，〔註22〕管燮初的甲骨卜辭語法研究，〔註23〕楊樹達的甲骨文字考釋〔註24〕等。

三、甲骨的著錄

新中國建立以後，甲骨學史的一件大事是啓動了《甲骨文合集》編纂這一龐大的殷墟甲骨文材料的著錄工程。這是一項極有意義的基礎性工作。因爲殷墟出土的十幾萬片甲骨，並沒有集中在一起，而是分散在眾多的收藏家手中。尤其是殷墟科學發掘之前的和之後的私自盜掘所得甲骨，通過一些古

〔註21〕 李學勤：《評陳夢家殷虛卜辭綜述》，《考古學報》1957 年第 3 期；裘錫圭：《評〈殷虛卜辭綜述〉》，《文史》第三十五輯，中華書局 1992 年版。

〔註22〕 曾毅公：《甲骨綴合編》，修文堂書店 1950 年版；郭若愚：《殷契拾掇》第一編，上海出版公司 1951 年版；《殷契拾掇》第二編，上海出版公司 1953 年版；郭若愚、曾毅公、李學勤：《殷墟文字綴合》，科學出版社 1955 年版。

〔註23〕 管燮初：《殷虛甲骨刻辭的語法研究》，中國科學院 1953 年版。

〔註24〕 楊樹達：《積微居甲文說‧卜辭瑣記》，中國科學院 1954 年版；《耐林廎甲文說‧卜辭求義》，群聯出版社 1954 年版。

董商之手，流向了海外，世界各地大都市的博物館、大學、科研機構幾乎都有我國殷墟甲骨文的收藏。加上過去的一些甲骨收藏家祇是把甲骨當作古董，自己高興時纔拿出把玩摩娑，其他時間多束之高閣，秘不示人。這就給專心研究甲骨文以及通過甲骨文材料研究我國古代歷史的學者帶來了極大的不便。這樣，把散見於各地的甲骨集中起來，編爲一冊，公佈於眾，已成爲學術界的共同願望了。

1956 年，國家政務院總理周恩來親自打電話給高教部部長楊秀峰，指示商調在上海復旦大學任教的著名甲骨學家胡厚宣教授。胡厚宣先生奉調進京後，任職於中國科學院歷史研究所，專門負責主持《甲骨文合集》的編纂工作。

《甲骨文合集》的編纂工程的設想，正是胡厚宣先生提出的，由他來負責主持其事再合適不過了。因爲留在大陸的甲骨學家中，胡氏對殷墟甲骨材料極爲熟悉，每一宗，每一片，瞭如指掌，如數家珍。

早在四十年代，胡氏個人即開始了艱苦卓絕的散逸甲骨材料的搜集工作。1945 年抗戰勝利之後不久，胡氏即從後方的大西南地區飛往北京、天津、南京、上海，調查並收購在抗戰期間出土並流散的殷墟甲骨文字。解放以後，他又利用假期奔走全國各地，探訪搜尋甲骨材料。其用力之勤，花費之巨，非心儀甲骨如同生命者不能有如此投入，因此搜集到的甲骨材料數量也頗爲可觀。胡氏將所蒐求的甲骨，或墨拓影印，或描摹臨寫，去粗取精，先後集結成《戰後京津新獲甲骨集》、《戰後寧滬新獲甲骨集》、《戰後南北所見甲骨錄》、《甲骨續存》〔註25〕等書出版面世，共著錄甲骨 13815 片，約佔殷墟甲骨义出土總數的十分之一。對於胡氏在收集散逸甲骨方面的勞績，學術界也給予了很高評價，如著名甲骨學家楊樹達先生說：胡氏「於倭寇戰敗請降之際，奔走南北，遍搜甲片，御風乘傳，席不暇溫。私家之藏，婉辭以請；市肆所列，重金以求。」眞是歷盡千辛萬苦，並稱讚他在甲骨學研究方面的成就及在甲骨學史上的地位：「既擅靜安（王國維）考釋之美，又兼叔言（羅振玉）播佈之勤。以一人之身，殆欲併兩家之盛業，何其偉也！」〔註26〕

〔註25〕胡厚宣：《戰後京津新獲甲骨集》，群聯出版社 1954 年版；《戰後寧滬新獲甲骨集》，來薰閣書店 1951 年版；《戰後南北所見甲骨錄》，來薰閣書店 1951 年版；《甲骨續存》，群聯出版社 1955 年版。
〔註26〕楊樹達爲胡厚宣《戰後京津新獲甲骨集》所作之序。

在長期的甲骨搜求和研究中，胡厚宣先生逐漸摸索出了一套行之有效的整理、編排甲骨材料的方法。那就是先分期，再分類。他在 1945 年出版的《甲骨六錄》〔註 27〕**裏**，首先在其中嘗試了這種甲骨著錄的編輯體例，並在其後出版的《戰後寧滬新獲甲骨集》、《戰後南北所見甲骨錄》、《戰後京津新獲甲骨集》、《甲骨續存》諸書中一以貫之，爲科學地著錄甲骨文材料探索出一條切實可行的路子。後來《甲骨文合集》的編輯體例就是沿用了胡氏的方法，先分期再分類。不過胡厚宣在這些以往的甲骨著錄書中所用的分期不是董作賓的「五期分法」，而是採用了「四期分法」。所謂「四期分法」，與董氏的唯一不同之處就是把董氏的三、四期合併在一起做第三期，即胡氏第三期甲骨文包括了廩辛、康丁、武乙、文丁四個商王的卜辭。他所以這麼做，是因爲在第三期、第四期甲骨中有一部分卜辭時代特徵不那麼明顯，又沒有貞人可以判定其時代，被稱爲「無名組」。這組卜辭的字體，既不像第三期文字作派那樣「頹廢」，又不如第四期文字風格那麼「挺秀」；從這組卜辭的祭祀稱謂上看，既像是第三期又像是第四期。爲了調和這一矛盾，胡先生祇好把第三期、第四期放在一起處理。但實際上這種變通的辦法並不可取，因爲把四個王的卜辭放在一起也顯得太長了，爲了遷就一小部分甲骨的不易分期而把兩期大多數時代明顯不同的卜辭放在一起，分期的意義也就不大了。這一部分卜辭似應單獨剔除來做處理。所以後來《甲骨文合集》的編纂仍是按照董氏的「五期分法」來處理的。

《甲骨文合集》的編纂工作得到了政府和社會各界的大力支持。1959 年，《甲骨文合集》的編纂被列爲國家重點科研項目，又被列入周總理制定的「科學研究十二年遠景規劃」中的十大項目之一，交由中國科學院歷史研究所承擔。歷史研究所邀集了全國各有關單位的負責人和久負聲望的甲骨學專家學者，組成了《甲骨文合集》編輯委員會，由著名甲骨學家、中國科學院院長郭沫若任主任。《甲骨文合集》編輯組也很快建立起來，郭沫若任主編，胡厚宣任總編輯並負責具體領導工作。編輯組成員也在工作中不斷擴充，力量逐漸增強。主編郭沫若在編輯組成立的動員會上，發表了熱情洋溢的講話，做出了「一定盡可能把材料搜集齊全」的指示。就這樣，一場大規模的甲骨文材料收集、整理工作開始了。

在胡厚宣先生的帶領下和指導下，《甲骨文合集》編輯組成員先後於 1959

〔註 27〕 胡厚宣：《甲骨六錄》，《甲骨學商史論叢》第三集，齊魯大學 1945 年版。

年、1960 年、1963 年、1965 年、1973 年、1974 年等不同年頭,分批分組奔赴全國 25 個省市自治區的 40 個城市,對 95 個機關單位和 44 個私人收藏家進行訪問,投入大量的人力物力對甲骨材料進行搜集:購買、臨摹、墨拓、拍照。在國內共收集到甲骨 97611 片。當時我國的港臺地區沒法親身前去訪問,他們也通過各種關係盡量羅致。1958 年胡厚宣先生還訪問了前蘇聯,也收集到一些博物館所藏的甲骨材料。

　　《甲骨文合集》編輯工作的二十年並不一帆風順,它也受到了幾次政治運動的衝擊和干擾。到「文化大革命」中後期,編輯工作一直處於停滯狀態。直到 1973 年纔在中央高層領導的過問下重又恢復工作。當年該課題又被列入國家重點研究項目,解決了出版問題。至於編輯組成員們在工作中遇到的問題、困難、挫折、迫害、打擊,不勝枚舉。但他們以堅忍不拔的毅力,戰勝挫折,克服困難,解決問題,堅持下來,不僅收集到了較爲全面的資料,而且使這些來之不易的甲骨材料得到了很好的編排。他們最終完成了這一工作。

圖 8-3　《甲骨文合集》書影及 6057 片摹本

　　在此有必要介紹一下《甲骨文合集》編纂工作的大致程序。

　　收集到的甲骨文資料,還要對其進行認眞地、科學地整理與選擇,纔能編輯入書。因爲《甲骨文合集》與過去的甲骨文著錄不同,收集材料的範圍相當廣泛和全面,包括了截止至 1973 年以前國內外出版的甲骨著錄書和分散在國內外甲骨實物的拓本、墨本和照片。但其所收入的甲骨,既不像《殷墟

文字甲編》、《殷墟文字乙編》那樣，把所有出土甲骨幾乎無一遺漏地收入書中；也不像《卜辭通纂》、《殷契粹編》、《殷虛書契菁華》那樣，祇選一些甲骨精品。而是根據甲骨文和殷商歷史研究的需要，擬定出若干選片標準，從十幾萬片甲骨中選出四萬多片收入此書。這樣，既不致使該書因「有骨必錄」而顯得龐大雜蕪，也不會因為祇選大片精片而忽略了有參考價值的甲骨材料。這就需要作如下的處理過程：

首先，校重。因為自甲骨發現之後，不少甲骨片數易其主，一片甲骨反覆椎拓，你也著錄，我也發表，往往重複出現在幾種甲骨著錄書中。校重，就是剔除其重複的甲骨片。這樣，編輯組將幾十種甲骨著錄書詳加校勘，共校出重片 1400 片次之多。

其次，辨僞。自甲骨文字發現之日起，由於收藏家高價收買，身價倍增。一些人看到販賣甲骨有利可圖，真的甲骨又不容易找到，為牟取暴利就不惜造假。甲骨僞片給甲骨市場帶來了極大的混亂，使許多國內外的收藏家上當受騙，同時也使甲骨學研究碰到了一些不必要的麻煩。辨僞，就是把混雜在甲骨中的僞片辨認出來，剔除出去。甲骨作僞，情況複雜，有的是全假，即新骨頭上刻寫新字；也有的半假，在舊骨頭上刻新字，或在真的有字甲骨片補刻一些新字。甲骨學辨僞是進行甲骨研究的最基礎的工作。

再次，綴合。甲骨是一種脆弱易朽之物，出土以後，隨著輾轉流徙，大多分裂破碎。綴合就是把原本為一片而斷裂為兩片或幾片的碎片粘合在一起，使其重聚一片，復其原貌。綴合工作非常重要，它可以說是對甲骨文學術價值的再發掘，綴合後的甲骨，往往可以發現在碎片上找不到的重要資料。編輯組共綴合了 2000 多片甲骨。

再次，換片。《甲骨文合集》所收已著錄的甲骨材料，凡有實物或原拓片現藏於國內者，都盡量換用清楚、完整的拓片，並補拓原著錄中所缺拓的有字反面和骨臼部分，照相、墨本也盡量換用拓本。原骨不在國內的，則盡量選用著錄中較為清楚、完整的拓片。同時，將分見於不同著錄書（或一書中）分開的骨之正、反、骨臼等部分集中在一起，編為一號處理等等。

就這樣，《甲骨文合集》編輯組經過數年的搜集材料，經過十數年的「去粗取精、去僞存真、校對重片、碎片綴合、同文集中、分期分類」等艱苦工作，於 1977 年底基本完成了甲骨材料的編輯任務。

從 1978 年 10 月起，《甲骨文合集》第二冊由中華書局精印出版，到 1982

年 11 月，煌煌十三巨冊的大型甲骨文資料著錄書全部出齊。前十二冊爲拓本和照片影印，第十三冊爲摹本影印。全書共收錄甲骨 41956 片，比歷史上任何一本甲骨著錄書所收甲骨片數量都多。

　　《甲骨文合集》的編輯體例，採用了胡厚宣先生的著錄方法，先分期後分類。具體的分期則基本上是按照董作賓先生的五期分法而做。

　　在十三分冊中，第一至第六冊爲第一期甲骨，主要是武丁時代的卜辭，佔了全書所收甲骨總量的一半左右。第七冊爲附第一期，就是學術界頗有爭論的「文武丁時代卜辭」（陳夢家所謂「𠂤組」、「子組」、「午組」卜辭）。根據學術界的討論和編輯組成員的一致認識，認爲這些甲骨材料可以提早，但究竟提早到何時，尚無定論。所以把它們暫附在第一期後面，另行處理。第八冊爲第二期。第九冊至第十一冊爲第三期和第四期。第十二冊爲第五期，第十三冊爲各期甲骨都有的摹本。

　　在每一期中，又按甲骨卜辭內容的不同分爲四大類和二十二小類。

一、階級與國家

　　1. 奴隸與平民

　　2. 奴隸主貴族

　　3. 官吏

　　4. 軍隊、刑罰

　　5. 戰爭

　　6. 方域

　　7. 貢納

二、社會生產

　　8. 農業

　　9. 漁獵、畜牧業

　　10. 手工業

　　11. 商業、交通

三、科技文化

　　12. 天文、曆法

　　13. 氣象

　　14. 建築

　　15. 疾病

16. 生育

17. 鬼神崇拜

18. 祭祀

19. 吉凶夢幻

20. 卜法

21. 文字

四、其他

22. 其他

這二十二類幾乎涉及到了商代社會生活的方方面面，但以武丁時代的卜辭最多，內容也最爲詳盡。

出人意料的是，《甲骨文合集》第一冊在出完其他十二冊之後纔印行出來，這是因爲第一冊上有內容極其重要的前言、序言和編輯凡例。前言原準備讓該書的主編郭沫若先生執筆，但這位著名的甲骨學家政務繁忙身不由己後來又由於病逝未能寫成，祇是爲該書題了書名。前言由著名考古學家、時任考古所所長、當年也曾執鋤參加殷墟發掘的尹達（劉燿）先生寫成。序言由實際主持其事的胡厚宣先生所做。

在《甲骨文合集》第一冊的扉頁上，赫然列有編輯工作組成員的名單：

組長：胡厚宣

編輯（以姓氏筆劃爲序）

王宇信　王貴民　牛繼斌　孟世凱

胡厚宣　桂瓊英　常玉芝　張永山

彭邦炯　楊升南　齊文心　蕭良瓊

應永琛　謝濟　　羅琨

這是一個老中青相結合、年齡結構合理的團結戰鬥的集體。正是《甲骨文合集》的編輯、出版過程，訓練、培養了這麼一支強有力的整理、研究甲骨文學術隊伍。如今，除了幾個年長的相繼去世外，大多數也都年過古稀，學有所成，水平較高，是當前甲骨學界的一支比較集中又相當活躍的生力軍。

《甲骨文合集》一書的出版，不僅爲古文字學研究、古代社會研究提供了一部豐富的資料彙編，更重要的是反映著新時期的優良學風，就是把大批的經過科學整理的甲骨資料集中公佈，使之成爲全國乃至全世界學者進行學術研究的共同享用資料。因此，這部集大成的甲骨著錄巨著，得到了國內外

學術界的一致好評。

當然，由於《甲骨文合集》編著的甲骨截止於 1973 年以前的材料，後來出土和搜集到的甲骨材料未能收入。它們分別是：《懷特氏所藏甲骨》、《小屯南地甲骨》、《英國所藏甲骨集》、《東京大學東洋文化研究所藏甲骨文字》等。《甲骨文合集》編輯組後來有選擇地將一些重要內容收入《甲骨文合集補編》等後續著錄叢書中。這樣，要完全了解全部的甲骨文資料，《甲骨文合集》之外，還要參看其他幾部甲骨學著錄書籍。

四、殷易的揭示

1950 年春殷墟發掘中，在小屯以西的四盤磨村一個小探坑裏，發現了一片特殊的卜骨，上面有三行由數字組成的刻辭。這片卜骨上的刻辭與一般甲骨卜辭的行款、文例極不相同，所以引起了一些學術爭論。不獨殷墟甲骨上有這樣的刻辭，而且在後來發現的西周甲骨以及殷周金文中也多有發現。

圖 8-4　殷墟四盤磨出土數字卦卜骨拓本

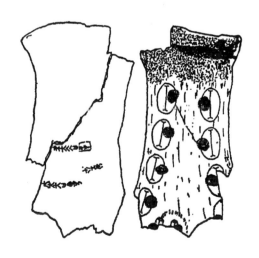

殷墟發掘者認爲這些刻辭是數字。〔註28〕胡厚宣先生、陳夢家先生認爲這是初學契刻者的習刻之辭，〔註29〕唐蘭先生則認爲這是一種早已失傳的中國古

〔註28〕郭寶鈞：《一九五〇年春殷墟發掘報告》，《中國考古學報》第 5 冊，1951 年版。
〔註29〕胡厚宣：《殷墟發掘》第 134 頁，學習生活出版社 1955 年版；陳夢家：《殷虛卜辭綜述》第 24 頁，科學出版社 1988 年版。

代文字形式。〔註30〕究竟如何，莫衷一是。直到 1978 年，著名古文字學家張政烺先生對殷墟甲骨和西周甲骨以及商周青銅器銘文中的這類數字刻劃進行綜合研究，首先指出這類數字刻畫是所謂筮數，是古代的易卦之一種。〔註31〕一語中的，石破天驚，令人恍然大悟，目前此說普遍爲學術界所接受，並爲甲骨文和周易研究等開闢了新的研究視角和領域。

關於古代易卦，除了周代的《周易》，還有夏之《連山》和商之《歸藏》。古文獻如《周禮》、《山海經》、《新論》、《論衡》等對此都曾有記載。《周禮‧春官》：「大卜……掌三易之法：一曰連山，二曰歸藏，三曰周易。其經卦皆八，其別卦皆六十有四。」《山海經》曰：「黃帝得河圖，商人因之，曰《歸藏》。」(《玉海》引，今本無)、桓譚 《新論‧正經》：「《易》，一曰《連山》，二曰《歸藏》，三曰《周易》。《連山》八萬言，《歸藏》四千三百言。《連山》藏於蘭臺，《歸藏》藏於太卜。」王充《論衡‧正說》：「列山氏得河圖，夏后因之，曰《連山》。歸藏氏得河圖，殷人因之，曰《歸藏》。伏羲氏得河圖，周人因之，曰《周易》。」《論衡‧謝短》：「《易》有三家，一曰《連山》，二曰《歸藏》，三曰《周易》。伏羲所作，文王所造，《連山》乎敘《歸藏》，《周易》也？」《禮記‧禮運》：「孔子曰：『我欲觀夏道，是故之杞，而不足徵也，吾得夏時焉。我欲觀殷道，是故之宋，而不足徵也，吾得坤乾焉。坤乾之義，夏時之等，吾以是觀之。』」鄭玄注：「得殷陰陽之書也，其書存者有《歸藏》。」又《周禮‧春官‧大卜》注曰：「《歸藏》者，萬物莫不歸而藏於中。」又注引「杜子春云：『《歸藏》，黃帝易。』」但是《漢書‧藝文志》未載《歸藏》。阮孝緒曰：「《歸藏》載卜筮之雜事。」劉勰《文心雕龍》云：「《歸藏》之經，大明迂怪，乃稱羿弊十日，常娥奔月。」目前，嚴可均《全上古三代秦漢三國六朝文》和馬國翰《玉函山房輯佚書》等收輯本中有今本《歸藏》存世。

對於《歸藏》殷易的眞僞問題，學術界歷來有不同的認識。肯定的意見有，宋鄭樵曾提出：「《歸藏》唐有司馬膺注十三卷,今亦亡。隋有薛貞注十三卷，今所存者《初經》、《齊母經》、《本蓍》三篇而已。言占筮事，其辭質，其義古。後學以其不文，則疑而棄之。往往連山所以亡者，且過於此矣。獨

〔註30〕唐蘭：《在甲骨金文中發現的一種已經遺失的中國古代文字》，《考古學報》1957 年第 2 期。

〔註31〕張政烺《古代筮法與文王演周易》，《古文字研究》第一輯，中華書局，1979 年版。

不知後之人能爲此文乎？」楊愼承認漢時《歸藏》未失，「《連山》藏於蘭臺，《歸藏》藏於太卜，見桓譚《新論》，則後漢時《連山》《歸藏》猶存，未可以《藝文志》不列其目而疑之。」清儒朱彝尊《經義考》卷三云：「《歸藏》隋時尚存，至宋猶有《初經》、《齊母》、《本蓍》三篇，其見於傳注所引者。」〔註32〕馬國翰云：「殷易而載武王枚占、穆王筮卦、蓋周太卜掌其法者，推記占驗之事，附入篇中，其文非漢以後人所能作也。」〔註33〕近人于豪亮先生通過研究帛書《周易》和傳本《歸藏》卦名，提出「《歸藏》成書決不晚於戰國，並不是漢以後的人所能僞造的。」〔註34〕金景芳先生也主張《歸藏》不僞，《周易》「說卦」保留了《連山》、《歸藏》的遺說。〔註35〕等等。

　　但《隋書‧經籍志》認爲《歸藏》晚出：「《歸藏》十三卷，晉太尉參軍薛貞撰。」又云：「《歸藏》，漢初已亡，晉《中經》有之，唯載卜筮，不似聖人之旨。以本卦尙存，故取貫於《周易》之首，以備殷易之缺。」《舊唐書‧藝文志》有：《歸藏》十三卷，注云：「殷易，司馬膺注。」《新唐書‧藝文志》有：「司馬膺注歸藏十三卷。」孔穎達《周易正義》云：「《歸藏》僞妄之書，非殷易也。」《崇文總目》謂：「漢初有《歸藏》，已非古經，今書三篇，不可究矣。」《中興書目》謂：「今但存初經、齊母經、本蓍三篇，文多缺亂不可訓。」吳萊《經義考》云：「《歸藏》今雜見他書，頗類《易林》，非古易也。」《宋書‧藝文志》有：「薛貞注《歸藏》三卷，《崇文總目》有《歸藏》三卷，《中興書目》有《歸藏》薛貞注。」明馬端臨云：「《連山》《歸藏》乃夏商之易，本在《周易》之前，然《歸藏》，《漢志》無之，《連山》，《隋志》無之，蓋二書至晉隋間始出，而《連山》出於劉炫僞作，北史明言之。度《歸藏》之爲書，亦此類爾。」皮錫瑞云：「桓譚《新論》曰《連山》八萬言，《歸藏》四千三百言。不應夏易數倍於殷，疑皆出於依託。《連山》劉炫僞作，北史明言之，《歸藏》雖出隋唐以前，亦非可信爲古書。」〔註36〕近世「古史辨」派人物也認爲《歸藏》晚出，並非殷易。如余永梁云：「其實，所謂眞的《連山》《歸藏》亦是漢人僞作。」〔註37〕

〔註32〕　朱彝尊《經義考》，中華書局1998年版。
〔註33〕　王興業《三墳易探微》附篇，青島出版社1999年版。
〔註34〕　于豪亮《帛書周易》，《文物》1984年第3期。
〔註35〕　金景芳《周易繫辭傳新編詳解》，遼海出版社1998年版。
〔註36〕　皮錫瑞《經學通論》，中華書局1982年版。
〔註37〕　余永梁《易卦爻辭的時代及其作者》，《中央研究院歷史語言研究所集刊》第

夏代《連山易》、殷之《歸藏易》究竟爲何種易卦，幾千年來因爲未得實物學術界難道其詳。從上引古代文獻記載來看，歷代易學界對此有不少爭論，有人認爲有，有人認爲無；有人認爲眞，有人認爲僞；還有人認爲「連山」、「歸藏」出現的比較晚，是宋人的東西。張政烺先生以其博學愼思，慧眼識珠，在殷墟甲骨中發現了商代易卦，使得這一懸案千載、長期困擾甲骨學界、考古學界和易學界的學術難題得以破解，其功勞之大，可想而知。

張政烺（1912～2005），字苑峰，山東省榮成縣人。幼入私塾，長進學堂。18 歲考入北京弘文中學讀高中。1932 年考入北京大學歷史系。在此期間，博覽群書，廣求知識，從獵碣考釋，開始了他的古文字研究生涯。1936 年大學畢業後進入中央研究院歷史語言研究所，先後任圖書管理員、助理研究員、副研究員。1946 年任北京大學歷史系教授，同時兼任清華大學教授，主講古文字學，還擔任故宮博物院專門委員會委員。1952 年爲全國考古工作人員訓練班授課。1954 年參與籌建歷史研究所。1960 任中華書局副總編輯。從 1966年起又進入中國社會科學院歷史研究所，任研究員。先後擔任物質文化研究室主任、古文字古文獻研究室主任。1974 年主持和參加新出土的秦漢簡帛文字整理工作。長期以來擔任歷史所學術委員會委員、考古所學術委員會委員、中國古文字研究會理事、中國考古學會常務理事、中國史學會理事、國家文物委員會委員等學術職務。

圖 8-5　張政烺遺像

一冊第一本，1928 年。

　　張先生癡書有名，於書無所不窺。知識淵博，融會貫通。對甲骨文字、金文、陶文、先秦兩漢簡牘、帛書、石刻文字都無所不通，甚至對古代民俗、宋史、金史材料等也非常熟悉。與其學術盛名相比，張先生不是一個高產作家，寫的東西並不太多。這是因爲他治學極其嚴謹，輕不下筆。惟其如此，所以他的論著字字璣珠、篇篇圭璧，多傳世之作。這在他對甲骨文字的考釋中尤其可見這種學風。

　　張先生考釋甲骨文字的特點是：首先，從分析文字的字形入手，再參照《說文》對偏旁的分析法與對字義的說解，又取證於時代相同的已釋古文字偏旁，復佐證於書籍記載與地下材料，從而確定其字的字義與讀音。其次，張不滿足於單純的字形考釋結果，對考釋出音義的古文字，仍要帶入甲骨卜辭中作「實踐檢驗」，能在卜辭中講得通的，纔知考釋結果不誤。其三，被他列入考釋重點的甲骨文字，一般不是卜辭中用作人名地名的字，而是那些決定整個文意的關鍵性字，尤其是某些重要的動詞，甚至是數十年來久經古文字學家注目而又未得確釋的常見字。所以他的考字往往是一場攻堅戰，一字識破，即令數條甲骨卜辭得以通讀。其四，張的考字，非常注重將甲骨文研究作爲古代漢語研究的重要內容，每每用甲骨文字的考證結果來解決古代漢語研究中一些重要問題。其五，張考一個字，往往歷時數年或十數年甚至數十年，反覆修改，不斷補證。如他的考字名篇《釋甲骨文俄、隸、蘊三字》、《釋因蘊》〔註38〕等，都是突出反映這些考字特點的成果。

　　通過甲骨文字的考釋來研究商代歷史，是張政烺先生治學的另一個特點。《釋它示——論卜辭中沒有蠶神》〔註39〕一文，對學者認爲的「它示」即蠶神的觀點提出了質疑。過去，不少學者相信「它示」就是主管桑蠶的神祇，一些關於古代桑蠶史、絲織史或紡織史的著作，也都引此甲骨文字材料爲據，可謂風靡一時。張先生通過細究甲骨文字原形，結合文意考察，認爲釋「蠶」是不對的，甲骨文中不可能有蠶神。他考證此字應讀作「它示」，是指直系祖先以外的旁系先王神位。從而糾正商代歷史研究中的這一錯誤現象。又如婦好墓發現以後，學術界關於婦好的身份、地位、時代有不少爭論，張先生的

〔註38〕張政烺：《釋甲骨文俄、隸、蘊三字》，《中國語文》1965 年第 4 期；《釋因蘊》，《古文字研究》第 12 輯，中華書局 1985 年版。
〔註39〕張政烺：《釋它示——論卜辭中沒有蠶神》，《古文字研究》第 1 輯，中華書局1978 年版。

《婦好略說》〔註40〕等文，根據甲骨文異代同名的現象，提出了「婦好」是時代相承的人名而不是一個人，從而揭示了古代人名姓氏制度，也爲婦好墓的時代和性質的探索以及甲骨文分期斷代研究，提供了一種思路和方向。另外，張先生通過對甲骨文中一些字的考釋和卜辭中相關材料的系統分析，如《卜辭中的裒田及其相關諸問題》等，〔註41〕對於商代的農業問題諸如開荒、耕種技術、農業禮俗、農民身份、農村公社等作了集中的研究，從而論證了商代的社會性質，認爲商周時代普遍存在農村公社，直到戰國秦漢時代纔是奴隸社會。

在張政烺先生碩果纍纍的學術生涯之中，發現古代數字易卦是其濃墨重彩的一筆，也是中國當代學術史上值得大書特書的一筆。故而在此將這一學術發現略作介紹如下：

其實這種數字易卦的材料，最早見於北宋重和元年（1118 年）出土於湖北孝感的一組西周青銅器即所謂「安州六器」上。其中有一件中鼎，銘文末尾有這樣的兩個並列符號。當時學者釋爲「赫赫」或「十八大夫」與「八大夫」。〔註42〕郭沫若先生認爲是族徽。〔註43〕也有一些學者對此進行了分析推測，如上舉胡厚宣、陳夢家、唐蘭等。最早指出這些刻劃符號可能是卦爻的是古漢語學家管燮初先生。他在《西周金文語法研究》中說道：「推想這是上古時代曾經使用過的卦爻之類表示思想意識的圖形。」〔註44〕在 1950 年河南安陽殷墟四盤磨發現商代數字卦卜骨之後，1956 年在陝西長安張家坡及 1977 年在陝西岐山鳳雛村發現的西周卜骨上，也都有類似的符號。1978 年在第一屆中國古文字研究會上，張政烺先生發表《古代筮法與文王演周易》，認爲這些占卜甲骨上的符號爲五、六、七、八四個數字，代表老陰、少陰、老陽、

〔註40〕 張政烺：《婦好略說》，《考古》1983 年第 6 期；《婦好略說補記》，《考古》1983年第 8 期。

〔註41〕 張政烺：《卜辭裒田及其相關諸問題》，《考古學報》1973 年第 1 期；《甲骨文肖與肖田》，《歷史研究》1978 年第 3 期；《關於肖田問題——答張雪明同志》，《武漢大學學報》1979 年第 1 期；《釋甲骨文尊田及土田》，《中國歷史文獻研究集刊》第 3 輯，嶽麓書社 1983 年版；《殷契劦田解》，《甲骨文與殷商史》，上海古籍出版社 1983 年版。

〔註42〕 季旭升《古文字中的易卦材料》，劉大鈞主編《象數易學研究》第三輯，巴蜀書社 2003 年版。

〔註43〕 郭沫若《兩周金文辭大系圖錄考釋》，第 16 頁，科學出版社 1957 年版。

〔註44〕 管燮初《西周金文語法研究》，第 22 頁，商務印書館 1981 年版。

少陽四個爻，組成了六爻「重卦」。〔註45〕這就是所謂數字卦的說法，這種說法得到了與會專家學者們的一致認可。此後，張先生又搜集了更多的材料，更加證實明確地提出了商周時期存在數字易卦的觀點。〔註46〕

在張政烺先生破天荒地釋出殷墟甲骨上的古代易卦之後，又有兩位古文字學者張亞初、劉雨先生對這一問題做了進一步的研究，並把殷墟四盤磨這片卜骨上的刻辭釋讀爲：「七八七六七六曰……」、「八六六五八七」、「七五七六六六曰……」〔註47〕奇數代表陽爻，偶數代表陰爻，其實這三行刻辭分別是《周易》中的 ䷿、䷣、䷋，即相當於《周易》中的「未濟」、「明夷」、「否」三卦。與此情況類似的是，六十年代採集於小屯村周圍的一版大龜腹甲，其上有刻辭五處，其中三處是易卦。其卦辭分別是：「六七八九六八」、「六七一六七九」、「七七六七六六貞吉」，字體極爲細小。〔註48〕

那麼這種筮數易卦爲何會刻在占卜甲骨之上呢？張政烺先生認爲商周時期「卜筮並用」，「由於同占一事，就把卦爻刻在甲骨的卜兆之旁。」張亞初、劉雨也認爲：「商代和西周，不但有占筮的記載，而且卜筮同時進行，占筮的數字符號和筮辭，與占卜的卜辭、占辭一樣，都可以刻在甲骨上。」曹定雲先生也稱：「卜筮並用，殷已有之，至少在武丁、康丁時代，就已經有案可查了。」〔註49〕

對於商代「數字易卦」的研究，先後陸續有學者，如張政烺〔註50〕、管燮初〔註51〕、李學勤〔註52〕、徐錫臺〔註53〕、晁福林〔註54〕、曹定雲〔註55〕、

〔註45〕張政烺《古代筮法與文王演周易》，《古文字研究》第一輯，中華書局1979年版。

〔註46〕張政烺《試釋周初青銅器上的易卦》，《考古學報》1980年第4期。

〔註47〕張亞初、劉雨：《從商周八卦數學符號談筮法的幾個問題》，《考古》1981年第2期。

〔註48〕蕭楠：《安陽殷墟發現易卦卜甲》，《考古》1989年第1期。

〔註49〕曹定雲《新發現的殷周「易卦」及其意義》，《考古與文物》1994年第1期。

〔註50〕張政烺《論殷墟甲骨文中所見的一種筮卦》，《文史》第二十四輯，中華書局1985年版；《易辨——近幾年根據考古材料探討周易問題的綜述》，《中國哲學》第15輯。又收入《周易縱橫錄》，湖北人民出版社1986年版。

〔註51〕管燮初《商周甲骨和青銅器上的卦爻辨識》，《古文字研究》第六輯，中華書局1981年版；《數字易卦探討兩則》，《考古》1981年第2期。

〔註52〕李學勤《周易經傳溯源：從考古學、文獻學看周易》，長春出版社1992年版；《新發現西周筮數的研究》，《周易研究》2003年第5期。

〔註53〕徐錫臺《周易探源》，《人文雜誌》1992年第3期。

〔註54〕晁福林《商代易卦筮法初探》，《考古與文物》1995年第4期。

連劭名〔註56〕、曹瑋〔註57〕、馮時〔註58〕等進一步深入探討，如今基本上已經形成了商代占卜、筮卜並用這樣的學術共識。

對於殷易《歸藏》這一重大的學術發現，後來的不同時期的考古發掘都予以了有力的證實。在甲骨文、金文之外，一些戰國簡牘帛書材料，尤其是竹簡上，也都有類似數字卦爻的發現。如1978年江陵天星觀一號墓楚簡〔註59〕、1987年荊門包山二號墓楚簡〔註60〕、1993年江陵王家臺十五號墓秦簡〔註61〕、1994年河南新蔡葛陵楚墓竹簡〔註62〕、1994年上海博物館藏楚簡〔註63〕等簡牘上，均發現了被認爲是這種數字卦爻的符號。

尤其是王家臺秦簡中發現了《歸藏》易的內容，爲這一學術發現又做了進一步的補充和延伸。1993年3月，湖北江陵縣荊州鎮郢北村王家臺15號秦墓出土了大批秦代竹簡，〔註64〕其中有《易》占簡394支，約4000餘字，整理者認爲「文字形體最古，接近楚簡文字，應爲戰國末年的抄本。」〔註65〕此後，連劭名〔註66〕、李家浩〔註67〕、李零〔註68〕、王寧〔註69〕、邢文〔註70〕、王明欽〔註71〕等人發表了一系列論作，普遍認爲這些《易》占簡屬於《歸藏》。

值得注意的是，秦簡《歸藏》以－表示陽爻，＾表示陰爻。坤卦由6個＾組成，臨卦由4個＾和兩個－組成，觀卦由兩個－和4個＾組成。這與殷

〔註55〕 曹定雲《殷墟四盤磨易卦卜骨研究》，《考古》1989年第7期。

〔註56〕 連劭名《商代的四方風與八卦》，《文物》1988年第11期。

〔註57〕 曹瑋《陶拍上的數字卦研究》，《文物》2002年第11期。

〔註58〕 馮時《中國天文考古學》，第398～399頁，社會科學文獻出版社2001年版。

〔註59〕 湖北省荊州地區博物館《江陵天星觀一號楚墓》，《考古學報》1982年第1期。

〔註60〕 湖北省荊沙鐵路考古隊《包山楚簡》，文物出版社1991年版。

〔註61〕 荊州地區博物館《江陵王家臺15號秦墓》，《文物》1995年第1期。

〔註62〕 河南省文物考古研究所編著《新蔡葛陵楚墓》，大象出版社2003年版。

〔註63〕 馬承源《上海博物館藏戰國楚竹書》（三），上海古籍出版社2003年版。

〔註64〕 荊州地區博物館《江陵王家臺15號秦墓》，《文物》1995年第1期。

〔註65〕 王明欽《王家臺秦墓竹簡概述》，《北京大學新出簡帛國際學術研討會論文》，2000年。

〔註66〕 連劭名《江陵王家臺秦簡與歸藏》，《江漢考古》1996第4期。

〔註67〕 李家浩《王家臺秦簡易占爲歸藏考》，《傳統文化與現代化》1997年第1期。

〔註68〕 李零《跳出周易看周易》，《傳統文化與現代化》1997第6期。

〔註69〕 王寧《秦墓易占與歸藏之關係》，《考古與文物》2000第1期。

〔註70〕 邢文《秦簡歸藏與周易用商》，《文物》2000年第2期。

〔註71〕 王明欽《試論〈歸藏〉的幾個問題》，《一劍集》，婦女出版社1996年版；《歸藏與夏啓的傳說——兼論臺與祭壇的關係及鈞臺的地望》，《華學》第3輯，紫禁城出版社1998年版。

墟甲骨文中的數字筮卦由「一」和「六」組成象數非常相似。王家臺秦簡《歸藏》很可能就是商代易卦《歸藏》流傳到秦代的版本。

　　數字卦的發現，把重卦推到商周以前。據文獻記載，在商周以前，筮書衹有《連山》《歸藏》。那麼，這些數字卦顯然是與《連山》《歸藏》相關。殷墟甲骨文中發現了商代的易卦，不僅說明夏商時代的「連山」、「歸藏」確實存在，而且這種數字筮卦很可能就是商代的「歸藏易」。可見文獻記載有其一定的根據，不可簡單地予以否定。這是殷墟甲骨新發現對於古代文獻研究的啓示。

五、卜法的復原

　　進入七十年代，殷墟考古發掘中逐漸有一些內容重要的甲骨文材料發現。

　　1971 年 12 月 8 日，中國社會科學院考古所安陽隊在考古工作站東牆外的小屯村西地，於第一號探方第七層的灰土層中，距地表深 2.8 米處，發現卜骨 21 片，其中有刻辭卜骨 10 片。〔註72〕因爲，這是解放後安陽殷墟首次發現大批甲骨，故在當時引起轟動。

圖 8-6　小屯西地所出甲骨

　　這些甲骨出土時的一些現象非常特殊：其一，它們井然有序地重疊著放

〔註72〕中國社會科學院考古研究所編著：《小屯南地甲骨》下冊第一分冊，中華書局
　　　　 1984 年版。

在一起，骨臼大多向東，祇有三枚向北。疊壓的情況大致分爲三組：西南一組三枚，東南一組六枚，北面一組十二枚。其二，這批甲骨都是較大而完整的牛肩胛骨，有鑿，無鑽，有灼，而且正面和反面都有鑿、灼。其三，有些卜骨上的刻辭將「豕」、「豚」、「牛」、「羊」、「犬」等字的字頭部分削去了一、二筆，呈現出明顯的刮削斑痕，其中以第 12 號卜骨（《小屯南地甲骨》附 3）上的斑痕最爲清楚。還有些卜骨在刻好文字以後，又把刻辭全部刮去，原來刻辭的痕跡還依稀可辨。究竟何以如此奇特，其原因有待研究。

這一考古現象首先引起了時任中國社會科學院院長郭沫若先生的注意。經過他的研究認爲，卜骨分組，每組卜骨的枚數爲三或是三的倍數，這正好成了他 1933 年作《卜辭通纂》時所斷定的「卜用三龜」、「卜用三骨」的證據。〔註 73〕胡厚宣先生還爲「卜用三骨」的說法提供了佐證。〔註 74〕

商人占卜術中有「習卜」與「三卜」制，後來宋鎮豪先生曾有論文專門論述這兩種占卜制度，認爲習卜是指對一件具體事多次因襲占卜，時間上叉開，故同版卜日不同而卜數、事類相同的卜辭即屬此，其目的是力圖求得上帝的意態與人王意願統一。而另一種則是一次性的「卜用三骨」，屬異版同辭，常見於殷墟甲骨卜辭中的「元卜」、「右卜」、「左卜」即爲這種制度之表現。其中，三卜中「元卜」爲商王所卜，三卜制作用在於使人們將對自然世界的神靈崇拜轉化爲對人王之絕對服從。〔註 75〕

關於卜骨的時代，學術界有不同的意見。郭沫若先生根據 4、6、12、14號（即《屯南》附 1、附 2、附 3、附 5）卜骨上有「父甲」、「父庚」、「父乙」之稱謂，而且「父乙」稱謂多達六次，認爲這是武丁對其生父小乙和小乙之兄陽甲、盤庚的稱呼，首先認定「這批牛肩胛骨應該是武丁時代的遺物」。〔註 76〕胡厚宣指出「兄亥」似是武丁時代的一個人名，他從所徵引的四條「兄」字的字體判斷，也似認爲是武丁時代的卜骨。〔註 77〕然而發掘者分析這些卜骨時考慮到了與之同出器物：「與卜骨同層出土的陶器有鬲、簋、豆、尊等，

〔註 73〕郭沫若：《安陽新出土的牛肩胛骨及其刻辭》，《考古》1972 年第 2 期。

〔註 74〕胡厚宣的考證附在郭文中。

〔註 75〕宋鎮豪：《殷人「習卜」和有關占卜制度的研究》，《中國史研究》1987 年第 4期；《論古代甲骨的占卜制度》，《殷墟博物苑苑刊》創刊號，中國社會科學出版社 1989 年版。

〔註 76〕郭沫若：《安陽新出土的牛肩胛骨及其刻辭》，《考古》1972 年第 2 期。

〔註 77〕胡厚宣的考證附在郭文中。

還有釉陶片和骨料。從器形看來，陶器的年代大約屬於殷代（盤庚遷殷以後）晚期的前半葉時間。」〔註78〕時間說的有失籠統。裘錫圭先生從卜辭的字體、文例等方面分析，提出了完全不同的觀點。他認爲這批卜骨的時代屬於第三期、第四期（指康丁、武乙、文丁三朝）；同時鑒於這些卜骨刻辭中的先祖稱謂系統也不同於同時代的稱謂，指出可能是非王室正統的卜辭，即「非王卜辭」。〔註79〕後來發掘者在著錄這些卜骨時，支持了裘氏之說，從卜骨的鑽鑿形態與康丁、武乙卜辭有類似之處作了補充，認爲其時代屬於康丁、武乙之時。〔註80〕

　　這是兩種完全不同的觀點，究竟哪一種對呢？我們認爲，後一種觀點是依據考古地層關係而論的，自然有較強的說服力。卜骨雖然出在第七層，但「與卜骨同層出土的陶器有鬲、簋、豆、尊等，還有釉陶片和骨料，從器形來看，陶器的年代大約屬於殷代（盤庚遷殷以後）晚期的前半葉。」〔註81〕晚期的前半葉相當於殷墟文化三期，亦即殷墟卜辭三、四期。因此，卜骨出土的地層年代與裘先生推斷的卜辭時代是基本吻合的。後來，發掘者在著錄這批材料時，又對這批牛胛骨的鑽鑿形態進行研究，也論定這批牛胛骨的時代屬康丁、武乙時期。〔註82〕

〔註78〕發掘者的意見「卜骨出土情況的報告」也附在郭文中。
〔註79〕裘錫圭：《讀〈安陽新出土的牛肩胛骨及其刻辭〉》，《考古》1972年第5期。
〔註80〕中國社會科學院考古研究所編著：《小屯南地甲骨》下冊第一分冊，中華書局1984年版。
〔註81〕《卜辭出土情況報告》，附在上引郭文之後。
〔註82〕中國社會科學院考古研究所編著：《小屯南地甲骨》下冊第一分冊，中華書局1984年版。

第九章　甲骨材料的繼續發掘

一、南地的坑藏

（一）小屯南地甲骨的發現

1972 年 2 月的某一天，一個小屯村村民正在村南路旁的低凹地裏取土，突然於無意之中發現了六片帶字甲骨。這個消息傳到了安陽工作站考古工作隊那裡，立即引起了他們的注意，馬上派人前去現場察看，並作了遺跡保護措施。

1973 年 3 月下旬至 8 月 10 日，10 月 4 日至 12 月 4 日，安陽隊在這裡先後進行了兩次發掘。發掘表明，這裡包含著仰韶文化、龍山文化、殷商文化、隋唐墓葬等豐富的文化層堆積。在殷商文化層中，發現了夯土基址、祭祀坑、窯址、墓葬和大批窖穴灰坑。在一些窖穴中，發現了大量的坑藏甲骨。經過考古工作者認真仔細的剔剝，共得刻辭甲骨 5041 片，包括卜甲 70 片，卜骨 4959 片，牛肋條骨 4 片，未加工的骨料 8 片。後來經過耐心的室內整理，又綴合了 530 片，實際得甲骨 4511 片。這是自 1936 年發現 YH127坑以來殷墟出土甲骨最多的一次。

這批甲骨的出土情況是這樣的：在挖出最上面的不太厚的耕土層後，就揭露出了近代擾亂坑、擾亂層、水井和一些隋唐墓葬。在這些坑穴的填土中，首先發現了小片的甲骨，共 1847 片，佔甲骨出土總數的 36.5%。再往下挖，就是殷代文化堆積層和房基夯土。在這一層中，也出土了一些小片甲骨，共 150 片，佔出土甲骨總數的 3%。繼續往下挖，就揭露出許多殷

代的灰坑，共有 123 個之多。其中 64 個灰坑出土刻辭甲骨，最少者出一片，多的數百片乃至上千片。灰坑所出的刻辭甲骨共 3044 片，佔出土甲骨總數的 60.4%。而這些灰坑，正是考古隊的工作重點。

這些坑藏甲骨分爲兩種情況：有意的窖藏，無意的遺棄。

在大多數灰坑中，甲骨是與陶器殘片、獸骨、灰燼等垃圾夾雜在一起的。這些坑中的甲骨多是支離破碎、不堪收拾的，這肯定是作爲廢物被傾倒在垃圾坑中的。如 H50，這是一個呈方形的坑穴。在距離地表 0.5 米的地方，它的北邊被一個近代土坑打破。發掘時，從坑口以下很淺處，即開始陸續出土混雜在一起的甲骨與其他遺物。當挖到距離地表 0.7 米時，突然挖出一具人骨架，側身而臥，下肢蜷曲。從廢物坑中發掘出人體屍骨來，也可見此人身份不高，很可能是個惹惱了主子的奴隸冤魂。在骨架旁邊，散放著兩片卜骨。再往下挖到 1.5 米時，又是一層文化堆積，其中有人頭骨、人腿骨、馬腿骨，還有一件可以復原的陶鬲，同出卜骨 8 版。繼續往下挖，又有一些甲骨出現。此坑共出土甲骨 111 片，其中刻字卜骨 104 片，卜甲 7 片。

而在另外一些少數坑中，甲骨片大量集中出土，並且大片卜骨很多，又不見其他遺物。這種情況當是當時人有意識的埋藏。如 H24，就是這樣一個甲骨坑藏。坑口呈橢圓形，南北長徑約 2.7 米，東西短徑約 2.5 米。坑口開在距離地表的 0.8 米處。坑深 1.5～1.6 米。底部不大平展，中間有些低凹。這是一個不幸的坑，同時又是一個幸運的坑。不幸的是，它被一個東西走向的近代水溝從中間打破，分成了南北兩部分，溝中挖到的甲骨被掘出扔出了坑外，使這個完整的坑藏受到了破壞。幸運的是，挖水溝時的人們可能還不知道甲骨的重要價值，他們對溝兩邊的甲骨沒有理會，讓它一直保留到 1973 年發掘之時。這個坑從坑口以下，就密密麻麻地堆滿了卜骨，骨板之間幾乎沒有任何空隙。但這些卜骨的排列也沒有什麼規律可言，橫七豎八，骨臼也沒有一定的方向。溝南的卜骨層厚約 0.5 米；溝北的卜骨層厚約 0.3～0.5 米。儘管卜骨排列沒有順序，考古工作者還是根據上下位置和疊壓情況一層層地把它們清理開來，一共分作五層揭取。如果說稍有一點疊放規律的話，那就是放在上面的一二層一般說來是小片卜骨，放在下面的第三四五層一般說來是大片的卜骨，僅此而已。坑裏卜骨堆中沒有任何雜物，只在坑底見到少量的碎陶片。這是一坑特殊的甲骨，只出卜骨，

不見卜甲。全坑共出刻辭卜骨 1315 片。其中整版的牛肩胛骨有 50 多版，擺在一起，異常壯觀。

在小屯南地的這次發掘中，還發現一些灰坑，單單放置一些骨料。如 H99，坑口近於圓形，開在距離地表深 0.4 米處，直徑 2.1 米，坑底距離地表 2.5 米。在距離地表 2～2.5 米處，堆積了未經加工的牛肩胛骨 33 片，牛肋骨 1 片，卜骨 8 片，卜甲 2 片。其中有刻辭的 10 片。但多數文字筆法幼稚，內容連不成辭，顯然屬於初學乍練的生手習刻。這個地方堆積這麼多的骨料，很可能這裡是個生產加工占卜用料的骨器場。

總的來說，小屯南地甲骨有如下幾個特點：一、大骨較多。基本完整的大版刻辭牛肩胛骨達 100 多版。這是自殷墟科學發掘以來前所未見的。二、骨多甲少。在 5000 多片甲骨中，字甲只有 70 片，佔甲骨出土總數的 1.4%，其餘全是卜骨。在集中出甲骨的灰坑中，有的全部都是卜骨，有的絕大多數是卜骨，只有幾片小塊的卜甲。這一現象與殷墟以前發掘的有些地方只埋卜甲而不出卜骨的情況正好相反。這再一次證明，卜甲和卜骨是分開異地埋藏的。三、時代集中。這批甲骨絕大多數是康丁、武乙、文丁卜辭，只有少量是第一期武丁時代和第五期帝乙帝辛時代的卜辭。四、地層清楚。這些甲骨出土時大多有可靠的地層關係，並常與一些陶器共存伴出，這對甲骨文的斷代與殷墟文化的分期是很有科學價值的。五、內容豐富。小屯南地甲骨，不但數量多，而且內容也非常豐富，包括祭祀、田獵、農業、天象、征伐、旬夕、王事等諸個方面。其中有不少新見的人名（包括貞人名）、稱謂、地名、方國名、新的字和詞等，還有軍隊編制、天文等方面的新材料，為商代歷史研究提供了一批寶貴的資料。如卜辭中有「壬寅貞：月有戠，其侑社，燎大牢？」「貞：月有戠，王一人禍？」（《屯南》726）對於研究當時的天象及與人的感應關係、當時人們的天象觀念都是極其有用的材料。

圖 9-1　小屯南地甲骨及《小屯南地甲骨》書影

　　這批甲骨材料，後來由考古所安陽隊編輯著錄爲《小屯南地甲骨》，〔註1〕分上下兩冊共五本出版發行。共著錄甲骨 4618 片，其中包括 1971年冬在小屯西地出土的卜骨 10 片和 1975 年至 1977 年在小屯村一帶零星採集的甲骨 13 片。上冊兩本爲圖版，圖版之前有《前言》，概述甲骨出土情況、甲骨分期及小屯南地甲骨的主要內容。下冊共分三本，刊載甲骨釋文、摹本、索引、鑽鑿圖版、鑽鑿統計表及《小屯南地甲骨鑽鑿形態》一文等。如此全面的材料，這在甲骨著錄歷史上還是第一本，而且按出土單位、地層與同出器物一起著錄甲骨，使得這些材料更具有科學的史料價值。

　　在這部著錄書的《前言》和《附文》中，編著者對甲骨的鑽鑿製作工藝有了新的見解，將甲骨鑽鑿形態的演變與分期斷代相聯繫，對甲骨學斷代研究做出了一定的貢獻。更重要的是，編著者結合甲骨出土地層，對某些甲骨分期問題進行了論述，對學術界爭論不休的「文武丁時代卜辭之謎」和「歷組卜辭時代」等問題的討論，起到了推動和促進作用。

　　（二）以「非王卜辭」解讀「文武丁時代卜辭之謎」

1、何謂「文武丁時代卜辭之謎」

　　說到「文武丁時代卜辭之謎」，還要從董作賓先生的甲骨文分期斷代研究說起。

〔註1〕　中國社會科學院考古研究所編著：《小屯南地甲骨》上冊一二本，中華書局 1980年版；下冊一二三本，中華書局 1983 年版。

實際上這是由 30 年代第十三次殷墟發掘發現的 YH127 坑甲骨整理和研究而引起的。董作賓於 1933 年作《甲骨文斷代研究例》時，還未注意到「文武丁卜辭」之事。YH127 坑發現以後，董作賓才發現了一種與武丁卜辭不同的一類卜辭。在此之前，董作賓是把這類卜辭的一部分放在第一期，把另一部分放在第四期。這時，他發現這類卜辭在書法、字體、文法、事類、方國、人物等方面與武丁時代的卜辭很不相同。他曾經從地層、坑位的角度認為出土這些卜辭的窖藏和灰坑時代較早，但他又從稱謂、文字等角度將這些卜辭放在了較後的時代。在他看來，這是一道難解的謎。

為了解決這一問題，他在撰寫《殷曆譜》時，提出了一個全新的觀點：商王世系中可以分出新派和舊派，新、舊兩派祀典不同。文武丁（文丁）時代的紀日法、月名、祀典等等做法都恢復了武丁時代的各項舊制，是個復古派。所以他就把原歸入第一期武丁時代的「𠂤」等貞人的這類卜辭全部後移八、九十年，重新確定為第四期的文武丁時代。這部分卜辭在很多方面與一期武丁卜辭相近，是「文武丁復古」的結果。經過這樣的調整，武丁時代有各種不同的書體、字形、文法、事類、方國、人物的矛盾就可以得到「解決」了。把這類卜辭全放在第四期文武丁時期，也可以避免這類卜辭既出現在第一期，也出現在第四期的矛盾現象。

這就是為什麼他在《殷墟文字乙編》自序中要說已經「揭穿文武丁時代卜辭之謎。」

2、學界對「文武丁時代卜辭之謎」的探索

其實，這個「謎」並沒有真正揭穿。隨著甲骨分期斷代研究的深入，學者們對其時代的認識愈來愈眾說紛紜，展開了熱烈的討論。

早在 1931 年春天，中央研究院歷史語言研究所考古組在安陽後岡發掘時，發現一片有字卜骨。董作賓先生認為，這片字骨「不是殷代王室貞卜之物，必為民間所用，是骨卜之法，已普及於一般民眾。」〔註2〕明確提出了殷代王室之外還有民間占卜的觀點。但是由於後岡距離甲骨出土地的小屯較遠，所出字骨只有一片，情況比較特殊，這一說法並未引起學術界的重視，就連董先生本人後來也未再考慮這一觀點。所以到 1936 年，董作賓發現殷墟甲骨中有稱「子卜」或「子卜貞」的卜辭，「疑此子乃王子某，但稱子不自署名而已」。〔註3〕

〔註2〕 董作賓：《釋後岡出土的一片卜辭》，《安陽發掘報告》第 4 期。
〔註3〕 董作賓：《五等爵在殷商》，《中央研究院歷史語言研究所集刊》第六本三分冊，

1938 年，日本甲骨學家貝塚茂樹先生從董作賓的所謂「文武丁卜辭」中區分出他所謂的「子卜貞卜辭」，指出這些卜辭的主人不是商王，這個「子」是多子族的族長。〔註4〕後來他在 1946 年進一步闡解這一觀點，並認爲其時代屬於武丁時期。〔註5〕至 1953 年貝塚茂樹、伊藤道治聯合著文，正式提出在甲骨文第一期存在著與一期典型卜辭不同的另外兩種卜辭，即「多子族卜辭」和「王族卜辭」，「子卜貞卜辭」即「多子族卜辭」。〔註6〕1959、1960 年貝塚、伊藤著錄京都大學所藏甲骨文材料時，再次申論這一學說。〔註7〕

甲骨學家胡厚宣先生曾經懷疑這類卜辭屬於武丁之前的盤庚、小辛、小乙時代之物。〔註8〕陳夢家先生指出，武丁時代除了「王室正統的卜辭」外，還有其他種類的卜辭，有些類別的卜辭「內容多述婦人之事，可能是嬪妃所作」。他把這些卜辭分作「𠂤組」、「子組」、「午組」，𠂤組卜辭有貞人𠂤、扶、勹等，相當武丁時代的晚段；子組卜辭有貞人子、余、我、川、婦、史等，當屬武丁時代；午組卜辭有卜系列的貞人二人，文字細作尖銳的斜筆，當屬武丁時代。〔註9〕

李學勤先生也否定了「一切殷代卜辭都是屬於王的」錯誤看法，也認爲殷墟卜辭中有一些卜辭是殷代「貴族、貴婦的卜辭」。〔註10〕

3、「非王卜辭」概念的提出與研究

在此基礎上，1958 年李學勤先生發表《帝乙時代的非王卜辭》一文，正式提出了「非王卜辭」的名稱，以區別通常所說的「王卜辭」，並從稱謂系統、字體、內容諸方面將「非王卜辭」作了分類，推定了諸類「非王卜辭」問疑者的身份，說明他們與商王室有一定的親屬關係，他們各自家族有封地，有

1936 年。

〔註4〕 貝塚茂樹：《論殷代金文中所見圖像文字號》，《東方學報》第九冊，1938 年。

〔註5〕 貝塚茂樹：《甲骨學之展開》、《殷墟卜辭中所見之殷代文化》，收入《中國古代史學的發展》，日本弘文堂 1946 年版。

〔註6〕 貝塚茂樹、伊藤道治：《甲骨文研究的再檢討——以董氏的文武丁時代之卜辭爲中心》，《東方學報》第 23 號，1953 年版。

〔註7〕 貝塚茂樹、伊藤道治：《京都大學人文科學研究所藏甲骨文字》本文篇「序言」，1960 年版；貝塚茂樹著，馮佐哲、謝齊摘譯：《關於甲骨文分期斷代的幾個問題》，《外國研究中國》第四輯，中國社會科學出版社 1980 年版。

〔註8〕 胡厚宣：《甲骨續存》自序，群聯出版社 1955 年版。

〔註9〕 陳夢家：《殷虛卜辭綜述》第 145～155 頁，第 158～161 頁，第 162～165 頁，科學出版社 1956 年版。

〔註10〕 李學勤《評陳夢家殷虛卜辭綜述》，《考古學報》1957 年第 3 期。

的擁有師旅，參加政治與軍事活動。歸納了這類卜辭有四個方面的特徵：問疑者不是商王；沒有王卜，辭中也不提到王；沒有商先王名號，而有另一套先祖名號；沒有符合商王系統的親屬稱謂，而另有一套親屬稱謂系統。他把YH251坑出土的收入《乙編》8691～8898諸片，YH330坑出土的收入《乙編》8939～8994諸片看作是婦女卜辭，又從YH127坑出土的甲骨中區分出「子卜辭」等五種「非王卜辭」，並把這類卜辭的時代定在帝乙之世，稱爲「帝乙時代的非王卜辭」。〔註11〕但後來根據新出土的材料，李先生又將其時代改爲屬第一期武丁時物，而且𠂤組、午組都不是武丁最晚的卜辭。〔註12〕

　　自從陳夢家先生將𠂤組、子組、午組卜辭提前到武丁時代以後，新的證據不斷出現。1963年，姚孝遂先生公佈了吉林大學所藏甲骨，其中一片胛骨上有子組的干支表，在其上端有帶貞人「爭」的殘辭與干支表共版。〔註13〕「爭」正是第一期武丁時代「賓組」的貞人。子組卜辭與賓組貞人同版，正說明子組與賓組時代大致相當。

　　1964年鄒衡先生發表了他的殷墟文化分期研究成果，他從考古的層位關係上推定這些卜辭相當於武丁時期。〔註14〕鄒先生對與卜辭有密切關係的乙組、丙組基址曾作過詳細的分析，稱「乙五基址，下壓第二期窖穴（YH066），其上又被第二期窖穴（YH093）所打破，而且，第二期墓葬YM184又與基址東部建築儀式有關。所以本基址的年代也只能大體相當於窖穴、墓葬的第二期。」而乙五基址下面，壓了好幾個甲骨坑：出賓組卜辭的H76，出𠂤組卜辭的B17和B30。據此，鄒先生推斷出乙五基址是庚甲時建築，𠂤組卜辭當早於祖庚、祖甲。鄒先生又分析過YE16、YH006等甲骨坑，「YE16的層位關係來看，附屬子組卜辭出於最上面；𠂤組卜辭從最下層至最上部都與賓組卜辭同出，祇是上層（即第三、四層），又與第二期卜辭（《甲編》2942-2943可以綴合）同出。YH006包含的甲骨，也是𠂤組、子組與賓組同出。如果這類附屬於晚期，則上述諸單位（YE16、YH006……）的年代上限也只能是晚期。這無論從層位關係和同出他器來看，都是解釋不通的。與此相反，如果把這類卜辭定爲早期，則與上述層位關係和同出他器完全不發生矛盾。因

〔註11〕　李學勤：《帝乙時代的非王卜辭》，《考古學報》1958年第1期。

〔註12〕　李學勤：《小屯南地甲骨與甲骨分期》，《文物》1981年第5期；《小屯丙組基址與臾卜辭》，《甲骨探史錄》，三聯書店1982年9月版。

〔註13〕　姚孝遂：《吉林大學所藏甲骨選釋》，《吉林大學社會科學學報》1963年第3期。

〔註14〕　鄒衡：《試論殷墟文化分期》，《北京大學學報》1964年第4、5期。

此，我們採用早期說，並推定其絕對年代大體相當於武丁時代。」堅實的地層學材料，為確定子組等非王卜辭屬武丁時代提供了有力證據。

小屯南地甲骨的發現，又為解決這一問題提供了極其有用的地層斷代的綫索。其中在 T53（4A）層中出土了𠂤組卜甲七片。蕭楠根據出土𠂤組卜甲的層位關係分析，得出了這樣的結論：𠂤組卜辭時代絕不可能在第三期之後，也不可能在武丁時代以前，而是屬於武丁時代。〔註15〕

《小屯南地甲骨》出版時，發掘者、整理者在該書的前言中又對小屯南地早、中、晚三期遺址中所出甲骨作了進一步深入、全面的論證，認為𠂤組卜辭與賓組卜辭有許多共同之處：地層、稱謂、內容、文例、字體等都有不少相似處，二者時代基本一致。但二者也有不同處，說明二者在時間上的關係不一定是平行關係，而可能是先後關係。午組卜辭在地層上看稍晚於𠂤組卜辭，其稱謂、人物也都見於賓組卜辭，刻辭形式、字體、祭法也有不少與武丁卜辭相同。因此午組卜辭也可大體確定在武丁時代。

林澐先生對「非王卜辭」作了進一步的解析，指出非王卜辭的主人是「子」，對於「子」的身份，認為是商代「家族的首腦們通用的尊稱」，在深入分析甲、乙、丙三種子卜辭的基礎之上，探討了商代家族形態的一些問題，指出幾種「非王卜辭」占卜主體的家族屬商代父權家族，並對此種家族之形態（如家族構成、族長權力、經濟情況等）作了具體論述，從而將對商代家族的研究提到一個新的高度。〔註16〕

同時，中國社會科學院歷史研究所、《甲骨文合集》編輯組的謝濟先生也對著錄過的這種另類卜辭進行了全面研究，也得出了它們與武丁賓組卜辭時代一致的結論。〔註17〕以持「非王卜辭」論者的統計可知，目前所見十萬餘片甲骨文中，約有千餘片甲骨不是王室占卜之物，約佔甲骨文總數的百分之一。

1982 年，裘錫圭先生撰文贊同林澐觀點，也稱這種卜辭的占卜主體「子」不可能是武丁之子，認為商代存在著與周代類似的宗族組織，商族以外的氏

〔註15〕蕭楠：《安陽小屯南地發現的𠂤組卜甲——兼論𠂤組卜辭的時代及其相關問題》，《考古》1976 年第 4 期；《略論午組卜辭》，《考古》1979 年第 6 期。
〔註16〕林澐：《從武丁時代的幾種子卜辭試論商代家族形態》，《古文字研究》第 1 輯，中華書局 1979 年版。
〔註17〕謝濟：《武丁時另種類型卜辭分期的研究》，《古文字研究》第六輯，中華書局 1981 年版。

族也是有宗族組織的。〔註 18〕

　　4、關於「非王卜辭」的爭論

　　但是針對學術界盛行的「非王卜辭」論點，也有學者提出了相反的意見。尤其是李瑾先生的三篇論文《卜辭前辭語序省變形式統計——兼評「非王卜辭」說》、《卜辭「王婦」名稱所反映之殷代構詞分析——再評「非王卜辭」說》、《論「非王卜辭」與中國古代社會之差異——三評「非王卜辭」說》，圍繞李學勤「非王卜辭」四個特徵，從卜辭前辭形式、「王婦」名稱與冠詞法、先祖名號與親屬稱謂等角度，對「非王卜辭」作了較深入地探討，批評了「非王卜辭」論。〔註 19〕陳煒湛先生認為，「這三篇文章對非王卜辭論的批判，基本上是正確的，很有參考價值。」〔註 20〕

　　1984 年在中國古文字研究會第五屆年會上，彭裕商發表了《非王卜辭研究》，全面論述了「非王卜辭」的時代、性質、內容，對李學勤的觀點多有引述和發揮，但對李瑾的批判研究未作回應。〔註 21〕

　　但是到了 1986 年在中國古文字研究會第六屆年會上，與彭裕商同出徐中舒先生師門的方述鑫也發表了《論「非王卜辭」》，對「非王卜辭」明顯持一種反對的態度。該文從「非王卜辭」的出土坑位、地層關係、與其他卜辭的同版現象、字體與文例、人名與地名、親屬稱謂等角度論證，認為所謂「非王卜辭」乃武丁時殷王所卜，既不屬於帝乙時代，也不是「非王卜辭」。

　　方氏的結論可以概括為：「非王卜辭」論者所持殷墟甲骨文中有千餘片不屬於殷王世的說法值得商榷；「非王卜辭」與賓組、自組卜辭有同坑和疊壓關係、同版現象，相同的字體和文例，相同的人名和地名，相同的祖妣父母兄等親屬稱謂，並且有少數記載商王活動等，這種卜辭應該是武丁時代的王室卜辭；「非王卜辭」的刀亞卜辭、午組卜辭、子組卜辭、婦女卜辭與賓

〔註 18〕裘錫圭《關於商代的宗族組織與貴族和平民兩個階級的初步研究》，《文史》第 17 輯：另收入《古代文史研究新探》，江蘇古籍出版社 1992 年版。

〔註 19〕李瑾：《卜辭前辭語序省變形式統計——兼評「非王卜辭」說》，《重慶師院學報》1982 年第 1 期：《卜辭「王婦」名稱所反映之殷代構詞分析——再評「非王卜辭」說》，《重慶師院學報》1983 年第 1、2 期：《論「非王卜辭」與中國古代社會之差異——三評「非王卜辭」說》，《華中師院學報》1984 年第 6 期：《殷周考古論著》，第 1～55 頁，河南大學出版社 1992 年版。

〔註 20〕陳煒湛：《關於「非王卜辭」》，收入《甲骨文簡論》，第 96～98 頁，上海古籍出版社 1987 年版：《近二十年來的甲骨文研究》，《汕頭大學學報》2001 年第 1 期。

〔註 21〕彭裕商：《非王卜辭研究》，《古文字研究》第 13 輯，中華書局 1986 年版。

組、𠂤組卜辭雖有前後早晚關係，但同時並存一個時期；午組卜辭的「午」是「御」祭之省，「允」也是祭名，婦女卜辭和亞卜辭中的女名，都是用於祭祀的女奴之名，而不是先妣之私名；「多子族」就是諸王子，即商王的兒子和商王的兄弟行的家族所組成的氏族，其首領一般是殷商王朝外服君長和內服官職，「多生（姓）族」是與殷商王室有婚姻關係的異姓氏族，宗族「多子族」與姻族「多生族」構成了殷商王朝的兩大支柱和統治基礎；至於「非王卜辭」何以很少出現商王活動，主要是因爲這類卜辭是殷王室關於「多子族」的占問，其實與賓組、𠂤組卜辭一樣，都是殷王室的卜人代王卜問，不能用周代制度所說的旁系小宗來解釋這類卜辭。〔註22〕

後來李學勤、彭裕商對此問題的續論，對批評者李瑾、方述鑫等人的質疑雖未明確提及，但是觀點的表述與以往有所不同，也可看作是對批評者的一種答覆和回應：「殷墟卜辭大多數是王室卜辭，這些卜辭以商王爲占卜中心。此外也存在少數非王室的卜辭，這些卜辭的占卜中心不是商王，在稱謂系統和家庭成員方面也均與王室卜辭不同，故稱非王卜辭……我們認爲這些卜辭都各自代表著一個相對獨立的殷代家族，非王卜辭就是以這些家族首領爲其占卜中心的。」「各非王卜辭的時代都大約在武丁中期。」〔註23〕李先生也稱，自己對非王卜辭所歸納的四點特徵，「這幾點現在看有必要修改，有的非王卜辭還是提到王，有少數商王名號，而且可以通過這些推斷其問疑者與商王的關係。」〔註24〕「非王卜辭卜問主體不是商王本人，並不以爲作爲其主體的人物與王沒有關係。這種關係或許是相當親密的，比如說是王的后妃、子女或近臣之類，他們所卜甲骨有時會和王的甲骨混雜在一起。YH127坑在賓組王卜辭之外，又有「子組」、「午組」等等幾種非王卜辭，就表明了這樣的現象。」〔註25〕

同樣，後來黃天樹關於「非王卜辭」的研究中也對此概念作了修訂：「卜辭的主人不是商王而是子；偶爾有王卜，辭中極少提到王；先王名號和親屬稱謂系統有些見於王卜辭，有些不見於王卜辭。」〔註26〕

〔註22〕方述鑫：《論「非王卜辭」》，《古文字研究》第18輯，中華書局1992年版；《殷墟卜辭斷代研究》，文津出版社1992年版。

〔註23〕李學勤、彭裕商：《殷墟甲骨文分期研究》，第313、326頁，上海古籍出版社1996年版。

〔註24〕李學勤爲常耀華《殷墟甲骨非王卜辭研究》所作序言，綫裝書局2006年版。

〔註25〕李學勤《甲骨學的七個課題》，《歷史研究》1999年第5期。

〔註26〕黃天樹：《關於非王卜辭的一些問題》，《陝西師大學報》1995年第4期。花園莊東地甲骨發現之後，黃氏對此概念又有新的修正，詳見下文。

　　近年黃天樹〔註 27〕、常耀華〔註 28〕、魏慈德〔註 29〕、陳劍〔註 30〕、蔣玉斌〔註 31〕等人都對「非王卜辭」作了大量的細緻研究，使得「非王卜辭」的內容、類別、文字、特點等更加清晰和明確，從而推動了這類卜辭的研究走向深入。

　　綜上所述，儘管個別學者不同意「非王卜辭」的提法，但海內外大多數學者已經接受了「非王卜辭」的概念，包括對「非王卜辭」名稱進行商榷的學者在內，大多數學者也都公認了「非王卜辭」時代前提的結論。〔註 32〕至

〔註 27〕黃天樹：《殷墟王卜辭的分類與斷代》，文津出版社 1991 年版；《關於非王卜辭的一些問題》，《陝西師大學報》1995 年第 4 期；《非王「劣體類」卜辭》，《徐中舒先生百年誕辰紀念文集》，巴蜀書社 1998 年版；《午組卜辭研究》，《甲骨文發現一百週年研討會論文集》，中央研究院歷史語言研究所、臺灣師範大學國文系 1998 年版，又文史哲出版社 1999 年版；《婦女卜辭》，吉林大學古文字研究室編《中國古文字研究》第一輯，吉林大學出版社 1999 年版；《非王卜辭中「圓體類」卜辭研究》，《出土文獻研究》第五集，科學出版社 1999 年版；《子組卜辭研究》，《中國文字》新 26 期，藝文印書館 2000 年版；《重論關於非王卜辭的一些問題》，《甲骨學國際學術研討會論文集》，臺灣東海大學國文系 2005 年，又《花園莊東地甲骨論叢》，臺灣聖環國際圖書有限公司 2006 年版。

〔註 28〕常耀華《子組卜辭綴合兩例》，《殷都學刊》1995 年第 2 期；《重論 YH251、330 卜辭》，《中國史研究》1996 年第 4 期；《YH251、330 卜辭研究》，《中國文字》新 23 期，臺灣藝文印書館 1997 年；《關於子組卜辭的材料問題》，《紀念徐中舒誕辰一百週年論集》，巴蜀書社 1998 年版；《子組卜辭新綴四例》，《追尋中華古代文明的蹤跡——李學勤先生學術活動五十年紀念文集》，復旦大學出版社 2003 年版；《子組卜辭人物研究》，中國社會科學院研究生院中國古代史專業碩士學位論文 2003 年，又發表於《中國文字》新 30、31 期，臺灣藝文印書館 2005、2006 年；《說「多帚」》，《中國文字》新 31 期，臺灣藝文印書館 2006 年；《花東 H3 卜辭中的「子」——花園莊東地卜辭人物通考之一》，《花園莊東地甲骨論叢》，臺灣聖環國際圖書有限公司 2006 年版；《殷墟甲骨非王卜辭研究》，綫裝書局 2006 年版。

〔註 29〕魏慈德《殷墟 YH 一二七坑甲骨卜辭研究》，臺灣政治大學中國文學系博士學位論文 2001 年。

〔註 30〕陳劍《殷墟卜辭的分期分類對甲骨文字考釋的重要性》，北京大學博士學位論文 2001 年；《說花園莊東地甲骨卜辭的「丁」——附：釋「速」》，《故宮博物院院刊》2004 年第 4 期。

〔註 31〕蔣玉斌《甲骨卜辭分類的一個新標準》，《全國博士生學術論壇論文集》，《文史哲》2005 年增刊；《乙種子卜辭（午組卜辭）新綴十四組》，《古籍整理研究學刊》2006 年第 2 期；《殷墟子卜辭的整理與研究》，吉林大學博士學位論文，2006 年。

〔註 32〕只有嚴一萍先生仍堅持董先生的文武丁時代之說。見嚴一萍：《甲骨文斷代研究新例》，《中央研究院歷史語言研究所集刊》外編第四種，《慶祝董作賓先生

此，困擾了甲骨學家們近半個世紀的所謂「文武丁時代卜辭之謎」，才真正被揭穿。原來，這不是什麼「文武丁」時代的卜辭，它們不屬於第四期，而是武丁時代的「非王卜辭」或稱「另類卜辭」。

在這當中，小屯南地的考古發掘所提供的地層資料，起了很大的促進作用。這再一次地證明了殷墟發掘與甲骨學研究之間的密切關係。尤其是殷墟花園莊東地甲骨和濟南大辛莊甲骨出土之後，對「非王卜辭」的研究更是極大的推動。詳見後文。

二、分期的新說

這一時期，與甲骨學研究尤其甲骨分期研究密切相關的殷墟文化的分期研究，也在考古學家們的努力下，取得了豐碩的成果。

（一）殷墟文化分期與甲骨文斷代

早在六十年代，北京大學的鄒衡教授就開始了對殷墟文化分期的探索。鄒先生的《試論殷墟文化的分期》，〔註33〕依據殷墟科學發掘以來的探溝、探方、房基、窖穴和墓葬等典型單位材料，通過對殷墟出土陶器和銅器形制的分析，以探討殷墟遺址和墓葬的分期和年代，並進一步探索殷墟文化的分期。鄒先生把殷墟文化分作四期，其絕對年代，是參照每個不同時期出土所屬不同王世的甲骨文確定的。具體來說，殷墟文化的第一期約相當於甲骨文第一期以前，即盤庚、小辛、小乙時代；第二期約相當於甲骨文的第一、二期，即武丁、祖庚、祖甲時代；第三期約相當於甲骨文的第三、第四期，即廩辛、康丁、武乙、文丁時代；第四期約相當於甲骨文的第五期，即帝乙、帝辛時代。

後來，中國社會科學院考古所安陽工作隊的考古學家根據大司空村遺址

六十五歲論文集》下冊，1961 年版；《甲骨斷代問題》，臺灣藝文印書館 1982
年版；《商周甲骨文總集》，臺灣藝文印書館 1984 年版。另外，當年從事殷墟
考古發掘的石璋如先生針對常耀華的論文，依照地層關係和周圍遺跡提出了
自己的觀點，認為出土子卜辭的 YH251、YH330 是帝乙時代的遺留，殷墟早
期不可能有此工程。見石璋如《殷墟地上建築復員第八例兼論乙十一後期及
其有關基址與 YH251、330 的卜辭》，《中央研究院歷史語言研究所集刊》第
七十本第四分冊，1990 年版。

〔註33〕鄒衡：《試論殷墟文化的分期》，《北京大學學報》1964 年第 4、5 期；又收入
《夏商周考古學論文集》，文物出版社 1984 年版。

的地層關係，也對殷墟文化作了分期，也分作四期，但與鄒先生的四期有所不同。其第一期約相當於武丁時代或稍早，即公元前十三世紀後期至十二世紀初；第二期約相當於祖庚、祖甲前後；第三期屬於康丁、武乙、文丁時代，約公元前十二世紀後期至十一世紀初；第四期爲帝乙、帝辛時代，約公元前十一世紀中葉。〔註34〕

　　兩家分期與甲骨分期相參照，可以下表圖示：

　殷墟文化分期與甲骨文分期對照表

項目　分期者　王名	殷墟文化分期		甲骨文分期	
	鄒　衡	考古研究所	胡厚宣	董作賓
盤庚	第一期	第一期	第一期	第一期
小辛				
小乙				
武丁	第二期	第二期	第二期	第二期
祖庚				
祖甲				
廩辛	第三期	第三期	第三期	第三期
康丁				
武乙				第四期
文丁				
帝乙	第四期	第四期	第四期	第五期
帝辛				

　　殷墟文化的分期探索，在一定程度上也影響了甲骨文分期斷代研究的進展。

　（二）殷墟婦好墓的發現

　　1975年的冬天，天氣非常寒冷。安陽隊在殷墟宮殿區南側，即小屯村北略微偏西100米的西岡地進行勘察，爲下一季度的發掘做準備。在小規模的鑽探

〔註34〕中國社會科學院考古研究所：《新中國的考古發現與研究》第222～224頁，文物出版社1986年版。

和試掘中，發現了房基數座。因天冷不宜正式發掘，就把遺址暫時封土復原。

轉年春天，安陽隊對此高出耕地 80 釐米的西岡地遺址進行了發掘。在 100 平方米的範圍內，共發現了房基十餘座、灰坑 80 個、殷代墓葬 10 餘座。其中第五號墓（M5）的發掘，尤其引人注目。

M5 是這一墓地中規格最高的一座王室墓葬。它位於遺址東北部。墓葬的規模不算太大，墓口長 5.6 米，寬 4 米，墓底略小於墓口，深 7.5 米。但墓室沒有遭到盜掘破壞，簡直就是一個完整的殷代寶藏庫。除出土了一棺一槨，16 具殉葬人、6 隻殉犬之外，還出土了大量精美的各種隨葬器物，共有 19280 件，海貝 7000 枚。器物中的銅器和玉器，數量眾多，品種齊全，造型新穎，工藝精湛，不少是前所未見的稀世珍品，堪稱中華文物瑰寶。

尤其珍貴的是，墓中出土的大部分青銅禮器、少數青銅樂器和一些青銅武器上，分別鑄有銘文。其中最多見的是「婦好」和「司母辛」。結合甲骨卜辭中關於「婦好」的記載，發掘者認爲個墓葬的墓主應當是商王武丁之妻「婦好」，廟號稱「辛」。所以此墓又被慣稱作「婦好墓」。

在甲骨文第一期和第四期中都有「婦好」這一人名，而以第一期「婦好」的卜辭爲多，達 240 多條，第四期卜辭涉及「婦好」的只有五、六條。從第一期「婦好」的活動來看，「婦好」不僅是商王武丁的妻子，而且還是一個巾幗元帥。她經常在外征集兵員，統帥大軍，對周邊一些不臣方國進行征討，爲「武丁盛世」的開疆拓土、邊防安定立下了汗馬功勞。武丁時代的一些著名將領如望乘、侯告、沚戜等都曾投效在她的麾下，前驅伐敵。有一次，婦好曾率領 13000 人馬征伐羌方。這是目前甲骨文中所見商朝動用人數最多的一次戰爭。又有一次征伐巴方時，她預先埋伏在一個地方，配合商王武丁將敵軍殲滅，打了一個漂亮的伏擊戰（乙 2498+乙 2590）。不僅如此，他還爲商王武丁主持祭祀，參與一些重大事典。她在都城以外有自己的封地。她曾向商王進貢占卜用的大龜。商王武丁也非常關心她，也曾爲她的生育、疾病等事求神問卜等。從甲骨卜辭的情況來看，她死於武丁時代晚期的前段某一時間。

婦好墓，是殷墟發掘以來唯一能與甲骨文相對照、并能自報家門、確定墓主的身份和年代的一座商代後期墓葬。它的發現，爲研究商代的歷史、文化、藝術、社會等級制度以及殷商考古學中的諸多問題，提供了寶貴的資料，同時也爲甲骨文斷代研究提供了新的綫索，意義重大。自然，它引起了學術界的重視。

（三）關於「歷組卜辭」的爭論

1、「歷組卜辭」問題的提出

1977 年 7 月 22 日，中國歷史博物館和中國社會科學院考古研究所在《考古》編輯部聯合召開會議——「安陽殷墟五號墓座談會」。中國著名的甲骨學家唐蘭、胡厚宣、張政烺、李學勤、裘錫圭、高明、王宇信、楊升南、張永山、謝濟等和商周考古學家鄒衡、鄭振香、殷瑋璋、李伯謙、王世民等，都應邀出席了會議。這是一次很有意味的學術討論會，大家暢所欲言，各抒己見，就殷墟五號墓的年代、性質及其相關問題，展開了熱烈的討論。內容還涉及到了殷墟文化的分期、殷墟器物分期、殷墟器物來源、器物製作的工藝、司母戊大鼎的年代、商代族與族之間的關係等問題。會後，《考古》發表了座談紀要，簡要介紹了這次會議的討論的盛況。

就是在這一次會議上，甲骨學家李學勤先生提出了「歷組卜辭」的時代問題，並在討論過程中提出了殷墟卜辭「兩系說」的觀點。真是一波未平，一波又起。甲骨學斷代研究的路程上，又出現了一個待解的「謎團」。

2、甲骨學家李學勤

在此，有必要介紹一下當代大師級的著名學者李學勤先生。

李學勤（1933～），北京市人。1945 年就讀於北京匯文中學。1951 年考入清華大學哲學系。由於對古文字學有濃厚的興趣，大學期間就業餘研習古文字。1954 年大學未畢業，即進入中國社會科學院考古研究所研究甲骨文字。但不久就轉入歷史研究所，跟隨侯外廬先生研究中國古代思想史。1975 年參加了國家文物局組織的新出土帛書、竹簡的整理工作，又回到了古文字研究的道路上來。此後，李學勤先生先後擔任中國社會科學院歷史研究所副所長、所長、學術委員會主任、國務院學位委員會評議組成員、「夏商周斷代工程」專家組組長、歷史學科首席科學家。在社科院歷史所退休後，又被其母校清華大學聘任，為清華大學歷史系教授，國際漢學研究所所長，中國思想文化研究所所長。他天資聰穎，勤奮刻苦，涉獵廣泛，多有創建。他在甲骨學、青銅器學、戰國文字和秦漢簡帛以及器物考古、文物鑒定、先秦歷史、文獻目錄學等眾多學科領域都有一定造詣。他以其淹博的知識修養、高深的學術建樹、「勇敢、勤奮和會通」的治學風格、誨人不倦的名師風範、卓越的領導才能，深受學者們的欽敬，飲譽海內外。

圖 9-2　李學勤照片

　　對於甲骨學研究，李學勤的貢獻主要表現在以下幾個方面：

　　其一，綴合甲骨。他在很年輕的時候，即與曾毅公一起綴合了《殷墟文字乙編》中的許多甲骨，其綴合成果後來與郭若愚的甲骨綴合併爲一書而成《殷墟文字綴合》。〔註35〕爲學術界提供了一批較爲完整的科學發掘甲骨文資料。

　　其二，史地考證。同樣是在非常年輕的時候，李學勤即開始了利用甲骨文字材料研究商代歷史，寫出了《論殷代親族制度》〔註36〕等一些論文，探討商代親族制度的稱謂、形式等。尤其是他的《殷代地理簡論》〔註37〕一書，是第一本關於商代地理研究的專著，書中對卜辭裏商王田獵所經之相鄰地名之間的關係排比考證商代地名，爲研究商代地理找到了一條正確的方法，該書至今仍是商代地理研究較爲有用的參考書。

　　其三，材料收集。他利用外出講學的機會，經常介紹一些流散海外的殷墟甲骨珍品。他還與齊文心、艾蘭合作，編纂了《英國所藏甲骨集》，〔註38〕公佈了英國各家所藏我國殷墟甲骨文的珍貴材料。

　　其四，甲骨知識的普及。他除了四處講學，培養研究生之外，爲了更多的青年學子學習甲骨文，他撰寫了《關於甲骨的基礎知識》〔註39〕和《古文字學初階》，〔註40〕以一個大學者甘願寫普及古文字的通俗讀物，深受初學者

〔註35〕郭若愚、曾毅公、李學勤：《殷墟文字綴合》，科學出版社 1955 年版。
〔註36〕李學勤：《論殷代親族制度》，《文史哲》1957 年第 11 期。
〔註37〕李學勤：《殷代地理簡論》，科學出版社 1959 年版。
〔註38〕李學勤、齊文心、艾蘭：《英國所藏甲骨集》，中華書局 1985 年版。
〔註39〕李學勤：《關於甲骨的基礎知識》，《歷史教學》1959 年第 7 期。
〔註40〕李學勤：《古文字學初階》，中華書局 1985 年版。

的喜愛。

其五，西周甲骨學探索。他對甲骨學的分支——西周甲骨學的建立發展也做出了較大的貢獻，對於西周甲骨的時代斷定、族屬考證、文字釋讀，都有前瞻性的觀點，〔註41〕為這一新的學科奠定了基礎。

其六，也是李學勤先生對甲骨學的最重要的貢獻，就是他對甲骨文分期斷代研究方法的創新。除了前文所講的他積極參與了關於「文武丁時代卜辭之謎」的爭論，正式提出了「非王卜辭」的概念之外，他還提出了對「歷組卜辭」時代重新認識、甲骨文貞人分組以及分期「兩系說」等的觀點。

3、「歷組卜辭」問題的由來

所謂「歷組卜辭」，就是甲骨文中一種字體較大、書法峻峭、貞人只有一個名「歷」的卜辭。1933 年董作賓在《甲骨文斷代研究例》中，把這部分甲骨卜辭放在第四期武乙文丁時代。當時和以後的很長一段時間，學術界普遍接受了這一觀點。

在此之前的 1928 年，加拿大牧師明義士先生編著《殷虛文字後編》，在未完成的序言中，把1924 年出土於小屯村中的一批甲骨，分為「田獵、遊行之事」與「祭祀之事」兩類，而對「祭祀」一類又據稱謂分別「時代之先後」而「區之為二」：「甲扁」和「丙扁」，推斷「甲扁」有「為武丁後半期所卜者」，有「可決屬於祖庚時代」者，「丙扁」則分屬祖甲至武乙之時。現在看來，明義士所分「甲扁」即後來的甲骨分期所稱的「歷組卜辭」，他是將「歷組卜辭」斷代於武丁後期。〔註 42〕後來可能是看到了董作賓的分期體系，放棄了自己的這一觀點。

到了上個世紀六七十年代，逐漸有一些國內外學者對於「歷組卜辭」為武乙文丁時代的說法表示懷疑。殷墟婦好墓的發掘，正是甲骨學界深入研討「歷組卜辭」疑團的一個契機。婦好墓所提供的資料，極大地推動了這一研究向縱深發展。雖然婦好墓的發掘者和大多數學者認為婦好墓墓主是第一期甲骨文中的「婦好」，而且有一定的甲骨學和考古學證據，但也有一部分學者

〔註41〕李學勤：《談安陽小屯以外出土的有字甲骨》，《文物參考資料》1956 年第 11
期；李學勤、王宇信：《周卜辭選釋》，《古文字研究》第四輯，中華書局 1980
年版；李學勤：《西周甲骨的幾點研究》，《文物》1981 年第 9 期；李學勤、唐
雲明：《河北藁城臺西甲骨的初步考察》，《考古與文物》1982 年第 3 期；李學
勤：《緒論西周甲骨》，《人文雜誌》1986 年第 1 期。
〔註42〕李學勤：《小屯南地甲骨與甲骨分期》附錄，《文物》1981 年第 6 期。

認為該墓出土的銅器有晚期特徵，墓主應該是第四期甲骨文中的「婦好」。雙方都認為「婦好」有兩個，墓主必是其中的一個。但究竟是哪一個，各執一詞，出現了僵局。

李學勤先生對此的探索則與眾不同，另闢蹊徑，表現了他在學術研究上一貫的大膽創新精神。他根據對婦好墓出土的銅器、陶器的分析，認為其時代應當在武丁時期。他從「歷組卜辭」的文字特徵（如王、貞等字的寫法）、文例（如二告、弜玄）、出現的重要人物（如婦好、子漁、子畫、婦妌、望乘、沚戜）、貞卜事類幾個方面分析，認為與第一期武丁時代卜辭相同或相近，進一步認為，傳統的第一期武丁時代卜辭中的「婦好」與第四期「歷組卜辭」中的「婦好」是同一個人。「從種種跡象來看，歷組卜辭很可能是武丁晚期到祖庚時期的東西。」〔註43〕這樣，他把「歷組卜辭」的時代由董作賓所定的第四期武乙文丁時代，提前到第一期的武丁時代。

實際上，早在五十年代末六十年代初，李學勤先生就發現了「文武丁時代卜辭」和「歷組卜辭」之間的聯繫，受明義士觀點的影響，認為只有把「歷組卜辭」提前到武丁時期，才能徹底解決「文武丁時代卜辭」之謎。〔註44〕只不過李氏苦於沒有地層學證據，沒有機會發表此說而已。而小屯南地發現之後提供的地層關係，促使他證成此說。

4、「歷組卜辭」爭論的焦點所在

這個觀點亮出之後，贊成者有之，反對者也不乏其人。為此，甲骨學界展開了一場頗為熱烈的學術大辯論。

持贊成意見者，主要有裘錫圭、李先登、林澐、黃天樹、彭裕商〔註45〕等人，他們大多從不同的角度為李說補充證據，支持李說，發展李說。如彭裕商後來對歷組卜辭進行了細緻分類，考察了歷組卜辭的鑽鑿形態，提出歷組卜辭的時代大致從武丁中期至祖庚時期，有些還可能延及祖甲之世；歷組

〔註43〕李學勤：《論婦好墓的年代及相關問題》，《文物》1977年第11期。

〔註44〕李學勤：《我與殷墟甲骨分期》，張世林主編《學林春秋》第三編上冊，朝華出版社1999年版。

〔註45〕裘錫圭：《論歷組卜辭的時代》，《古文字研究》第六輯，中華書局1981年版；李先登：《關於小屯南地甲骨分期的一點意見》，《中原文物》1982年第2期；林澐：《小屯南地發掘與殷墟甲骨斷代》，《古文字研究》第9輯，中華書局1984年版；彭裕商：《也論歷組卜辭的時代》，《四川大學學報》1983年第1期。

卜辭「日月有食」卜骨屬於祖庚後半期,「日、月有戠」卜骨屬於祖庚中晚期。這樣對「歷組卜辭」的時代有了更新更具體的時代。〔註46〕

　　持反對意見者,也就是堅持認為「歷組卜辭」時代是第四期武乙文丁時代者,主要有嚴一萍、蕭楠(《小屯南地甲骨》編著人員)、羅琨、張永山、謝濟、曹定雲、陳煒湛、王宇信、林小安〔註47〕等學者。他們的主要理由是:「歷組卜辭」基本無貞人,這與武丁時代有大量的貞人不同;二者在文字的字體、風格上也有較大的差別;兩者的文例互有專語,並不相同;武丁卜辭中的父輩稱謂多而「歷組卜辭」的父輩稱謂只有「父乙」;「歷組卜辭」中沒有早期卜辭中常見的「伐方」的內容;兩者在文字的刻寫形式上也有不同之處;不同時代的同名問題在甲骨文中是個普遍現象,這些人名不是私名而是氏族之名。隨著討論的深入,他們還在稱謂、人名、事類、坑位和地層關係等方面,作了更為深入的論述。如參加小屯南地甲骨發掘和整理的蕭楠、劉一曼、曹定雲等學者認為,「歷組卜辭」中的有「父丁」稱謂的一類甲骨,都出土在殷墟文化中期第一段(屯南第三段)之晚期地層,未見於早期地層;而「歷組卜辭」中有「父乙」稱謂的一類甲骨,都出土在殷墟文化中期第二段(屯南第四段)之晚期地層中。因此認為「歷組卜辭」不可能前提至武丁時代。〔註48〕

〔註46〕彭裕商《歷組卜辭補論》,《古文字研究》第 21 輯,中華書局 2001 年版;《歷組卜辭「日月有食」「日、月有戠」卜骨的時代位序》,《殷都學刊》2001 年第 2 期。

〔註47〕嚴一萍:《甲骨斷代問題》再序;《「歷組」如此》,《中國文字》新八期,1983 年。蕭楠:《論武乙文丁卜辭》,《古文字研究》第 3 輯,中華書局 1980 年版;蕭楠:《再論武乙文丁卜辭》,《古文字研究》第 9 輯,中華書局 1984 年版;羅琨、張永山:《論歷組卜辭的年代》,《古文字研究》第 3 輯,中華書局 1981 年版;中國社會科學院考古研究所編著:《小屯南地甲骨》序言,中華書局 1981 年版;謝濟:《試論歷組卜辭的分期》,《甲骨探史錄》,三聯書店 1982 年版;曹定雲《論武乙、文丁卜辭》,《考古》1983 年第 3 期;陳煒湛:《歷組卜辭的討論與甲骨文斷代研究》,《出土文獻研究》第一輯,文物出版社 1985 年版;《甲骨文簡論》,上海古籍出版社 1987 年版。林小安《再論「歷組卜辭」的時代》,《故宮博物院院刊》2000 年第 1 期;張永山《小屯南地一版卜骨辨析》,《考古與文物》1989 年第 1 期。

〔註48〕中國社會科學院考古研究所安陽工作隊:《1973 年小屯南地發掘報告》,《考古學集刊》第 9 輯,科學出版社 1995 年版;劉一曼等:《考古發掘與卜辭斷代》,《考古》1986 年第 6 期;曹定雲:《論武乙、文丁卜辭》,《考古》1983 年第 3 期;《殷墟田野發掘與卜辭斷代》,《考古學集刊》第 15 輯,文物出版社 2004 年版。

　　尤其是其中陳煒湛的長文，可以說是對這場爭論的最後總結。他認爲爭論雙方都沒有具體討論「歷組卜辭」的核心，即眞正帶有貞人「歷」的卜辭。他從僅有的 23 片歷貞卜辭分析認爲，「歷組卜辭」的字形、書體風格及文例，明顯屬於晚期特徵而與早期卜辭不類。因此認爲大多數歷貞卜辭應屬於武乙文丁時期。

　　針對殷墟考古工作站考古學者就地層關係的質疑，李學勤先生認爲，這些地層材料不足以否定新說，相反地促進了新說的發展。於是李氏於 1981 年發表了《小屯南地甲骨與甲骨分期》〔註 49〕一文，從考古地層的角度闡釋己說。在該文中，李氏特別舉出了《小屯南地甲骨》2384 一片，這是一版相當完整的牛肩胛骨，上面契刻有一條「歷組卜辭」、九條「出組卜辭」，從兆卜順序來看，是「歷組卜辭」先卜，「出組卜辭」繼之，兩者卜日干支一樣即在同一天占卜。「歷組卜辭」既然與較早的「出組卜辭」同版共時，「歷組卜辭」自然應該提前。對於此片共版甲骨，李氏還專門寫了另一論文詳細探討「歷組卜辭」時代前提的可行性。〔註 50〕

　　與「歷組卜辭」頗爲相關的還有關於無名組卜辭時代的問題。林澐先生把無名組中有「父丁」稱謂的卜辭按字體分爲兩大類，第一類近於歷組二類（林文稱之爲「歷無名間組」），屬祖甲時代。第二類與歷組區別較大，按字體又可分兩群，上起康丁下延至武乙。這是對歷組卜辭研究的深化。〔註 51〕

　　對於一個學術問題，能有這麼多的學者踴躍參與討論，這在甲骨學史上還是第一次。這既反映了這個問題在甲骨學研究上的重要性，反映了學術界對這一問題的關心與重視，並且也表明了殷墟考古發掘對於甲骨文研究的直接影響。正如朱鳳瀚先生所指出的那樣：「歷組卜辭提前亦有待於甲骨出土的地層根據作證明。而與此相關的問題是，甲骨本身使用年代與其在地層中的分佈狀況二者之間的關係（較早的卜辭何以常出現於晚期地層中，同一坑中不同組、不同時期的卜辭何以會混合堆積）還需作合理的解釋，這也涉及到對甲骨（特別是刻辭甲骨）爲什麼會分置於窖穴、灰坑與散佈於一般地層中的不同原因的探討。所以甲骨卜辭的分類斷代工作應更好地與田野考古工作

〔註 49〕李學勤：《小屯南地甲骨與甲骨分期》，《文物》1981 年第 5 期。
〔註 50〕李學勤：《論小屯南地出土的一版特殊胛骨》，《上海博物館集刊》第 4 期，1987年。
〔註 51〕林澐：《無名組卜辭中父丁稱謂的研究》，《古文字研究》第 13 輯。

相聯繫。」〔註52〕

　　目前，這個問題仍無最後的結論，還在繼續爭論之中。

　　5、甲骨分期「兩系說」

　　李氏的貞人分組是在董作賓、陳夢家等人分期分組的基礎上對甲骨文分類分期的一種做法。他把殷墟甲骨分為九個組，每組借用一個貞人名作為組名，沒有貞人的一組稱為無名組。三家分期分組的情況，可以用下表〔註53〕所示：

董作賓	一期	四期　文武丁卜辭	二期　　四期　　　　三期　　　　五期
陳夢家	賓組 武丁 卜辭	自組　子組　午組 武丁晚期卜辭	出組　　　　　　　　　　何組 庚甲　武文　康丁　廩辛　乙辛 卜辭　卜辭　卜辭　卜辭　卜辭
李學勤	賓組	自組　子組　午組	出組　　　　　　　何組　黃組 　歷組　無名組

　　與陳夢家相比，李氏的分組增加了「歷組」、「無名組」、「黃組」，並且李氏鑒於一個王世有不同組別的卜辭，一個組的卜辭也可能跨越不同的王世，所以他的分組沒有與王世結合起來。這樣做雖然看似暫時破壞了甲骨分期的歷史學解釋結構，但可能更接近歷史的事實。至此，殷墟甲骨文的分類已經比較完整地形成了按貞人組進行分類的構架。在此基礎上，一些學者對分組分類作了進一步的探索，如裘錫圭把「歷組卜辭」細分為了「父乙類」、「父丁類」；〔註54〕林澐也將「歷組卜辭」分為兩類，並且按型式學原則依據卜辭字體及其演變形態對全部卜辭作了更細緻的分類，提出了諸如「自歷間組」、「自賓間組」等分類概念。〔註55〕

　　甲骨分期的「兩系說」是李學勤先生1978年9月在吉林省長春市召開的第一屆中國古文字學術討論會上提出的一個新的甲骨文分期方案，認為「殷墟王室卜辭在演進上可以分為兩系」，他從殷墟甲骨文的出土地點、占卜事類、人名、卜法等方面將全部殷墟王卜辭區分為小屯村北和村南（包括村中）

〔註52〕朱鳳瀚《近百年來的殷墟甲骨文研究》，《歷史研究》1997年第1期。
〔註53〕李學勤：《小屯南地甲骨與甲骨分期》，《文物》1981年第6期。
〔註54〕裘錫圭：《論「歷組卜辭」的討論與甲骨文斷代研究》，《古文字研究》第6輯，中華書局1981年版。
〔註55〕林澐：《小屯南地發掘與殷墟甲骨斷代》，《古文字研究》第9輯，中華書局1984年版。

兩個演進系列。〔註 56〕一個系統是賓組－出組－何組－黃組，另一系統是𠂤組－歷組－無名組。〔註 57〕「𠂤組大字類卜辭」是兩系共同的起源，到晚期黃組卜辭，村南一系又融合於村北一系中。〔註 58〕

李氏的「兩系說」旨在解釋為什麼同一時期會出現不同的卜辭組。「兩系說」分別得到了林澐〔註 59〕、黃天樹、彭裕商等學者的支持與補充。尤其是黃天樹《殷墟王卜辭的分類與斷代》〔註 60〕和彭裕商《殷墟甲骨斷代》〔註 61〕兩篇博士論文，以及李學勤與彭裕商合作而成的《甲骨分期新論》〔註 62〕、《殷墟甲骨文分期研究》〔註 63〕均支持「兩系說」，同時不同程度地對此說作了更具體的解釋、發揮與修正。這些論著對甲骨文的分類研究更加細微而具體，如在黃天樹的研究中，將全數殷墟王卜辭分為 A（小屯村北和村中）、B（小屯村南）兩系，一共有二十多類，詳細討論了各類卜辭在書寫風格、字形結構和用字習慣等方面的異同、各類卜辭的聯繫、各類卜辭存在的時代等等。

但是也有學者對此提出了不同的意見。方述鑫先生是少見的對「兩系說」提出質疑的學者。「兩系說」認為，小屯村南一系卜辭發展為𠂤組大字－𠂤組小字－𠂤歷間組－歷組；村北一系卜辭發展為𠂤組大字－𠂤組小字－𠂤賓間組－賓組。方氏分析了一些出土的卜辭後認為並不是這樣，小屯村北村南近在咫尺，整個殷墟都是殷王的都城，殷王只有一個，殷墟所出卜辭為什麼會有王室與非王室之分呢？又為什麼會有兩系呢？李學勤先生認為這是持不同卜法的卜人將他們所卜的甲骨集中在他們居息之所而致，這種說法是可以商榷的。按照我們的看法，村北、村中、村南所出的甲骨不同，正好說明了甲骨卜辭的時代差別。〔註 64〕

〔註 56〕 李學勤：《殷墟甲骨分期的兩系說》，《古文字研究》第 18 輯，中華書局 1992 年版。

〔註 57〕 李學勤為王宇信《西周甲骨探論》一書所作的序言，中國社會科學出版社 1984 年版。

〔註 58〕 李學勤、彭裕商：《甲骨分期新論》，《中原文物》1990 年第 3 期。

〔註 59〕 林澐：《小屯南地發掘與殷墟甲骨斷代》，《古文字研究》第 9 輯，中華書局 1984 年版。

〔註 60〕 黃天樹：《殷墟王卜辭的分類與斷代》，香港文津出版社 1991 年版。

〔註 61〕 彭裕商：《殷墟甲骨斷代》，中國社會科學出版社 1994 年版。

〔註 62〕 李學勤、彭裕商：《甲骨分期新論》，《中原文物》1990 年第 3 期。

〔註 63〕 李學勤、彭裕商：《殷墟甲骨文分期研究》，第 313 頁，上海古籍出版社 1996 年版。

〔註 64〕 方述鑫《𠂤組卜辭斷代研究》，收入《殷墟卜辭斷代研究》，第 168～170 頁，

　　小屯南地甲骨的發掘整理者也不同意「兩系說」。〔註65〕朱鳳瀚先生也認為，「兩系說」存在的問題是，歷、無名組分佈較集中於村南、村中，但其他村北諸組甲骨多零散分佈於甲、乙組建築區，難道這些有可能是宗廟性質的建築也是貞人「居憩所」？兩系說的學者，在按貞人分類的總原則下都又進一步按字體趨勢探討某幾類間的發展過程，建立像「自賓間組」、「自歷間組」的概念，實際上是肯定諸如自組與賓組間、自組與歷組間必定存在著兼有兩組字體特徵的卜辭，認為書體也有類似於古器物諸式間存在的漸次形變的規律。這當然是有道理的，但由於在實際檢查卜辭時，找出類之間過渡的「組」基本上是依靠觀察字形特徵與書體風格的感受，故而確實有標準不盡嚴格與難以掌握的問題。「兩系說」如想成立，還需要更好地解決分類的標準問題，要從史學角度作出解釋來。〔註66〕

　　「兩系說」甲骨斷代體系自李氏提出以來，還祇是停留在理論探索上，對於分期的實際意義並不大。論者認為，李氏及其支持者的「兩系說」沒有具體的標準以使甲骨學者在分期實踐中進行檢驗，各「組」的劃分過於煩瑣，很難使人掌握。〔註67〕所以李學勤先生本人在整理《英國所藏甲骨錄》時，也仍然是以董作賓先生的「五期說」和「十項標準」為依據進行分期分類整理的。但李學勤先生在甲骨文分期研究上的勇於探索精神，是非常令人敬佩的。

　　6、殷墟甲骨文時代上下限的探索

　　除了以卜的大膽探索之外，李先生對於甲骨文時代和分期的研究，還表現在對武丁以前卜辭的找尋與對帝乙帝辛卜辭的區分上，即對殷墟甲骨文的上、下限問題進行了領先研究。

　　（1）武丁以前甲骨卜辭的追尋

　　在已經發現的所有殷墟甲骨文中，究竟有無武丁以前的甲骨卜辭。多少年來學者們一直在做著不懈的追索和探尋。

　　早在1933年董作賓寫成《甲骨文斷代研究例》時，將殷墟甲骨文第一期

　　　　文津出版社1992年版。
〔註65〕中國社會科學院考古研究所安陽工作隊：《1973年小屯南地發掘報告》，《考古學集刊》第9集，1995年；郭振祿：《小屯南地甲骨綜論》，《考古學報》1997年第1期。
〔註66〕朱鳳瀚：《近百年來的殷墟甲骨文研究》，《歷史研究》1997年第1期。
〔註67〕王宇信：《甲骨學通論》，第210頁，中國社會科學出版社1989年版。

定在武丁及武丁之前，包括盤庚、小辛、小乙三王。〔註68〕但究竟何者是這三王的甲骨卜辭，董氏自己並沒有做出明確地界說。胡厚宣先生也曾推斷過一部分卜辭可能是盤庚、小辛、小乙時候的卜辭。〔註69〕但這些卜辭即學術界所謂的「自組」、「子組」、「午組」卜辭，後來的考古發掘和研究表明都是武丁時代的卜辭。

考古學者從殷墟考古學角度考論了武丁之前甲骨文出現的可能性。楊寶成先生在對殷墟文化進行分析時認為，殷墟可能存在盤庚、小辛、小乙時期的甲骨文。〔註70〕楊志達、鄭振香認為，「按文字發展的一般規律，早於武丁時代的甲骨卜辭大概與自組卜辭比較接近。」〔註71〕

1973年小屯南地甲骨發掘過程中，在T53第七層下發現灰坑H115中出土一片卜甲（《屯南》2777），其近左甲橋上有「黍生」二字，字形纖細。H115之地層關係如下：T53④A→H111→H112→H115。即T53④A打破H111，H111打破H112，H112又疊壓在H115上，在T53④A與H115之間尚隔有兩個文化堆積。H111與H112沒有出甲骨，但從陶片看，仍屬小屯南地早期，且H112屬小屯南地早期1段。這樣，H115之時代下限不當晚於小屯南地早期1段。但整理者在《屯南・釋文》中對出土於早期地層中的這片屯南甲骨，採取了比較謹慎的說法，「是否屬武丁早期或更早尚不能肯定」。〔註72〕

劉一曼女史則從小屯南地的地層分析認為，H115上面被H112疊壓，H112被H111打破，H111又被T53④A打破，T53④4A內出自組扶卜辭等，故而推測H115所出腹甲刻辭有可能比自組卜甲要早，或可早到武丁以前。〔註73〕

李學勤先生以其學術的敏感和執著，對武丁之前的甲骨卜辭存在可能性及其可能狀況也作了長期而有益的探索。

早在上個世紀八十年代初，李學勤先生就認為壓在小屯北地丙組基址下的自組大字卜辭無「父乙」、「母庚」而有「兄戊」（自組有「父戊」）稱謂，

〔註68〕董作賓：《甲骨文斷代研究例》，《中央研究院歷史語言研究所集刊》外編一種，《慶祝蔡元培先生六十五歲論文集》，商務印書館1933年版。

〔註69〕胡厚宣：《戰後京津新獲甲骨集・序要》，上海群聯出版社1954年版。

〔註70〕楊寶成：《試論殷墟文化的年代分期》，《考古》2000年第4期。

〔註71〕楊志達、鄭振香：《論婦好墓對殷墟文化和卜辭斷代的意義》，《考古》1981年第6期。

〔註72〕中國社會科學院考古研究所：《小屯南地甲骨》下冊第一分冊，中華書局1984年。

〔註73〕劉一曼：《考古發掘與卜辭斷代》，《考古》1986年第6期。

可能是武丁以前的卜辭。〔註74〕

　　1996 年李學勤、彭裕商合著《殷墟甲骨分期研究》出版，其中專闢一章第六章爲《武丁以前甲骨文字的探索》，篇幅雖短，但反映了近年來這方面的學術成就。他們認爲，出土於 YH331 的字骨《乙》9099、出土於 YH362 的字甲《乙》9023-9024、字骨《乙》9100 及出土於後岡的字骨《乙》9105 四片甲骨，有可能早於武丁。文中還對劉一曼所稱小屯南地早期地層中的一些卜辭可能早於武丁的推論，從伴出陶器和卜辭字體兩方面分析，T53（4A）絕對年代在武丁中期或偏早，所以 H115 所出腹甲刻辭未必已到武丁以前，故早於武丁時代的可能性不大。最後他們指出：「武丁以前的甲骨文字筆劃一般比較粗，書體笨拙，近於𠂤組大字扶卜辭和鄭州二里岡期的刻字牛骨。」〔註75〕這一結論對將來可能發現的早於武丁時期甲骨卜辭來說，無疑是一種先導的作用。

　　不過對於發現早於武丁時代的甲骨卜辭，李、彭二氏並不抱特別樂觀的看法。他們認爲，鄭州二里岡發現甲骨刻辭很少，說明當時在牛骨上刻字尚處於並不普遍的萌芽狀態；殷墟承二里岡發展而來，武丁之前的盤庚、小辛、小乙在位年歲較短，又有「盤庚遷殷」這樣的大事，所以武丁之前這段時間應是殷墟卜辭發展的初始階段，甲骨刻辭仍應很少。由此推測，今後大量發現武丁以前甲骨刻辭的可能性恐怕不會很大。〔註76〕

　　但是近年曹定雲先生的研究稱，《屯南》2777、《乙》9099、M48 所出字骨與 87H1 內發現兩件陶文，均屬於早於武丁時期的文字，認爲殷墟文化一期早段有甲骨卜辭，即武丁以前卜辭是確實存在的。「從理論上講，武丁以前之卜辭應當有一定的數量，但目前就是找不出來，這可能與我們整體的學術水平不高有關。武丁以前卜辭很可能與武丁卜辭混雜在一起了，如今要將它們重新分辨出來，有著極大的難度。」〔註77〕這些提法與李學勤等人的觀點有些不同，值得注意。

〔註74〕李學勤：《小屯丙組基址與𠦪卜辭》，《甲骨探史錄》，三聯書店 1982 年版。

〔註75〕李學勤、彭裕商：《殷墟甲骨分期研究》，第 328～331 頁，上海古籍出版社 1996年版。

〔註76〕李學勤、彭裕商：《殷墟甲骨分期研究》，第 409、410 頁，上海古籍出版社 1996年版。

〔註77〕曹定雲：《殷墟田野發掘與卜辭斷代》，《考古學集刊》第 15 輯，文物出版社2004 年版。

（2）究竟有無帝辛卜辭存在？

至於帝辛卜辭是否存在，同樣也是一個多年懸而未決的重要學術問題。早在上個世紀30年代郭沫若先生提出帝乙末年曾遷都於沫，故安陽殷墟沒有帝辛卜辭的看法。〔註78〕但郭氏晚年認爲究竟有無帝辛卜辭應當再加研究，〔註79〕似是對原來的看法有所改變。到了40年代董作賓先生曾舉三事以證帝辛卜辭存在：其一，周祭卜辭有兩個系統，必分隸於帝乙、帝辛；其二，史載紂伐東夷，所以伐人方卜辭必爲帝辛時物；其三，《殷虛書契》1·26·1「父乙」是帝辛周祭帝乙卜辭。〔註80〕至50年代陳夢家先生綜述殷墟卜辭時，不同意郭沫若的說法，認爲殷商末期擴大都邑，安陽到帝辛之時仍是都邑；又舉周祭卜辭中的祭祀「妣癸」的辭例，認爲「妣癸」是帝辛稱其祖文丁之配，卜辭中「文武帝」之稱則是帝辛稱其父帝乙，所以他認爲殷墟甲骨文中有帝辛時代的卜辭。〔註81〕但是對於「妣癸」之稱，有學者認爲可能是武乙配偶，〔註82〕也有學者以爲是文丁配偶，〔註83〕至今爭論不一。如果是前者，則「妣癸」之稱屬帝乙、帝辛皆可能；如果是後者，則「妣癸」之稱只能屬帝辛之世。

在公認存在帝辛之世卜辭的基礎上，甲骨學界對帝乙、帝辛卜辭的爭論的進展，集中表現在對黃組卜辭的分期和分類上。80代初李學勤先生指出：「試排過黃組卜辭周祭祀譜的都知道，這種卜辭關於周祭的記錄，加上有關的器物銘文，很難容納在兩個王世的祀譜裏。」〔註84〕常玉芝也發現，黃組卜辭中的周祭實際上有三個系統，分屬文丁、帝乙、帝辛三王。〔註85〕這樣就把黃組卜辭不僅分別爲帝乙、帝辛時代，而且也包括了文丁時代。

至90年代中期，李學勤、彭裕商先生再次從考古地層和打破關係論證，

〔註78〕郭沫若：《卜辭通纂》自序，科學出版社1983年版。

〔註79〕胡厚宣：《郭沫若同志在甲骨學上的巨大貢獻》，《甲骨探史錄》，三聯書店1982年版。

〔註80〕董作賓：《殷曆譜》，下編卷二《祀譜》之「五帝乙帝辛兩譜之區分」，中央研究院歷史語言研究所1945年版；《殷曆譜後記》，七《據新出商器銘刻三事補正帝辛初葉祀譜》，《中央研究院歷史語言研究所集刊》十三本，1948年。

〔註81〕陳夢家：《殷虛卜辭綜述》，第384、421頁等，中華書局1988年版。

〔註82〕常玉芝：《商代周祭制度》，中國社會科學出版社1987年版。

〔註83〕方述鑫：《試論帝乙、帝辛卜辭》，甲骨文發現90週年國際學術討論會論文，1989年安陽。

〔註84〕李學勤：《小屯南地甲骨與甲骨分期》，《文物》1981年第6期。

〔註85〕常玉芝：《黃組周祭分屬三王的新證據與相關問題》，《商代周祭制度》，中國社會科學出版社1987年版。

認為黃組卜辭的上限可以到、也只能到文丁之世，而其下限到了帝辛，所以說黃組卜辭包括文丁、帝乙、帝辛三世的卜辭。在黃組卜辭的三套周祭祀譜中，有一套包含著邲其三卣，這三卣為同時期之器，其中邲其四祀卣銘文中有「文武帝乙」的稱呼，可確定為帝辛時期的遺物，「文武帝乙」是帝辛對其父帝乙的稱呼。這樣，與之聯繫的那一套周祭祀譜當然也就應屬於帝辛之世了。〔註86〕

目前，很多學者在進行甲骨文斷代時都採取一種考古學的細緻研究方法，先按照字體將各組甲骨文詳加分類，再依據其內容、出土情況、鑽鑿形態定出各類的時代。不同的觀點間的爭論是件好事，可以推動研究的深入和最終解決。甲骨文分組斷代是一項長期而艱巨的研究工作，但在學者們的共同努力下，這一難題將會逐步得到解決。

對於殷墟考古發掘之於甲骨文分期研究的決定性作用和極大影響，李學勤先生如是說：「甲骨分期討論持不同見解的各方，對有關研究的深入都有其貢獻，這是我多次強調過的。綜觀討論的過程，田野發掘的進展實有其決定的影響。最近小屯南地發掘報告的發表，使我們對不同意「兩系說」的看法有了更多的認識。相信殷墟的繼續發掘，會促進分期問題的解決，到那個時候，運用甲骨材料去探討歷史文化就將更加便利。」〔註87〕

三、商史的新證

新　時期的甲骨學研究呈現出良好的發展勢頭。除了甲骨學分期研究的進展以外，在甲骨文字的考釋、商代歷史的復原、甲骨學的綜述等方面，都有一些學者長期堅持鑽研，為學術界奉獻了一大批高水平的科研成果。

（一）文字的考釋圍繞商代社會歷史進行

在文字考釋上，其特點已不像甲骨學研究的初期那樣，一個學者動輒釋出幾十字甚至上百字，即不以數量取勝，而以精審著稱。而且此一時期的考字，不僅僅為考字而考字，更多的是通過考釋一個關鍵的單字或一組字，揭示出甲骨文時代的社會生活的某些方面，達到了甲骨證史的目的。在這一方

〔註86〕李學勤、彭裕商：《殷墟甲骨分期研究》，第173～184頁，上海古籍出版社1996年版。
〔註87〕李學勤：《甲骨學一百年的回顧與前瞻》，《文物》1998年第1期。

面，做的最好的除上舉張政烺先生外，還有著名古文字學家裘錫圭教授。

（二）古文字大家裘錫圭

裘錫圭（1935～），浙江省慈溪縣人。1952 年考入復旦大學歷史系。大學期間即對古文字產生了濃厚興趣，夜以繼日，刻苦攻讀，為以後的古文字研究打下了堅實的基礎。1956 年大學畢業，同年考上了本校的研究生，師從著名甲骨學家胡厚宣先生研讀甲骨文字與殷商歷史。不久，胡厚宣先生奉調進京，裘也隨師北上，在中國科學院歷史研究所繼續研習古文字。1960 年研究生畢業，任教於北京大學中文系。1972 年參加了由國家文物局組織的銀雀山漢墓竹簡、馬王堆漢墓帛書、雲夢秦簡等出土文獻的整理、研究。裘先生曾任北京大學中文系教授、古文獻古文字研究室主任、博士生導師。現在，裘先生已經從北大退休，被其母校復旦大學返聘，帶領由一幫年輕的古文字學團隊組成的復旦大學出土文獻與古文字研究中心，繼續發揮著一個著名學者的光和熱。

圖 9-3　裘錫圭照片

他專心學問，別無旁騖，十年不鳴，一鳴驚人。他視野寬廣，知識淵博，古代史、民族學、考古學、古器物學、文字學、音韻學、訓詁學等都是他經常涉獵的領域。在古文字學方面，於甲骨文、金文、戰國文字（貨幣文、陶文、盟書、璽文）、秦漢簡牘帛書等方面都很有造詣。其論著不尚空談，論證堅實，走在學術的最前沿，成為新一代頗有影響的甲骨學家。

裘錫圭在甲骨學研究方面的貢獻主要是：

首先，他對甲骨文字的考釋，自 1961 年發表了《甲骨文中所見的商代五

刑》以來，不斷探索，時有創獲。〔註88〕他的考字特點是，每考一字，總要搜集大量的有關資料以及這個字前後發展變化的各種旁證，因而每有立論，總是考證精到，說服力強，爲學術界欣然接受。

其次，他對於甲骨文分期斷代研究也積極參與。他原來主張「歷組卜辭」應放在第四期爲武乙文丁時代，但當讀了李學勤先生關於「歷組卜辭」的論文後，認爲有理，便放棄舊說，並發現了一些證據以補充李說。其《論歷組卜辭的時代》〔註89〕一文，對賓組、出組卜辭和所謂歷組卜辭中同見的人名進行了全面的整理，並對二十二項相同的占卜事類進行了對照，全面論述了「歷組卜辭」應該屬於武丁、祖庚時期，從而推動了這一問題的研究。

其三，裘錫圭的甲骨文字考釋，目的是爲了研究中國古代歷史。他要發揮古文字的最大社會價值。所以他的論著才能高屋建瓴，從全局觀點考察甲骨文字的變化發展，並舉一反三，觸類旁通，從中探索甲骨文字所蘊藏的大量的古代社會資訊，從而達到研究商代社會歷史的目的。如他的《關於商代的宗族組織和貴族平民兩個階級的研究》，〔註90〕論述了商代社會存在由統治階級族人組成的宗族組織，而「眾」則指被排斥在宗族組織之外的平民。《甲骨卜辭所見「田」、「牧」、「衛」等職官的研究》，論述了侯、甸、男、衛這幾種諸侯名稱，都是有職官名稱演變而成的，第一批具有諸侯性質的侯、甸、男、衛，是分別由相應的職官經歷了一個發展過程而形成的，中央王朝應該是在承認了這種由職官發展而成的諸侯之後，才開始用侯、甸、男、衛等稱

〔註88〕 裘錫圭：《甲骨文中所見的商代五刑》（該文以其母親「趙佩馨」之名發表），《考古》1961 年第 2 期；《讀〈安陽新出的牛肩胛骨及其刻辭〉》，《考古》1972年第 5 期；《甲骨文中的幾種樂器名稱》，《釋萬》，《中華文史論叢》第二輯，中華書局 1980 年版；《釋秘》，《古文字研究》第 3 輯，中華書局 1980 年版；《說嚴》，《語言文字研究專輯》下，上海古籍出版社 1986 年版；《釋求》，《古文字研究》第 15 輯，中華書局 1986 年版；《釋殷墟甲骨文的「遠」、「迩」及有關諸字》，《古文字研究》第 12 輯，中華書局 1985 年版；《說弜》，《古文字研究》第 1 輯，中華書局 1979 年版；《甲骨文字考釋》，《古文字研究》第 4輯，中華書局 1980 年版；《說卜辭的焚巫尫與作土龍》，《甲骨文與殷商史》，上海古籍出版社 1983 年版；《甲骨卜辭所見的「逆祀」》，《出土文獻研究》，文物出版社 1985 年版。

〔註89〕 裘錫圭：《論歷組卜辭的時代》，《古文字研究》第 6 輯，中華書局 1981 年版。

〔註90〕 裘錫圭：《關於商代的宗族組織和貴族平民兩個階級的研究》，《文史》第 17輯，中華書局 1981 年版；《甲骨卜辭所見「田」、「牧」、「衛」等職官的研究》，《文史》第 18 輯，中華書局 1983 年版；《甲骨文所見的商代農業》，《全國商史學術討論會論文集》，《殷都學刊》增刊 1985 年版。

號來封建諸侯，並把這些稱號授予某些臣屬方國的君主的。《甲骨文所見的商代農業》，則對商代的農作物、農業生產工具、農業生產過程作了全面的考證和論述。等等。

再者，裘氏通過整理甲骨文字，對古代語言文字研究也有了新的見解。這包括他對漢字起源、古文字資料對古漢語研究的作用等。〔註91〕尤其是近年來他提出的關於卜辭命辭是不是問句的問題，〔註92〕涉及到甲骨文研究的最基本問題然而也是最重要的問題，因此引起了甲骨學界的熱烈討論。

（三）關於卜辭命辭性質的爭論

長期以來，大多數甲骨學者根據《說文解字》對「貞」字的解釋「貞，卜問也」，將甲骨卜辭中的命辭理解為問句。如郭沫若先生認為，「凡卜辭，本均是疑問語」，「貞下詞語當付以問符」。〔註93〕這種觀點為古文字學界所普遍接受。但是到了上個世紀七十年代，這種局面首先被國外學者打破。1972年美國加州大學伯克利分校的吉德煒（David N Keightley）教授在一次學術會議上，公然否定卜辭命辭是疑問句的傳統說法，認為命辭乃是「一有關未來的陳述命題」，是宣示某種「意圖」或「預見」，釋「貞」為「正」，即正之之意。〔註94〕1974年華盛頓大學舒琮（Paul L_M Serrys）教授也主張甲骨文命辭並非問句，他釋「貞」為「正」或「定」，義近於檢驗、校正〔註95〕。此後，1982年斯坦福大學的倪德衛（David S. Nivison）教授〔註96〕、1983年芝加哥大學的夏含夷（Edward. L. Shaughnessy）教授〔註97〕、加拿大籍日本學者高島謙一教授〔註98〕、旅臺法國學者雷煥章（Jean A. Lefeuvre）神父〔註99〕等先

〔註91〕 裘錫圭：《漢字形成問題的初步討論》，《中國語文》1978年第3期；《談談古文字資料對古漢語研究的重要性》，《中國語文》1979年第3期；《四十年來文字學研究的回顧》，《語文建設》1989年第3期。

〔註92〕 裘錫圭：《關於殷墟卜辭的命句是否問句的考察》，《中國語文》1988年第1期。

〔註93〕 郭沫若《卜辭通纂》序，第16頁，科學出版社1983年版；《殷契粹編》，第474頁，科學出版社1965年版。

〔註94〕 吉德煒：《釋貞——商代貞卜本質的新假設》，太平洋沿岸亞洲研究學會會議論文，加州蒙特利1972年。

〔註95〕 舒琮：《商代卜辭語言研究》，《通報》卷60，1974年。

〔註96〕 倪德衛：《問句的問題》，「商代文明國際討論會」論文，美國檀香山1982年。

〔註97〕 夏含夷：《周易的構成》，美國芝加哥大學博士論文，1983年。

〔註98〕 高島謙一：《問鼎》，《古文字研究》第九輯，中華書局1984年版。

〔註99〕 雷煥章：《法國所藏甲骨錄》，光啓出版社1985年版。

後著文，參與此問題的討論，對「貞」字的形義及卜辭命辭的性質紛紛提出異議，其觀點與吉德煒相近。他們認爲，「貞」當釋「鼎」，是指在鼎前主持占卜儀式，即使釋「貞」，其意也非「卜問」，而是「貞測」、「擬測」；「貞」後的命辭除極少數句末有疑問語氣詞者外，都不是問句，而是陳述句。

八十年代，李學勤先生對於卜辭命辭性質問題也有自己的新見解，他認爲在「𠂤組卜辭」中，使用「不（否）」、「乎」、「執」等句末助詞的卜辭，應該看作是疑問句。〔註100〕言外之意，句末沒有這些語助詞的卜辭是否是問句還有待研究。後來，李氏根據西周甲骨卜辭的情況指出，黃組卜辭辭末的「正」或「有正」，西周卜辭辭首的「囟」（斯），都表明這些卜辭不是問句。〔註101〕

這些觀點無疑是對中國古文字學界權威觀點的挑戰，在海外漢學界有極大影響。

這個問題涉及對甲骨卜辭內涵和性質這一基本問題的正確理解，具有非常重要的學術意義。爲此，裘錫圭先生在 1987 年 9 月安陽「國際商文化學術討論會」上，提交了《關於殷墟卜辭的命辭是否問句的考察》的論文。此話題被裘氏一經提出，立即引起了與會者的興趣，對此展開了熱烈的討論。裘先生認爲，在殷墟卜辭的全部命辭裏，「現在能夠確定是問句或非問句的命辭只佔一小部分」，只有帶疑問語氣詞的句子才可以確定是問句，指出漢語中常有句末不設疑問語氣詞的問句，而且命辭中可能存在這樣的詞句，但可以確定的不多，同樣可以確定不是問句的命辭也不多。「在承認問句可以不帶句末疑問語氣詞的前提下，大部分命辭可以看作陳述句，也可以看作是非問句。」爲此，他建議今後引用卜辭時，句末一律標以句號，不標問號，「因爲給非問句加上問號，錯誤要比給問句加上句號嚴重得多。」〔註102〕裘氏這篇論文雖然否定了美國學者的一些看法，但同時在命辭的性質上也提出了一些與傳統認識不同的見解。

在這次會議上，中美兩國學者就此展開爭論，胡厚宣、李學勤、裘錫圭、范毓周等中國學者與美國學者吉德煒、夏含夷等各執一說，未能獲得一致認識。後來到 1989 年，在美國漢學雜誌《古代中國》（Early China）第 14 期

〔註100〕李學勤：《關於𠂤組卜辭的一些問題》，《古文字研究》第 3 輯，中華書局 1980 年版。

〔註101〕李學勤：《續論西周甲骨》，《中國語文研究》1985 年第 7 期。

〔註102〕裘錫圭：《關於殷墟卜辭的命辭是否問句的考察》，《中國語文》1988 年第 1 期。

（1989）的「古代中國論壇」上展開筆談，專就卜辭命題性質問題進行討論。該論壇翻譯登載了裘錫圭的那篇論文，發表了倪德衛的《關於問句的問題》（也有學者譯作《問「問」》）（The 「Question」 Question），另外的一組短文是范毓周、饒宗頤、吉德煒、雷煥章、李學勤、夏含夷、王宇信等著名甲骨學家就裘錫圭和倪德衛的文章展開的討論。短文後附有裘錫圭先生的《對〈關於殷墟卜辭的命辭是否問句的考察〉一文評論的答覆》（Response），補充解釋了自己的觀點，並對一些質疑作了回應。〔註103〕這些討論大多數學者是傾向支持命辭非問句說的，只有范毓周、王宇信兩位先生堅持「卜以決疑，不疑何卜」的傳統觀念，維護成說。這次筆談，確實將這一問題的討論推向了深入。

　　1991年9月，在洛陽舉行的「夏商文化國際學術研討會」上，陳煒湛先生發表了《論殷墟卜辭命辭的性質》一文，提出了與西方學者和裘錫圭先生不同的見解。陳煒湛認爲，「孤立地看起來，句末沒有疑問語氣詞的命辭，似乎既可讀爲陳述句，也可依靠語調讀成問句。但若從占卜的性質考慮，從卜辭的整體及卜辭各部分的相互關係考察，從卜辭的語言環境及具體語義考察，則除極少數罕見特例容或另加探討解釋外，絕大部分命辭可讀爲問句，或當讀爲問句，而不得讀爲陳述句。」〔註104〕與會專家學者如高明、王宇信、楊升南等，都對此觀點公開表示支持和贊同。會後的紀要報導稱：「對殷墟卜辭命辭『非問句』的新說，會上也有學者提出論文進行辯難，並支持『問句說』。因此關於卜辭的語法尚需進一步的研究。」〔註105〕

　　至1994年8月，在「紀念容庚先生百年誕辰暨中國古文字學學術研討會」上，臺灣學者朱歧祥先生提交了《殷墟卜辭的命辭是問句考辨》一文，該文由評述裘錫圭《關於殷墟卜辭的命辭是否問句的考察》入手，從卜辭的用法推論出「命辭是問句」這樣明確的觀點。〔註106〕在這次會議上，與會學者就

〔註103〕The Early China Forum, Early china, Vol.14, 1989。

〔註104〕陳煒湛：《論殷墟卜辭命辭的性質》，《語苑新論——紀念張世祿先生學術論文集》，上海教育出版社1994年版；又收入《夏商文明研究》，中州古籍出版社1995年版。

〔註105〕中國殷商文化學會秘書處：《洛陽夏商文化國際研討會紀要》，《夏商文明研究》第502頁，中州古籍出版社1995年版。

〔註106〕朱歧祥：《殷墟卜辭的命辭是問句考辨》，《容庚先生百年誕辰紀念文集》，廣東人民出版社1998年版；《由「不」的特殊句例論卜辭命辭有屬問句》，《第三屆國際中國古文字學研討會論文集》，香港中文大學1997年版。

這一問題又展開了熱烈的討論。胡厚宣先生為此發表了簡短的即興演說，堅決支持命辭為問句說。他說，這個問題本極簡單，用不著討論，「卜以決疑，不疑何卜？」卜辭的命辭就是所要決的疑。〔註107〕胡氏的觀點得到了與會學者的普遍歡迎和重視。

在其他一些學術會議或學術刊物上，也有一些學者提交或發表論文，參與討論，多數批評命辭為非問句說，而支持問句說。值得一提的是，裘錫圭先生的高足、專門研究甲骨文語言語法的張玉金先生，也撰文支持問句說，而不同意裘先生的觀點。〔註108〕

目前，由裘錫圭先生倡導發起的這場關於甲骨卜辭命辭性質的討論，還沒有完全偃旗息鼓，仍然有一些學者在撰文考論，相信將來關於這一問題會有一個最終的研究結果。

（四）王宇信《甲骨學通論》

這一時期也出現了不少的甲骨學綜述性、介紹性或工具性的著作，〔註109〕給初學甲骨學者帶來了極大的方便。最值得介紹的是甲骨學家王宇信先生的著作。

王宇信（1940～），北京市平谷縣人。1964年畢業於北京大學歷史系考古專業，同年考入中國科學院歷史研究所研究生，跟隨甲骨學家胡厚宣先生攻讀甲骨學殷商歷史。畢業後留在所裏，參加了《甲骨文合集》編輯工作組。協助胡厚宣先生做《甲骨文合集》編輯工作，並擔任《甲骨文合集釋文》的總校。退休前，他是歷史研究所先秦研究室研究員，博士生導師，並兼任中國殷商文化學會會長。除了完成集體工作以外，個人的研究偏重對甲骨學史的總結和建立甲骨學學科體系的探索。先後出版了《建國以來甲骨文研究》、

〔註107〕胡厚宣先生在 1990 年於華中師範大學舉辦的「甲骨語言學術研討會」上，也發表了這一看法。

〔註108〕張玉金：《論殷墟卜辭中的語氣問題》，《古漢語研究》1995 年第 3 期；《甲骨文中的「貞」和〈易經〉中的「貞」》，《古籍整理研究學刊》，2000 年第 2 期；《關於卜辭中「抑」和「執」是否句末語氣詞的問題》，《古漢語研究》2000 年第 4 期；《論殷墟卜辭命辭語言本質及其語氣》，《中國文字》新 26 期，2000 年。

〔註109〕蕭艾：《甲骨文史話》，文物出版社 1980 年版；孟世凱：《殷墟甲骨文簡述》，文物出版社 1980 年版；陳煒湛：《甲骨文簡論》，上海古籍出版社 1987 年版；孟世凱：《甲骨學小辭典》，上海古籍出版社 1983 年版；趙誠：《甲骨文簡明辭典——卜辭分類讀本》，中華書局 1988 年版；等等。

《西周甲骨探論》、《甲骨學通論》、《甲骨學一百年》、《中國甲骨學》、《甲骨學導論》〔註110〕等多部大型的甲骨學綜合性著作和數十篇甲骨學商史論文。其論著綜述前賢成果，復立自家觀點，全面、詳贍，後來居上，深受甲骨學界的推崇與好評。多年來，以中國殷商文化學會為依託，又與楊升南等人一起廣泛聯繫海內外的甲骨學家，定期聚會，成為組織這一學術領域中廣大學者進行學術研討和學術交流的最主要人物。

圖 9-4　王宇信照片

　　其中出版於 1989 年的《甲骨學通論》，是他全面總結甲骨學九十年以來研究成就的一部大型甲骨學巨著。全書共分 16 章，50 多萬字，分上下兩編。上編論述了殷墟甲骨文的發現、收藏、著錄，介紹了甲骨學的基本知識和研究課題，總結了甲骨學的基本規律、研究現狀、主要方法以及存在的問題，評述了每一個階段甲骨學代表論著的研究特點和一些著名甲骨學家的學術貢獻。下編介紹甲骨學的另一新興學科分支——西周甲骨學：西周甲骨的發現、研究現狀、作者對西周甲骨時代、族屬的考證、分期的探索等。書後還附有甲骨學大事記、甲骨學著錄書目和新中國甲骨學論著目等內容，方便了讀者的查閱利用。該書涉獵面寬，資訊量大，體系完備，學術性強，又兼具知識性、趣味性、可讀性，因此適應層次廣泛，既是初學者的入門讀物，又可作

〔註110〕王宇信：《建國以來甲骨文研究》，中國社會科學出版社 1981 年版；《西周甲骨探論》，中國社會科學出版社 1985 年版；《甲骨學通論》，中國社會科學出版社 1989 年版；《甲骨學一百年》，中國社會科學出版社 1999 年版；《中國甲骨學》，上海人民出版社 2009 年版；《甲骨學導論》，中國社會科學出版社 2010 年版。

為較高水平學者必備的參考書。

（五）商代社會歷史研究綜述

新一時期，直接利用甲骨卜辭材料恢復商代社會或某些方面的歷史面貌的論著的大量出現，是這一階段甲骨學研究的一個重要方面。

在《甲骨文合集》的編纂過程中，中國社科院歷史研究所先秦研究室的大多數學者積累了大量甲骨卜辭材料，長期對這些材料摩娑把玩，就某一個專題問題悉心研究，寫出了一批高質量的論文。鑒於甲骨文一類的學術論文難以印刷、不易發表，他們就創編了《甲骨探史錄》〔註 111〕和《甲骨文與殷商史》〔註 112〕兩種叢書，集中發表《甲骨文合集》編輯組成員的甲骨學和甲骨證史論文。如今，《甲骨文與殷商史》已經出了三輯。其實第二輯、第三輯分別是為紀念顧頡剛先生逝世五週年和胡厚宣先生誕辰八十週年而做的紀念論文集。這些論文集中所收錄的論文涉及到商代的人祭、眾人身份、官僚、軍隊、方國、田獵、戰爭、諸侯與王朝的關係、農業、祭祀制度、天文天象、甲骨文與古文獻關係等各個方面，立論有據，考證翔實，質量很高，如今已是研究甲骨文殷商史的必須參考的論著了。

1984 年 10 月，為適應新一時期甲骨文殷商史研究的發展形勢，在胡厚宣先生的主持下，在甲骨文出土地的安陽召開了「全國商史學術討論會」。來自全國各地的 108 名學者齊集殷都，以甲骨資料結合古文獻、考古學材料研討殷商歷史，對商代社會的性質、經濟、政治、文化、軍事、商周關係、科技、天文曆法等等，展開討論，各抒己見，提出了不少新穎的觀點。會後，大會也將一些提交論文結集為《全國商史學術討論會論文集》，〔註 113〕受到歡迎。

之後，甲骨學界成立了中國殷商文化研究會，定期舉行學術討論會。幾乎每次會議都有論文集出版，帶動了一批年輕學者的成長，陸續推出了一些高質量高水平的甲骨學商史論著。

八十年代初，在甲骨文故鄉的安陽師範高等專科學校創辦了學術期刊《殷都學刊》，闢有《殷商文化研究》專欄。自創刊以來，已經出版了 110

〔註 111〕胡厚宣主編：《甲骨探史錄》，三聯出版社 1982 年版。

〔註 112〕胡厚宣主編：《甲骨文與殷商史》第一輯，上海古籍出版社 1983 年版；第二輯，上海古籍出版社 1986 年版；王宇信主編：《甲骨文與殷商史》第三輯，上海古籍出版社 1991 年版。

〔註 113〕胡厚宣主編：《全國商史學術討論會論文集》，《殷都學刊》增刊，1985 年版。

多期，發表了有關殷商歷史的文章近千篇，其中也不乏有眞知灼見、水平較高之作。

除散篇論文外，一些商史研究專著値得注意。《甲骨文合集》編輯組的彭邦炯先生較早地對重新構建商代歷史體系進行了有意義的嘗試。他的《商史探微》〔註 114〕一書，是一部利用甲骨文字材料而做的商史綜合性專著。他對於商史研究中的一些學術難點，諸如商代何時進入文明並建立國家、商代「眾人」階級屬性和商代都城屢遷的原因等等，都不拘舊說，提出了自己的創見。這本書，可以說塡補了一項長期以來缺少商史正史專著的空白。

社會史研究，是新時期以來史學發展的一個重要方向。在商代社會生活史方面，近年出現了兩部較有影響的學術著作。一部是李民先生主編的《殷商社會生活史》，〔註 115〕另一部是宋鎭豪先生所著的《夏商社會生活史》。〔註 116〕二書有所區別，各有特色。李書雖署名爲「社會生活史」，但內容卻涵蓋了包括自商族起源、建國直至滅亡的各個方面的歷史，蓋這裡所指的「社會生活」是個廣義的概念。該書涉及到了政治、軍事、文化、經濟、精神、衣食住行等內容，在商史研究的許多有爭議的問題上，諸如商族起源地望與遷徙路綫、商代都城的遷徙與原因、商代的社會性質、商代的宗教及其特徵等，也都提出了自家的觀點。宋書雖在時代斷限上總括了夏商兩代，但本書以較大的篇幅論述商代的社會生活各個方面，其中關於商代的疆域、人口、交通、邑制等問題的考證，頗具新意。宋書引證甲骨材料豐富，立論公允、紮實，是新時期一部難得的商史著作。

在商代專門史方面，也出現了幾部較有影響的著作。溫少峰、袁庭棟合著的《殷墟卜辭研究——科學技術篇》，〔註 117〕是第一部利用甲骨卜辭材料復原研究商代科學技術各個方面情況的作品。作者搜集了甲骨文中 1000 多條有關於商代科技的卜辭材料，分門別類地予以考證、分析，綜述了天文學、曆法、氣象學、農業、畜牧、交通與驛傳、醫學、手工業等八個方面的科技發展所達到的水平，爲商代科技史的研究做了重要的基礎工作。

對於商代的祭祀制度，《甲骨文合集》編輯組的常玉芝女士付出了更多

〔註 114〕彭邦炯：《商史探微》，重慶出版社 1988 年版。
〔註 115〕李民主編：《殷商社會生活史》，河南人民出版社 1993 年版。
〔註 116〕宋鎭豪：《夏商社會生活史》，中國社會科學出版社 1993 年版。
〔註 117〕溫少峰、袁庭棟：《殷墟卜辭研究——科學技術篇》，四川省社會科學院出版社 1983 年版。

的心力。她的《商代周祭制度》〔註 118〕一書，對商代後期出現在甲骨文中的一種重要祭祀制度——周祭，進行了卓有成效的考論。在該書中，她從分析有關卜辭的類型和特徵著手，詳細考證了周祭中先王、先妣的祭祀次序和五種祀典的祭祀周期，復原了部分周祭祀譜，糾正了前人研究中的不少錯誤，提出了許多新的見解，對甲骨文斷代和商代歷史研究，都有重要的參考價值。

對於商代的經濟，過去的幾乎所有古代史著作都有不同程度的涉及，但都不太系統，因此也影響了對商代歷史的認識與把握。有鑒於此，《甲骨文合集》編輯組的楊升南先生，積十數年之功力，在前人研究成果的基礎上，著成了 50 餘萬字的《商代經濟史》〔註 119〕一書。在該書中，作者運用了大量的甲骨文字材料，引證了豐富的考古學資料，詳細論證了商代社會的概況、疆域、環境、人口、土地制度、農業、畜牧業、漁獵、手工業及財政制度等眾多的經濟學領域。楊氏以其對甲骨材料的稔熟，輯逸發覆，左右逢源，新義迭出，考論精詳。應當說，這是一部經濟史學家著作所難以替代的商代經濟學信史。

繼《商史探微》之後，勤奮努力的彭邦炯先生近年又推出了自己的另一部力作：《甲骨文農業資料考辨與研究》。〔註 120〕該書分為上下兩部分。第一部分是圖版，共精選了關於農業內容的甲骨 600 多片，相關卜辭數千條，集中了甲骨文中所有有用的農業材料，分為拓本和摹本著錄。第二部分為「釋文、考辨、研究」。其釋文和考辨，不僅全面反映了甲骨文發現以來文字的考釋成果，而且對一些爭議較大的文字，彭氏提出了自己的觀點。不少考釋立論精到，饒有新意。對一些甲骨學基本規律的闡發，也反映了當前甲骨學研究的水平。「商代農業研究」部分，作者結合文獻、考古、甲骨材料，對商族建國以前和盤庚遷殷後的農業發展水平進行了科學的分析，又把商代農業的生產手段、作物、生產過程及農業發展所達到的水平等作了詳明的論述，比過去任何一部商代農業論著都更高一籌。同時，本書集甲骨拓本、摹本、考釋、研究於一身的做法，是對甲骨學著錄和研究體例的一次成功的創新嘗試，非常可取。近年來，彭氏又出版了一部重量級商史研究著作，《甲骨文醫學資

〔註 118〕常玉芝：《商代周祭制度》，中國社會科學出版社 1987 年版。
〔註 119〕楊升南：《商代經濟史》，貴州人民出版社 1992 年版。
〔註 120〕彭邦炯：《甲骨文農業資料考辨與研究》，吉林文史出版社 1997 年 12 月版。

料釋文考辨與研究》，〔註 121〕是殷商時代醫學專題研究的扛鼎之作，成績斐然，令人矚目。

利用甲骨卜辭材料研究商代地理的最新成果，是河南社科院的鄭傑祥先生的《商代地理概論》〔註 122〕一書。該書充分利用了最新的田野考古資料，甲骨卜辭的搜集也更爲齊全，不僅利用了《甲骨文合集》著錄的材料，而且還利用了《小屯南地甲骨》等後來出土的甲骨材料，對甲骨文中出現的地名的考證也更精確。

圖 9-5　關於商王世系的著名綴合片摹本與農業經濟的甲骨文圖板（《甲骨文合集》0001）

（六）十一卷本《商代史》簡介

近年關於商代歷史研究的重點之一，就是由宋鎭豪先生主持的十一卷本《商代史》。該科研項目 1999 年 10 月被批准列爲中國社會科學院歷史所重點研究課題，2000 年 7 月又被列爲社科院年度重大科研項目，2001 年 6 月又被納入國家社科基金年度一般項目。自 2000 年 8 月開始研探撰述工作，經過六年時間的磨礪筆耕，這部達 400 萬字的巨著十一卷本《商代史》終於於 2006 年完成定稿，現已由中國社會科學出版社陸續出版。

《商代史》課題組由 13 人組成，課題負責人爲先秦史室及中國社會科學

〔註 121〕彭邦炯：《甲骨文醫學資料釋文考辨與研究》，人民衛生出版社 2008 年 2 月版。
〔註 122〕鄭傑祥：《商代地理概論》，中州古籍出版社 1994 年版。

院甲骨文殷商史研究中心主任宋鎮豪研究員，參加者有王宇信研究員、楊升南研究員、常玉芝研究員、羅琨研究員、王震中研究員、江林昌教授、宮長為研究員、馬季凡副研究員、徐義華副研究員、林歡博士（已故）、韓江蘇副教授、孫亞冰助研等，課題組既有資深老專家的學識經驗，又充分發揮中青年學者的作用，課題組的群體研究實力較好保證了《商代史》著述的高質量完成。

這是一部整合甲骨金文等古文字學、文獻學、考古學、民族學、民俗學、人口學、文化人類學、歷史地理學、經濟學、天文學、古代科學技術史等學科的有效研究手段，集結眾家學術研究成果，以獲得商代史重建工程的高起點和新認識的《商代史》著作。

《商代史》各分卷體例內容如下：

卷一《商代史論綱》，〔註 123〕為全書總綱，概述本書的著述體例，商代史研究的回顧，重建商代史的課題立項與意義，有關商代史的史料問題與研究方法，總論商朝的歷史年代、政治地理、社會人口規模與人口構成、國體與政體、行政區劃、社會組織、社會形態、經濟生活、文化信仰及周邊方國等。

卷二《〈殷本紀〉訂補與商史人物徵》，〔註 124〕重點從《殷本紀》切入，辨析文獻史料的真偽，考覈商代信史成分，結合甲骨文金文材料，研究殷先公遠世、先公近世及商王世系、殷王室結構，訂補《殷本紀》史事史跡，增補甲骨文中商史人物傳。

卷三《商族起源與先商社會變遷》，〔註 125〕梳理整合歷史文獻與甲骨文、考古學材料，考訂商族的發祥、起源和先商時期的遷徙問題，探析先商文化以及滅夏之前商族社會形態的演變。

卷四《商代社會與國家》，〔註 126〕運用甲骨金文、文獻材料、民族學材料和考古學材料，分析闡述商代社會性質、商王朝國體與政權結構形式、分

〔註 123〕宋鎮豪主編：《商代史》卷一，宋鎮豪：《商代史論綱》，中國社會科學出版社2011 年 7 月版。

〔註 124〕宋鎮豪主編：《商代史》卷二，韓江蘇、江林昌：《〈殷本紀〉訂補與商史人物徵》，中國社會科學出版社 2010 年 12 月版。

〔註 125〕宋鎮豪主編：《商代史》卷三，王震中：《商族起源與先商社會變遷》，中國社會科學出版社 2010 年 11 月版。

〔註 126〕宋鎮豪主編：《商代史》卷四，王宇信、徐義華：《商代社會與國家》，中國社會科學出版社 2011 年 7 月版。

封制與內外服制相兼的國家政治體制、社會等級分層、族氏家族組織機制，詳細考察商代社會不同身份者的階級屬性和階級矛盾，論述商王朝公共事務管理的具體運作、職官體系、刑獄法律等等。

　　卷五《商代都邑》，〔註 127〕全面搜彙、整理商代考古學材料，進行典型遺址分析和區系文化模擬，結合甲骨文金文與文獻史料，分析商朝城邑的空間關係及城邑體系的分層結構形態與都邑文明，歸納理論上的把握系列。

　　卷六《商代經濟與科技》，〔註 128〕運用經濟學理論和方法，採借科技考古研究成果，利用甲骨金文、文獻資料與商代考古材料，就商代社會經濟形態、經濟基礎、土地所有制、貧富分層差異等展開論述，考量商朝財政收支、方國經濟、商業交換和商品貨幣狀況，縷析商代農業、畜牧業、漁獵業、建築業、青銅冶鑄業、紡織業、陶瓷業、手工業管理，以及有關科技與天文曆法等等。

　　卷七《商代社會生活與禮俗》，〔註 129〕整合甲骨學、文獻學、考古學、人口學、民族學、民俗學、文化人類學等學科的有效研究手段，研探商朝禮制與社會生活禮俗的運作系列，以及統治者如何調節與規範社會行為規程。論述城邑生活與族居形態、建築營造儀式、宮室宅落建制、居住作息習俗、家族親屬稱謂、社會風尚等等，考察商代衣食住行、婚喪嫁娶、農業信仰禮俗、飲食俗尚、婚制婚俗、養老教子、生育觀念、衛生保健與醫療俗信等，包括社會禮儀及禮器名物制度、服飾車馬制度、文化娛樂、喪葬制度、甲骨占卜制等等。

　　卷八《商代宗教祭祀》，〔註 130〕運用文化人類學比較研究及宗教學知識，在充分吸收前人研究成果的基礎上，考察商代圖騰殘遺信仰，系統探研上帝及帝廷諸神、自然神、祖先神的三大宗教分野、神靈崇拜的代變、神靈權能和神性、祀所設置、人殉人祭，對甲骨文中的祭儀名類進行全面統計與分析，闡述王室周祭祀譜及有關祭儀和廟制，深入研究商代宗教信仰的社會學意義

〔註 127〕宋鎮豪主編：《商代史》卷五，王震中：《商代都邑》，中國社會科學出版社2010 年 10 月版。

〔註 128〕宋鎮豪主編：《商代史》卷六，楊升南、馬季凡：《商代經濟與科技》，中國社會科學出版社 2010 年 10 月版。

〔註 129〕宋鎮豪主編：《商代史》卷七，宋鎮豪：《商代社會生活與禮俗》，中國社會科學出版社 2010 年 10 月版。

〔註 130〕宋鎮豪主編：《商代史》卷八，常玉芝：《商代宗教祭祀》，中國社會科學出版社 2010 年 10 月版。

（如社會凝聚力、情感寄託、宗教功能等等）和宗教祭祀活動的性質。

卷九《商代戰爭與軍制》，〔註131〕著重論述商朝開疆拓土經略、各個時期戰爭的性質、戰爭規模、戰爭手段、重大戰爭（如商湯滅夏、商代前期的夷夏交爭、武丁對多方及拓疆南土的戰爭、武乙文丁伐召方、帝乙帝辛時伐夷方、牧野之戰）的始末過程，甲骨文中幾次重要戰爭行程的排譜，考訂商代軍制、軍法和軍禮、國防警衛、武裝力量組織、兵種、武器裝備、後勤保障、軍事訓練等等。

卷十《商代地理與方國》，〔註132〕注重歷史地理學理論的把握與研究方法、研究思路的創新性，依據甲骨文及考古發現材料，考察商代自然生態和政治經濟地理，重在縷述甲骨金文中農業地理、田獵地理、貢納地理、交通地理史料，對商代諸侯方國資料進行搜彙和考述，與地下出土青銅器「族徽」地望及商代考古遺址相結合，闡述商代政治地理架構、人文地理結構演變和方國地望等等。

卷十一《殷遺與殷鑒》，〔註133〕論述武王滅商、周公東征前後與商王朝退出歷史舞臺後有關殷遺民考古發現和文獻記述，考察殷遺的遭遇與族組織結構的裂變，殷遺的社會政治地位，對周文化發展的作用，討論所謂「殷鑒」及周人對商朝得失的評判，商周制度演繹與變革因素、其間的文化異同等。這是斷代史著《商代史》的特筆，尋繹歷史變化條理，總結歷史經驗，保證了斷代史著《商代史》的整體性和完整性。

以上十一分卷各成分冊，每卷字數30～45萬字，總字數約400萬字。十一卷本《商代史》著述的完成，徹底改變了在商斷代史專著方面的滯後狀態，長期屬於空白的領域得到填補。

四、花東的窖藏

小屯南地甲骨坑發現之後，整個八十年代，安陽隊的考古工作主要是在殷墟的外圍發掘，目的是探尋殷墟都城的範圍和佈局。所以，這一時期並沒

〔註131〕宋鎮豪主編：《商代史》卷九，羅琨：《商代戰爭與軍制》，中國社會科學出版社2010年11月版。

〔註132〕宋鎮豪主編：《商代史》卷十，孫亞冰、林歡：《商代地理與方國》，中國社會科學出版社2010年10月版。

〔註133〕宋鎮豪主編：《商代史》卷十一，宮長為、徐義華：《殷遺與殷鑒》，中國社會科學出版社2011年7月版。

有發現多少甲骨文字。

1985 年，在苗圃北地以西約 200 米處，於 8 號殷墓填土中發現卜骨 1 片，上刻 4 字，爲習刻。〔註 134〕

1985 年秋，安陽工作隊在小屯西北地（5 號墓以西）的發掘，在一殷代晚期灰坑內發現 2 片有字卜甲。〔註 135〕

1986 年春，安陽工作隊在小屯村中發掘一個大灰坑，在擾土與文化層中出土有字卜骨 8 片，均爲小片，內容不重要。〔註 136〕

1989 年，安陽工作隊在小屯村中發掘，又獲字骨 294 片。〔註 137〕

（一）花園莊東地甲骨的發現

但山川效靈，地不愛寶。進入九十年代不久，殷墟考古發掘中又有集中的甲骨材料發現，令甲骨學界感到振奮。

1991 年 10 月，爲了配合殷墟博物苑的擴建工程，安陽隊在宮殿區東南部作了一次清理工作。其中在花園莊東 100 米、殷墟博物苑南 400 米處，發掘出一個甲骨坑藏。〔註 138〕這是繼 1936 年小屯北地 YH127 甲骨坑、1973 年小屯南地甲骨坑之後，殷墟甲骨文的第三次窖藏集中大發現。

10 月 18 日，考古工作者對該坑進行了發掘，10 月 21 日發現了較厚的甲骨堆積層，大多是卜甲。由於卜甲不易保存，稍觸即碎，給清理工作帶來了極大的困難。又由於築路工程工期緊迫，所以考古工作者想到了當年 YH127 甲骨坑的室內發掘，於是毅然決然中止了工地的發掘，將甲骨坑整個套進一個特製的大木箱內，運回安陽考古工作站院內進行發掘。這樣，從 1991 年 10 月 31 日至 11 月 26 日，1992 年 5 月至 6 月初，在站內開箱揭取甲骨，整個過程費盡周折，前後共花了兩個多月的時間才將甲骨全部取出。〔註 139〕

〔註 134〕中國社會科學院考古研究所編著：《殷墟的發現與研究》，第 152 頁，科學出版社 1994 年版。

〔註 135〕中國社會科學院考古研究所編著：《殷墟的發現與研究》，第 154 頁，科學出版社 1994 年版。

〔註 136〕中國社會科學院考古研究所編著：《殷墟的發現與研究》，第 21、154 頁，科學出版社 1994 年版。

〔註 137〕劉一曼：《安陽殷墟甲骨出土地及其相關諸問題》，《考古》1997 年第 5 期。

〔註 138〕中國社會科學院考古研究所安陽工作隊：《1991 年安陽花園莊東地、南地發掘簡報》，《考古》1993 年第 6 期。

〔註 139〕劉一曼：《殷墟安陽花園莊東地甲骨坑發掘記》，《文物天地》1993 年第 5 期。

圖 9-6　殷墟花園莊東地甲骨坑及甲骨文摹本

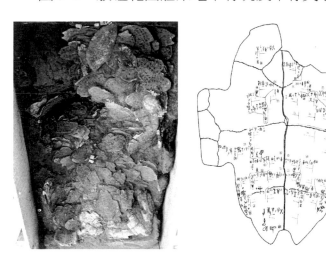

　　這個編號為「91 花東 H3」的甲骨坑是一個長方形的坑穴。南北長 2 米，東西寬 1 米。坑口距離地表深 1.2 米，坑底距離地面深 3.7 米。坑壁整齊，在東西二壁各有三個腳窩，供上下攀登之用。坑中有很厚的土層。根據土質顏色的不同，可以分為上下四層。第一層是淺灰土，土質鬆軟，厚 0.6 米。這層中出土有小量的陶片、獸骨和木炭屑。第二層是黃色夯土，土質堅硬，厚 0.6 米。這一層中間沒有任何雜物。第三層是深灰土，厚 0.9 米。在這一層中部發現了甲骨堆積層。第四層是黃土層，厚 0.4 米。這也是甲骨堆積層。從第三層到坑底約有 0.8 米厚的土層中，共埋有甲骨 1583 片，其中卜甲 1558 片（腹甲 1468 片，背甲 90 片），刻字卜甲 574 片，包括刻字腹甲 557 片，刻字背甲 17 片；卜骨 25 片，刻字卜骨 5 片。共計刻字甲骨 579 片。

　　此坑甲骨以大版的卜甲居多，其中完整的卜甲 755 版，除了整版龜甲外，半甲、大半甲的數量也比較多。據統計，半甲以上的大塊卜甲佔此坑甲骨的 80%，特別珍貴的是有刻辭的完整卜甲達 300 多版，佔有字甲骨總數的 50% 以上。〔註 140〕

　　甲骨的埋藏狀況很值得描述一番：在甲骨層的上部，小片甲骨居多；中部和下部以大塊的完整卜甲為主。甲骨出土時有的豎立著，有的仰放著，有的斜躺著。豎放的甲骨主要發現於坑邊，特別是坑的東北角和西北角尤其明

〔註 140〕劉一曼、曹定雲：《殷墟花園莊東地甲骨卜辭選釋與初步研究》，《考古學報》1999 年第 3 期。

顯，幾塊豎立的大版龜甲緊貼坑邊，平放的甲骨數最多，大多反面朝上，露出鑽鑿、灼痕。卜甲的甲首和卜骨的骨臼無一定方向。卜甲與卜骨、龜腹甲與背甲、大片和小片，有字的和無字的相雜處，疊壓得十分緊密，中間毫無空隙。這樣一種埋藏現象，再加上坑的形狀規整，坑內出土的其他遺物極少，而且甲骨層上有夯實的黃土層。表明這是一個人們有意挖造的甲骨埋藏坑穴。

此坑所出甲骨的特點是，字體細小、工整、秀麗。字中常見有塗朱、填墨和刻劃卜兆的現象。每版上刻字少者一兩個字，多者 200 字，一般也有幾十個字。

根據地層關係和共存陶器的形式判斷，這批甲骨屬於殷墟文化第一期，而從坑中卜辭的本身特徵來看，則屬於甲骨文第一期的武丁時代。卜辭內容也比較集中，主要涉及祭祀、田獵、天氣、疾病等幾個方面，其中以祭祀卜辭爲最多。

2003 年，中國社會科學院考古所發掘者劉一曼和曹定雲兩位甲骨學家，經過長達十二年的整理研究，完成了這些甲骨的修復、加固、粘對、綴合、拓片等技術性工作，大型甲骨著錄書《殷墟花園莊東地甲骨》〔註 141〕終於出版面世。該書以其高規格的完備的甲骨著錄體例和精美的裝幀印刷，更以其獨特而豐富的內容，受到了海內外甲骨學界的普遍重視和好評。

91 花東 H3 甲骨坑的發掘，有極其重要的意義：

其一，過去花園莊東地從未發現過刻辭甲骨。這個甲骨坑的發現，爲殷墟遺址提供了一個甲骨出土的新地點，以後這裡也許還有出土窖藏甲骨的可能。因爲我們知道，「那些有意儲積甲骨的處所，往往是王朝所在地，而甲骨、卜官所居與卜府所在是有著密切聯繫的。」這爲進一步探尋殷墟都城的規劃範圍、佈局結構及貞卜機構在殷墟都城中的位置與在殷商王國**裏**的重要地位等，增加了新的資料。

其二，這坑甲骨，以卜甲爲主，特別珍貴的是大版的卜甲居多。半版以上的大版有字卜甲佔有字甲骨總數的五分之四，而完整的字甲近 300 版，佔刻字甲骨的一半。這是繼 127 坑和小屯南地窖藏甲骨坑發現以來的又一次重要發現。從這些窖藏甲骨坑來看，商代的甲骨多是有意集中埋藏的。

其三，據發掘者稱，這批甲骨的刻辭內容與武丁賓組卜辭有明顯區別，

〔註141〕中國社會科學院考古研究所編著：《殷墟花園莊東地甲骨》，雲南人民出版社
　　　　2003 年版。以下簡稱《花東》。

相當多的卜辭問疑者不是商王而是「子」。這個「子」不是「子組卜辭」的貞人「子」，而是屬於另一類非王卜辭。〔註142〕一些常見字的寫法和字體風格也不同於武丁時代的賓組卜辭，倒是與武丁時代的午組卜辭、子組卜辭、自組卜辭有某些相似之處，但也並不完全相同。這說明它是武丁時代與其他三組非王卜辭性質同樣的另類卜辭。關於「非王卜辭」，早在上個世紀 50 年代，就由伊藤道治、李學勤等學者提出，但由於「非王卜辭」較少，一直有學者對其存在表示懷疑。花東 H3 坑「子卜辭」的出土，以事實證明了「非王卜辭」的存在。以往這類卜辭出土的不多，一共才有 1000 多片，而且多是小片，這次花東 H3 一坑即出了 579 片，且以大版卜甲居多，內容新穎。這種現象，似乎也在昭示著這樣一個歷史的事實：武丁時代不但商王，而且王室宗親、地位顯赫的貴族等，都可以獨立地進行占卜活動。從這個意義上講，這批甲骨的發現與出土，為解決「非王卜辭」與「王卜辭」之間的各種矛盾提供了契機，對於「非王卜辭」及商代家族形態的研究，對於商代社會結構、政治制度的歷史研究，都具有重要的學術意義。

其四，從卜辭的字體來看，這坑卜辭的干支字大多屬於董作賓先生制定的甲骨文「干支字五期演變表」中的三、四、五期字體，一些常用字也屬於晚期的字形。而從考古地層上來看，此甲骨坑藏則屬於武丁時代。如果按照傳統的甲骨五期分法，這是一個不可解決的矛盾。這說明過去的斷代標準不一定完全正確，隨著考古新資料的出現，應當予以修正。甲骨的分期，不能只看文字，還要繼續區分不同的卜辭組，繼續研究卜辭的內容，更要注意甲骨出土的地層關係、共出器物的情況等等。這坑甲骨為甲骨文的分期分類又增添了新的內容，也提出了一些新的問題，對於甲骨文分期斷代，意義更是非同一般。

（二）花園莊東地甲骨的研究

《花東》H3 材料正式公佈之後，立即引起了甲骨學殷商史研究的新一輪熱潮，僅 2005 年一年，就有近 30 篇相關論文發表。

目前，學術界對《花東》H3 甲骨卜辭的一些材料理解還不盡相同，因此在花東卜辭時代、子的身份地位等一些基本問題上還沒能完全達成一致意見。

比如關於《花東》H3 卜辭的時代，《殷墟花園莊東地甲骨》一書前言將其定在武丁早期，或武丁早期和中期之間，其證據主要有二：（一）H3 時代屬

〔註142〕中國社會科學院考古研究所安陽工作隊：《1991 年安陽花園莊東地、南地發掘簡報》，《考古》1993 年第 6 期。

殷墟文化一期晚段，即歷史時期的武丁早期。（二）花東甲骨文中有關子戠、婦好等活動在武丁早中期人物的記載。一般學者也都作如是觀。但陳劍先生認爲花東卜辭中「伐（征）邵方」的卜辭與歷組中相關卜辭所卜的是一回事，並據此提出花東卜辭的時代應定在武丁晚期，最多可推斷其上限及於武丁中期。〔註 143〕朱鳳瀚先生則提出花東 H3 卜辭的時代當定在武丁時期早期至中期偏早這一時段內。他的這一看法也主要基於如下兩點：（一）H3 所出陶器屬於殷墟一期晚段。（二）花東卜辭中出現的人物如婦好、丁、伯（朱先生認爲即沚）等也見於自組、賓組、歷組（一類）及子組卜辭。〔註 144〕

再比如關於《花東》H3 卜辭的主人「子」的身份，確定「子」的身份是利用花東甲骨進行研究的基礎，也是學者研究的焦點。李學勤先生認爲這批甲骨文材料中的「子」應當是商王朝大臣。〔註 145〕《殷墟花園莊東地甲骨》前言指出子地位高、權力大，認爲「子」是族長；「子」所祭先公遠祖只有上甲、大乙、大甲、小甲四人，次數少，而祭祀近祖較爲頻繁，又特別重視祖乙、祖甲，而祖乙以下名甲的先王只有羌甲一人，故「子」很可能是祖乙子羌甲（沃甲）之後這一支的宗子，且爲朝中重臣；「與殷時王同源於祖乙」，「與武丁不同父，甚至也不同祖」。趙誠先生據此對羌甲及其子孫，在商王朝的地位和作用，以及羌甲系子孫同武丁系間的矛盾作了重新研究。〔註 146〕但楊升南先生認爲「子」是武丁之子孝己。〔註 147〕朱鳳瀚先生則提出「子」的行輩不低於時王武丁，是武丁較遠親的從父或從兄弟輩。〔註 148〕姚萱通過對稱「祖乙」爲「毓祖」的分析，結合花東子卜辭所反映出的「子」與武丁的特殊親密關係，考定「子」是時王武丁的子輩，而且當是親子。〔註 149〕韓江蘇也認

〔註 143〕陳劍：《說花園莊東地甲骨卜辭的「丁」——附釋「速」》，《故宮博物院院刊》2004 年第 4 期。

〔註 144〕朱鳳瀚：《讀安陽殷墟花園莊東地出土的非王卜辭》，《2004 年安陽殷商文明國際學術研討會論文集》，社會科學文獻出版社 2004 年版。

〔註 145〕李學勤《花園莊東地卜辭的「子」》，《河南博物院落成暨河南省博物館建館 70 週年紀念論文集》，中州古籍出版社 1998 年版。

〔註 146〕趙誠：《羌甲研究》，《揖芬集——紀念張政烺先生九十華誕紀念文集》，社會科學文獻出版社 2002 年版。

〔註 147〕楊升南：《殷墟花東 H3 卜辭「子」的主人是武丁太子孝己》，《2004 年安陽殷商文明國際學術研討會論文集》，社會科學文獻出版社 2004 年版。

〔註 148〕朱鳳瀚：《讀安陽殷墟花園莊東地出土的非王卜辭》，《2004 年安陽殷商文明國際學術研討會論文集》，社會科學文獻出版社 2004 年版。

〔註 149〕姚萱：《試論花東子卜辭的「子」當爲武丁之子》，《故宮博物院院刊》2005

爲，「子」應當爲武丁太子孝己。〔註150〕

　　與「子」的身份受到爭議一樣，花東卜辭中經常出現的「丁」這個人物究竟是誰，也頗受到學者們的重視，成爲花東卜辭研究中一個較受關注的問題。《花東》286 說「婦好告子于丁」，及《花東》237「丁隹子令比伯或伐卲」等材料說明，他的地位在子與婦好之上。朱鳳瀚先生據《花東》56「子卜丁于祖庚、祖辛」,《花東》480「丁弗賓祖乙」等材料論證子、丁與子組卜辭的占卜主體貴族三人所在家庭爲一個宗親集團內的三個分支，並提出祖庚、祖辛、祖乙皆是子與丁的共祖，不過祖庚、祖辛是與子關係稍遠的旁系先人，而祖乙是丁的旁系先人；丁在商王朝內擔任重要職務，相對於子、婦好、沚來說，是上一級貴族。陳劍先生據「丁隹子令比伯或伐卲」及「隹丁自征卲」(《花東》449）等材料，提出花東卜辭中的「丁」即商王武丁。李學勤先生在其基礎上，進一步提出這個字其實是與干支的「丁」同形而音義不同的字，其本來的字形是一個圓圈，是「璧」字的初文，在花東卜辭中讀作「辟」，是對王的稱謂。〔註151〕裘錫圭同意陳劍的說法，花東卜辭中的「丁」是「子」之父商王武丁，並稱「花東子卜辭」和「子組卜辭」中指稱武丁的「丁」可能應該讀爲「帝」。〔註152〕朱歧祥先生就花東甲骨中對丁的描述，區分與丁有關的甲骨爲絕對材料和相對材料兩堆，復應用語詞的繫聯、語義的對比、句型的分析等方法證明丁是活人，且應該是當時王朝的主宰者——殷王武丁。〔註153〕而劉源認爲，「丁」的身份是一個很複雜的問題，乃至各條卜辭中的丁是生者還是死人尚待具體分析，在這種情況下，將花東卜辭中的丁遽定爲商王武丁似乎爲時過早；在殷墟卜辭中，商王一般直接稱爲「王」，花東卜辭中也有「王」(《花東》420、480），從這一點上看，似無稱王爲丁的必要。對於李學勤的釋「璧」爲辟，劉源認爲也有需要討論之處，比如（一）花東卜辭中有「王」字，爲何又要僻字來稱呼商王呢？（二）花東卜辭中有「璧」字，象形，或從辛（《花東》180、490），其字形與作方形的丁有區別。（三）花東卜辭中的丁，身份較爲複雜，如《花東》349云

　　年第 6 期。
〔註150〕韓江蘇：《殷墟花東 H3 卜辭主人「子」研究》，2006 年北京師範大學博士學位論文。
〔註151〕李學勤：《關於花園莊東地卜辭所謂「丁」的一點看法》,《故宮博物院院刊》2004 年第 5 期。
〔註152〕裘錫圭：《「花東子卜辭」和「子組卜辭」中指稱武丁的「丁」可能應該讀爲「帝」》,《黃盛璋先生八秩華誕紀念文集》，中國教育文化出版社 2005 年版。
〔註153〕朱歧祥：《由語詞系聯論花東甲骨的丁即武丁》,《殷都學刊》2005 年第 2 期。

「子夢丁，無禍？」「子有鬼夢，無禍？」將夢丁與鬼夢聯繫，似難將其中的丁理解爲辟（君）。〔註154〕

　　非常值得一提的是，從新發現資料中進行殷商禮制研究，是花東甲骨研究一個重要發展方向。花園莊東地甲骨中有大量的關於商代禮制的資料。李學勤先生從中發現了武丁時朝臣貴族的內容，《花東》460 和《花東》363，其中有關貴族勞王的禮儀，與約當康丁時的《殷契粹編》的一片卜辭，以及商末青銅器始尊的銘文相結合，證明當時已存在比較成熟固定的禮制，即孔子說的「殷禮」。「殷禮」前後固然必有不少演變，但在很多方面是一貫的，具有明顯的制度性。中國的傳統禮制並非到周代才開始形成。〔註155〕宋鎮豪先生也從花東卜辭中，發現了按照一定的規程所舉行的用來體現貴族子弟矢射技能高下的射禮，並非周代創製的禮制，早在晚商就已經流行，周代不過是繼承而有所革替而已。晚商射禮，是商王暨各方貴族階層成員參預的弓矢競射禮，通常習射於水澤原野處，澤畔建有與習射相關的建築設施，又連天累日舉行，以「丙弓」、「遲弓」、「疾弓」三射作爲競技規則，注重用弓暨弓法，視射獲獵物無廢矢進行頒功既賜，射後有享祭先祖之禮。晚商時期的射禮，儘管尚維持著與祖先祭禮的種種聯繫，但社會化功能取向的世俗因素已明顯偏重，成爲貴族子弟必須諳習的基本技能。周代射禮，實當源自殷禮。〔註156〕魏慈德在殷禮方面，舉出了花園莊子卜辭中多以簋祭的現象，還見有「祼新鬯」的記載，可見周禮因循殷禮之處；其次，還見殷貴族朝臣向商王獻玉的覲會禮，以及可能有因商王到來而祭商王先祖的現象存在。〔註157〕

　　2005 年 11 月 19 日、20 日，爲了慶祝臺灣東海大學成立五十週年，東海大學中國文學系邀請海內外專家學者舉行了一次「甲骨學國際學術研討會」。這次會議的主題就是關於花園莊東地甲骨卜辭的研究。在這次會議上提交的 20 篇學術論文中，有 13 篇都是以花東甲骨作爲論題撰寫的。如曹定雲《1991 年殷墟花園莊東地甲骨的發現與整理》、趙誠《花園莊東地甲骨意義探索》、朱歧祥《殷

〔註154〕劉源《殷墟花園莊東地甲骨文研究概況》，《歷史研究》2005 年第 2 期。
〔註155〕李學勤：《從兩條〈花東〉卜辭看殷禮》，《吉林師範大學學報》2004 年第 3 期。
〔註156〕宋鎮豪：《從花園莊東地甲骨文考述晚商射禮》，《中國文物研究》2006 年第 1 期。
〔註157〕魏慈德：《花園莊東地甲骨卜辭的幾組同文例》，見載劉源《魏慈德博士論花東卜辭新著三篇簡介》，中國社會科學院歷史研究所先秦史研究室網站，http://www.xianqin.org/xr_html/articles/lwjsh/160.html

墟花東甲骨文刮削考》、張桂光《花園莊東地卜甲刻辭行款略說》、宋鎮豪《從花園莊東地甲骨文考述晚商射禮》、黃天樹《重論關於非王卜辭的一些問題》、喻遂生《花園莊東地甲骨的語料價值》、劉源《殷墟花園莊東地甲骨文所見禳祓之祭考》、乃俊廷《論殷墟花園莊東地甲骨卜辭與非王卜辭的親屬稱謂關係》、羅慧君《論「歲妣庚牡又鬯」中的「又」字的用法》、常耀華《花東 H3 卜辭中的「子」──花園莊東地卜辭人物通考之一》、曹定雲《殷人「妃」姓辯──兼論文獻「子」姓來由及相關問題》、姚志豪《說「奠俎」》等，都是近年研究花東甲骨的力作。會議編有會議論文專集《甲骨學國際學術研討會論文集》，會後主辦者正式彙集出版了《花園莊東地甲骨文論叢》。〔註158〕茲撮要綜述如下：

　　曹定雲先生作爲主題發言的論文，介紹了花園莊東地甲骨文的發現、發掘、整理過程，以及在認識上的主要收穫。該文指出，花東甲骨用料花龜多於烏龜，說明花東甲骨絕大多數是外地進貢的，這爲研究殷商王朝與各地諸侯、方國之間關係提供了史證；花東甲骨加深了「非王卜辭」的認識，卜辭中的占卜主體是誰，是劃分「王卜辭」和「非王卜辭」的主要依據；花東甲骨卜辭的占卜主體「子」與「子組卜辭」之「子」並非一人，「子」與武丁不同父也不同祖，由於「子」稱南庚爲祖庚，所以「子」與武丁應是同輩之人，是武丁遠房的堂兄弟；由花東卜辭中「子」、「子丙」爲生稱，所以認爲商人「日名」（先祖廟號）本爲人之生稱，死後才成爲「廟號」，而「日名」的確定，源於商人在同族同輩中的出生次第，即宗族排行行第；花東卜辭中存在兩個「丁」，一個死去作爲祭祀對象的「丁」，一個是活著的「丁」，活著的「丁」地位很高，權力很大，非武丁莫屬；但曹先生認爲是尙未即位的武丁，而劉一曼先生認爲是已經即位的武丁。

　　趙誠先生的主題發言論文探索了花園莊東地甲骨發現的學術意義。該文論證了 H3 卜辭之祖甲即羌甲、祖乙之後至少有祖辛家族和羌甲家族這兩大家族，兩大家族曾輪流執政，關係融洽，陽甲之後曾因繼承王位問題產生過矛盾並形成對立，武丁時曾採用兩大策略使這兩大家族重歸於好而使殷商復興，並進而推定所謂乙丁制似不能成立。

　　朱歧祥先生的論文探討有關花東甲骨文刮削的問題。花東甲骨中有大量龜板被刮削的現象，約佔全部龜板卜辭的 23%，一些卜辭基本被刮削，有的

〔註158〕王建生、朱歧祥主編：《花園莊東地甲骨論叢》，臺灣聖環圖書股份有限公司 2006 年 7 月版。

只保留一些特殊的人名如「子」、「丁」、「妣庚」等，有的只保留祭品，有的只保留動詞，有的只保留語氣詞「其」或「叀」「隹」，有的只保留否定詞「不」、「亡」，有的只保留數詞或時間詞等。作者認為，花東卜辭被刮削，與孝己被廢有關，「子」因賢能而受武丁或婦好的猜忌，遂遭放逐疏遠，失卻繼承王位的機會，子或其家族後人為免續招禍患，遂將子卜辭中許多記錄子主持政事和祭祀的事例刪除。

張桂光先生的論文總結了花東甲骨刻辭的行款問題。對於花東甲骨刻辭的行款，發掘者分析歸納作 17 種類型，〔註 159〕劉源則歸納為六種類型；〔註 160〕張先生此文對花東卜辭行款作了細密的分析，總結了一些重要原則，歸納出：迎兆、迎兆轉向、順兆、順兆轉向、背兆、繞兆、跨兆、圈兆等八種類型。

黃天樹先生的論文依據花東甲骨材料對「非王卜辭」作了重新的考察。原來黃先生認為，「非王卜辭」的特徵歸結為三點：卜辭的主人不是商王而是子；偶爾有王卜，辭中極少提到王；先王名號和親屬稱謂系統有些見於「王卜辭」，有些不見於「王卜辭」。〔註 161〕因為花東「非王卜辭」中經常記載有殷王活動的內容，所以對於第二點即「偶爾有王卜，辭中極少提到王」作了修正，認為「非王卜辭」中出現由王主持占卜的現象，可能是商王在宗族居住地巡視並進行占卜活動時，由宗族占卜機構所契之物。這些個別例子並不影響「王卜辭」與「非王卜辭」的界限，也不能成為否定「非王卜辭」這一提法的可行性。另一方面，「非王卜辭」的字體中存在少量占卜主體為「王」的「王卜辭」，王卜辭的字體中也存在少量占卜主體為「非王」的「非王卜辭」。

喻遂生先生的論文以花園莊東地甲骨文為對象，從語彙與語法兩方面觀察這批材料在語言文字學上的新發現，如「詞彙」方面的新字新詞、舊字新詞、舊詞新義、新的用法、有價值的新例，「語法」方面的「不+數詞」、「概數的表示」、「定語移位後置」、「動詞短語用作名詞」、「雙賓語句」、「三賓語句」、「詞序」、「介詞短語作主語」等內容，說明了這批材料在語言研究方面的重要價值。

除花東卜辭的時代和「子」的身份之外，其中重要人物屬性、王室或同

〔註 159〕中國社會科學院考古研究所編著：《殷墟花園莊東地甲骨》「前言」，雲南人民出版社 2003 年版。
〔註 160〕劉源：《試論殷墟花園莊東地卜辭的行款》，《故宮博物院院刊》2005 年 01 期。
〔註 161〕黃天樹：《關於非王卜辭的一些問題》，《陝西師大學報》1995 年第 4 期。

姓異姓家族構成形態、晚商王朝權力運作、祭祀制度、占卜制度、殷禮復原、用牲風習、事類排譜、甲骨攻治鑽鑿技術、有關地名與建築考訂、刻辭文字釋讀等，仍在持續的熱烈探討中。

（三）殷墟甲骨的繼續發現

殷墟花園莊東地甲骨坑發現之後，近年在殷墟範圍內又陸續有所發現，茲簡述如下：

1991 年 10 月，安陽工作隊在花園莊南地發掘，發現有字卜骨 5 塊，除 1 片字體近「午組卜辭」外，多為習刻。〔註 162〕

2002 年 6 月下旬至 8 月中旬，中國社會科學院考古研究所安陽隊在 1973 年發掘地點小屯南地的東部進行考古發掘，又出土甲骨 600 餘片，其中無字甲骨近 400 片，有字甲骨 228 片。〔註 163〕這些有字甲骨卜辭的內容涉及祭祀、征伐、天象等，有部分甲骨文屬「歷組卜辭」；〔註 164〕據查驗看過甲骨實物的學者稱，其中也多有「非王卜辭」中的「午組卜辭」。目前這批甲骨材料正在整理之中，由於出土地層清楚，相信它的著錄公佈將對殷墟甲骨文的分期分類研究，對於學術界一直在爭論之中的「歷組卜辭」和「非王卜辭」的研究，將會起到進一步的推動作用。

2004 年 3 至 8 月，安陽工作隊在大司空村遺址發掘，在一個窖穴中又發現 1 片有字卜骨，內容為干支表〔註 165〕。

由此，學者們都清楚地認識到，殷墟發掘極大地促進了甲骨文的深入研究，同時甲骨文的進一步研究也在某種程度上影響了殷墟考古發掘的進程。甲骨文的研究與殷墟考古發掘有密不可分的關係。目前在甲骨文研究中存在有許多問題，這些問題的最終解決，將仍是依賴於殷墟考古發掘的進展，取決於考古中發現更豐富的甲骨材料和甲骨埋藏現象，求助於考古發現中甲骨出土的地層關係和與器物共存形式等。

〔註 162〕中國社會科學院考古研究所安陽工作隊：《1991 年安陽花園莊東地、南地發掘簡報》，《考古》1993 年第 6 期。
〔註 163〕岳占偉：《安陽殷墟新出土甲骨 600 餘片》，《中國文物報》2002 年 10 月 25 日。
〔註 164〕中國考古學會：《中國考古學年鑒 2003》，第 228 頁，文物出版社 2004 年版。
〔註 165〕岳洪彬、岳占偉、何毓靈：《河南安陽殷墟大司空遺址發掘獲重要發現》，《中國文物報》2005 年 4 月 25 日。

第十章　殷墟之外的甲骨發現

　　一般說到甲骨文，所指的往往都是殷墟出土的商代晚期的甲骨文，其實在殷墟甲骨文之外，還有西周甲骨文，也是甲骨學研究的重要成分。殷墟和西周甲骨文之外，更有出土於河南舞陽賈湖遺址、鄭州二里崗遺址、山東桓臺史家和唐山遺址、濟南大辛莊等遺址的不同時代的甲骨刻劃符號和甲骨文，也是甲骨文研究的題中應有之義。這些甲骨文的發現和研究，尤其是與殷墟甲骨文的比較研究，發現了這些甲骨文與殷墟甲骨文的異同之處，這對於殷墟甲骨文研究來說，也是一種促進，更是一種不可或缺的視角和參照。

　　在此，我們簡單地概述一下殷墟、西周甲骨文之外的幾宗甲骨文發現與研究。

一、舞陽賈湖甲骨刻劃符號

　　就目前的考古發掘材料而言，出土時代最早的甲骨文字材料，當屬河南省舞陽賈湖遺址發現的裴李崗文化時期的甲骨刻劃符號。

　　河南省舞陽縣賈湖新石器時代遺址，發掘面積佔總遺址面積的二十分之一，發現了一批相當於裴李崗文化的屋基、灰坑、陶窯、墓葬，並出土文物數千件。賈湖遺址的碳十四年代測定數據，總體上都在距今 7000～8000 年範圍內，若按樹輪校正數據，則在距今 7500～8800 年之間。出土文物中，有三件龜甲各刻有一個符號，一件石器上豎排連接地刻有四個符號。《發掘簡報》指出：「在這些龜甲和隨葬品中的骨器、石器上發現的契刻符號，很可能具有原始文字的性質，……這批契刻符號的發現，為研究漢字的起源，提供了新

的重要資料。」〔註1〕

賈湖刻符中的三個龜甲刻符，分別出土於三座不同的墓葬中，其形分別為：第一個刻符 ⊂○⊃ 與甲骨文「目」極爲相似；第二個刻符 ⊟ 相似於甲骨文的「日」字；第三個刻符 以 目前未能從甲骨文中尋找到與其相似的字，該刻符經仔細辨認，屬明顯人爲契刻痕跡的僅左上角一橫及豎折一劃，中間斜豎一劃及右下角斜劃爲龜甲的自然紋；若將龜甲本身自然紋排除，僅看兩劃人爲契刻痕跡即爲「七」形。賈湖甲骨刻符的發現，爲探索中國文字的起源和甲骨文產生的時代提供了極其珍貴的實物資料。

賈湖甲骨刻劃發現之後，一些專家學者對其學術價值給予了高度評價，並認爲與商代甲骨文之間有某種密切的聯繫。李學勤先生認爲，舞陽賈湖遺址「新發現的龜甲符號，可能同後來商代的甲骨文字有某種聯繫。這種龜甲不像殷墟卜甲那樣經過燒灼，但燒灼並不是用甲骨占卜的唯一方式，還有所謂『冷卜法』，所以不能率爾否定裴李崗龜甲可能與甲骨文間存在淵源關係。」〔註2〕張光直先生從甲骨文的性質出發，認爲文字與占卜的關係密切，文字是巫覡獨佔的知識；而從考古發現來看，龍山文化時代各地區出現的並非記錄語言的陶文，已廣泛作爲符號使用，這種符號最早的考古發現見於同樣也是與儀式或巫術有關的河南賈湖裴李崗文化遺址的龜甲上，而「這類符號到了龍山時代便成爲文字符號第一個很方便的源頭」。〔註3〕唐建先生則進一步認爲：「河南舞陽賈湖遺址甲骨契刻符號的發現及其考古絕對年代的確定，爲商代甲骨文的歷史源頭探索提供了可靠的證據」，這「不但是到目前爲止新發現的我國最早的甲骨契刻符號，也是至今我國年代最早的文字或文字前形式。」〔註4〕從而肯定殷商甲骨文的源頭在其前 5000 多年的裴李崗文化時代，亦即漢文字的起源、發展已有約九千年的歷史。

不過，賈湖甲骨契刻符號究竟是文字或祇是文字前形式，用甲骨文字與之比較進行探討，目前尚未能得到完整而令人信服的結果。雖然一些學者將

〔註1〕 河南省文物研究所《河南省舞陽賈湖新石器時代遺址第二至六次發掘簡報》，《文物》1999 年第 1 期。

〔註2〕 李學勤：《文物研究與歷史研究》，《中國文物報》1988 年 3 月 11 日，第三版。

〔註3〕 張光直：《中國古代王的興起與城邦的形成》，《燕京學報》新三期，北京大學出版社 1997 年版。

〔註4〕 唐建：《賈湖遺址新石器時代甲骨契刻符號的重大考古理論意義》，《復旦學報》1998 年第 2 期。

其看作是原始文字，認作甲骨文的遠古源頭，但也有學者承認這些符號雖是人爲的刻劃，不過對於這刻劃是否是文字仍然持一種較爲謹愼的態度。充其量，這祇是探索甲骨文源頭的一條重要綫索而已，至於甲骨文究竟有沒有這麼久遠的發展歷史，祇好有待於今後更多的時代早於殷墟甲骨文的甲骨刻劃符號資料的發現與研究了。

蔡運章先生認爲，與一些遠古器物上的「刻劃符號」一樣，賈湖甲骨刻劃屬於卦象文字，其中龜腹甲上的「目」、「十」（七）、「日」、「乙八」等字均分別表示「離」卦之象，以表明漢字產生於八卦卦象。〔註5〕但是如果蔡氏此理論可以成立的話，這些所謂的卦象文字也大都是以成形的文字或原始的圖象來代替卦象，而不是以卦象代表文字。這一前因後果關係也表明不能由八卦符號產生文字。因此此說反不如唐氏關於賈湖龜甲刻劃符號與甲骨文關係的理論更能令人欣從。

二、長安花園村骨刻文字

可以確定爲原始骨刻文字的，是出土於長安花樓子的時代屬於陝西龍山文化客省莊二期的骨刻文字。

1985 年 5 月，陝西省考古研究所鎬京考古隊在長安縣斗門鎮花園村一座大型西周宮室建築基址的西側，又擴掘了四個探方，發現了這裡是一處文化豐富的龍山文化遺址。該遺址出土了房址、灰坑、墓葬及陶、石、骨等遺跡與遺物。在一些獸類的肋骨、獸牙、骨笄、骨錐等骨器上，發現有刻劃符號文字。有的是簡單的符號，有的則是原始文字。字體小如蠅頭，筆畫細若蚊足，刀鋒古拙，字跡清晰。有的甲骨刻符也與殷墟甲骨文相近。〔註6〕由於這一發現對中國古文字的溯源有重要意義，因此這一消息引起了眾多新聞媒體的播發和轉載，〔註7〕於是立即引起了國內外學術界的矚目和震驚。

其中以骨笄、肋骨、獸牙三件遺物上的文字刻劃最具特徵。骨笄出土於

〔註5〕 蔡運章：《遠古刻劃符號與中國文字的起源》，《中原文物》2001 年第 4 期。
〔註6〕 鄭洪春、穆海亭：《陝西長安花樓子客省莊二期文化遺址發掘》，《考古與文物》1988 年第 5、6 期合刊；《鎬京西周宮室》（西北大學出版社，1995 年）第 39～40 頁，有關彩版、圖版、圖、拓本。
〔註7〕 《西安出土一批原始時期甲骨文》，《光明日報》1986 年 5 月 1 日，又見於《人民日報》、《文匯報》的當日報導；隨即中央人民廣播電臺、陝西省、西安市的電臺、報紙也都相繼轉載和播發了這則新聞。

T18F1 一座半地穴式的房子門道內，骨笄根部殘缺，殘長 7 釐米，圓徑 0.4 釐米，骨質堅硬，表面光滑，呈淡黃色。在骨笄尖端刻有一個文字符號，筆畫繁多，小如米粒，刀法樸拙。獸牙出土於 T20H1 灰坑中，爲獸類獠牙，牙尖已被燒成焦黃色，牙面兩側有成對的灼窩，共 5 對 10 個。灼窩大小似米粒一樣，在一對灼窩旁，刻有三橫，類似今天的「三」字，並在刻劃之後，沿著刻痕燒烙了一下。肋骨出土於 T17H3 灰坑中，骨長 12 釐米，寬 2.5 釐米，厚 1.5 釐米。骨質堅硬，呈灰褐色。上面刻有三個文字符號，但無鑽無灼。

　　針對花園村骨刻文字符號的不實報告和種種猜測，於 1985 年 9 月在山東長島召開的中國古文字學研究會第六屆年會上，發掘者鄭洪春、穆海亭二位先生在認眞研究的基礎之上提出了自己的觀點：一、骨笄上的刻劃符號（文字），是人工有意刻契的，並非地下植物有機酸腐蝕而成；二、骨笄上的刻劃，既不同於綫條簡單的符號，也不同於有形可變的圖畫，它已經是綫條化、符號化的原始文字；三、刻字獸牙是一種原始的卜骨，上面僅有灼痕，排列無序，不顯卜兆，代表了龍山文化時期卜骨的共同特徵。〔註8〕

　　在這一學術會議上，鄭、穆二氏簡介了這批獸骨的出土情況，並展示了部分實物和照片。這一發現也引起了與會學者的普遍關注，學者們進行了熱烈的討論和爭辯，大多數認爲獸骨上的刻劃，是人工有意刻上去的，有的認爲這些刻劃應屬文字，可以釋讀，並指出一枚肋骨上的刻劃的蠍形，就是「萬」字。

　　1986 年底，該遺址又出土了幾件帶有刻劃文字符號的獸骨，其中一枚骨笄上刻有兩個字，第一個字就像雙臂左右平伸、雙腳叉開、正面而立的人形。

　　1987 年 2 月，該遺址發掘者帶著幾枚獸骨前往北京，向國家文物局彙報發掘工作。2 月 24 日，在國家文物局主持下，召開了關於這批獸骨刻劃文字符號的鑒定座談會。在京的考古學家、歷史學家和古文字學家約 20 餘人參加了鑒定會。胡厚宣先生認爲這些刻劃符號是文字，是人工有意刻劃上去的，其中一個就像人字形。與會專家不少人都同意這一觀點，但也有學者提出了質疑。這一發現和鑒定座談會，相關媒體也作了報導和轉載〔註9〕。

　　花園村遺址出土的這種帶有刻劃的獸骨和骨器，共計 12 枚，其中獸骨有肋

〔註8〕　鄭洪春、穆海亭：《談花園村遺址出土獸骨上的刻劃符號》，中國古文字學會第六屆年會論文，1986 年 9 月長島。
〔註9〕　《西安又出土一批原始時期甲骨文》，《光明日報》1987 年 3 月 19 日；《陝西日報》、《西安晚報》也相繼轉載了這則新聞。

骨一、骨片三、獠牙一、鹿角一，骨器有骨笄三、骨錐一、骨針一、骨鏃一。

長安花園村龍山文化遺址所出骨刻文字符號一覽

出土單位	名稱	骨料形狀	文字符號
T18H1:01	骨笄	殘長 5.6、徑 0.4 釐米，色淡黃	骨笄尖端刻一字，不識。筆畫繁多，綫條清晰，放大可看出筆畫先後順序和重疊關係
T18H1:02	骨笄	殘長 8.4、徑 0.8 釐米，色灰白	骨笄根部，直行刻有二字：第一個字象雙臂左右平伸、雙腳分開、正面而立的人形，可釋讀爲「大」字；第二字是一橫，下面有一豎、一點，作「∏」形，不識
T17H5:03	肋骨	長 11.5、寬 2.2、厚 1.4 釐米，色深褐	凹面刻有三字，其中一字象蠍形，可釋爲「萬」字，其他兩字，難以辨認
T17H5:04	骨片	長 6.9、寬 2.6、厚 1.3 釐米，呈三角形，色淡黃，有深棕色斑點	骨片正中，刻有一字，象側身垂手而立的人形，可釋爲「元」字
T20H1:05	獸牙	長 4.5、寬 1.1、厚 0.5 釐米，色白，兩端焦黃，有對稱灼窩十個	牙面刻有三橫和二橫，類似今天的「三」和「二」兩個數字
T19H9:06	骨錐	長 6.8、寬 1.3、厚 0.4 釐米，色深棕	在骨錐橫斷面上和側面，有刻劃綫條，無法辨認
T20H5:07	骨片	長 8.4、寬 1、厚 0.3 釐米，色淡黃	在骨面上刻有二字，一個類似長尾多足蟲形象，另一綫條繁密，無法辨認
T19H7:08	骨片	長 2.9、寬 1.9、厚 0.3 釐米，色黃褐	骨面刻一「∏」，與「丌」字近似
T19H3:09	鹿角	長 9、徑 1.3 釐米，色黑褐	刻劃較多，但筆畫纖細，無法辨認
T19H7:10	骨鏃	長 7.3、寬 1.2、厚 0.4 釐米，色深褐	刻有一符號「山」
T18H4:11	骨針	長 12.3、徑 0.4 釐米，色淡黃	骨針尖端刻兩個「八」數字
T19H3:12	骨笄	長 12.5、徑 0.5 釐米，色深褐	骨笄根部刻有一字，不識

該表參照鄭洪春、穆海亭文〔註10〕

〔註10〕 鄭洪春、穆海亭：《簡論花園村客省莊二期文化遺址出土的骨刻原始文字》，《考

總結起來，花園村骨刻文字具有以下特點：其一，為了便於刻劃和長期保存，以免腐朽，這些獸骨和骨器，可能經過了脫脂、防腐的處理，所以儘管它們埋入地下四千年左右，但出土後質地依然非常堅硬，表面瑩潤光亮，與一般食肉之後而丟棄的獸骨截然不同；其二，這些刻在獸骨和骨器上的原始文字，行筆的先後順序和相互重疊關係，清晰可辨，如「大」字，可見這是人工有意刻劃上去的；其三，這些獸骨和骨器上的刻劃，有的是簡單的符號，有的是數目字，有的是原始文字，如「萬」字、「大」字等，其形體結構與殷墟甲骨文有淵源關係。因此鄭洪春、穆海亭認為，花園村遺址出土的骨刻文字符號，不僅開創了在獸骨上進行刻劃的先河，而且也是殷墟甲骨文的始祖，它應屬於最早的原始文字。〔註11〕

三、桓臺史家甲骨文

1996 年 4 月～11 月，山東省淄博市文物局、淄博市博物館、桓臺縣文物管理所聯合組成考古工作隊，對桓臺縣田莊鎮史家遺址進行了考古勘探和搶救性發掘，發現了龍山文化、岳石文化和商代文化，並在岳石文化和商代文化層位中出土了岳石「井」字形木構祭祀坑和商代祭祀坑多座，並出土了岳石和商代的甲骨文字，一時間引起了轟動，成為當年我國的一次重大考古發現。〔註12〕

1997 年 4 月 7 日，中國社會科學院歷史研究所、中國殷商文化學會特邀在京的考古、古文字、史學界專家李學勤、鄒衡、裘錫圭等十餘人對史家遺址出土遺物和甲骨文字進行了鑒定。5 月 26 日，中國社會科學院考古研究所、北京大學考古系、山東省文物考古研究所、山東大學文學院考古專業等單位專家 30 餘人，應邀在桓臺史家遺址現場進行考察鑒定，並進行了新聞發佈會。從 8 月 19 日至 22 日，由中國殷商文化學會和山東省淄博市文化局等單位聯合舉辦了「'97 山東桓臺殷商文明國際學術討論會」。眾多專家學者對史家遺址發掘出的龍山文化環濠聚落、岳石文化木構祭祀坑、岳石文化和商代甲骨文、商代祭祀遺跡和鑄銘銅器等進行學術研討並作了充分的肯定，稱為是「中

古學研究——紀念陝西省考古研究所成立三十週年》，三秦出版社 1993 年版。
〔註11〕 鄭洪春、穆海亭：《試論花園村遺址出土的獸骨刻劃文字》，《古文字研究》第 20 輯，中華書局 2000 年版。
〔註12〕 光明等：《桓臺史家遺址發掘獲重大成果》，《中國文物報》1997 年 5 月 18 日；淄博市文物局等：《山東桓臺縣史家遺址岳石文化木構架祭祀器物坑的發掘》，《考古》1997 年第 11 期。

國歷史上最早的甲骨文字之一」。

　　山東省桓臺縣史家岳石文化遺址甲骨文字，是發現於東夷部族的甲骨文字材料，時代超出了商代的範圍，相當於先商時期。雖然史家岳石甲骨文顯得原始，字數較少且不易釋讀，但作為被眾多專家肯定的甲骨文字，其時代早於殷墟所出甲骨文，拓展了甲骨文發現的縱向歷史時空，故而在甲骨學史上具有重要意義。

　　不僅如此，在同一遺址和附近的唐山遺址中，還發現了時代屬於商代的甲骨文字。這也是第一次在商朝都城（鄭州、安陽）之外發現的商代文字。這說明，在這個地區從先商時代（岳石文化時期）直到商代晚期都有占卜刻辭的傳統習俗。這打破了甲骨文發現的橫向的地域空間，同樣對於甲骨學史具有重要意義。

　　史家遺址出土的兩片岳石文化卜骨，均繫羊肩胛骨，保持了羊肩胛骨的原貌，未有任何修整的痕跡，具有早期卜骨的特徵。兩片卜骨均已殘破，大部分兆紋已失，僅留部分刻紋。刻文刻劃較深，刀痕明顯，殘斷處仍留有燒灼痕跡。既經燒灼，知是卜骨，上刻文字即可稱為卜辭。關於卜骨的時代，因有明確的地層關係，為岳石文化晚期，距今 3500 年左右，是迄今所見最早的先商時代甲骨文字。另有 5 片商代晚期的甲骨文字分別出自史家遺址和唐山遺址，出自地層、祭祀坑和灰坑之中，均為甲殼殘片，字體細小，清晰可辨，有鑽有鑿，較為進步。

　　這些甲骨文字的具體情況詳見下表：

山東桓臺史家、唐山遺址所出甲骨文字一覽表

序號	出土地點及層位	原編號	時　代	質　料	甲骨刻劃文字內容
1	史家遺址 F1	96HSF1H:232	岳石文化晚期	羊肩胛骨	一面刻「∧卜」二字，隸釋為「六卜」；另面刻「𠃊ㄅ×」三字，不釋。
2	史家遺址 F1	96HSF1H:226	岳石文化晚期	羊肩胛骨	刻三字，一字為「∧」，隸定為「㚔」字，即「幸」字；另二字不釋。
3	史家遺址 T7	96HST7⑦:21	商代晚期	龜甲殼	刻一字「三」，即兆序四。
4	史家遺址 T7	96HST7⑦:20	商代晚期	龜甲殼	刻兆紋「丫」，另面刻「｜」劃。

5	史家遺址 H7	96HSH17:8	商代晚期	龜甲殼	刻「一」劃
6	唐山遺址 H4	96HTH4:1	商代晚期	龜甲殼	刻 7 字，由右向左爲「屮土人丨ㄜ」5 字，刻「∧卜」，釋爲「六卜」。
7	唐山遺址 H4	96HTH4:2	商代晚期	龜甲殼	刻「丨」劃，另面刻一鳥形字，不釋。

該表取自張光明《山東桓臺史家遺址發掘收穫的再認識》〔註 13〕一文，但略有不同

田昌五先生在「97 山東桓臺殷商文明國際學術討論會」開幕詞中說，「岳石文化甲骨文的發現，將我國甲骨文字的歷史提前了一二百年。史家遺址的重要發現，對於海岱地區殷商文化研究，必將起到積極的推動作用。」田氏在《夏商周文明研究》序言中也稱：「桓臺史家遺址岳石文化『祭祀坑』及甲骨文的發現，表明岳石文化的文明程度並不亞於任何同時期其他諸考古學文化」，「甲骨文字雖然字數較少，但對於文字起源及早期文字發展歷史的研究，無疑是極爲重要的材料。」〔註 14〕

王宇信先生指出，史家「遺址出於商代地層和祭祀坑的三片時代爲殷墟一期的甲骨，也說明了殷墟文化對山東桓臺史家『戍寧』家族在文化上的強大影響和一致性」，並對史家商代甲骨進行了形態的專業描述，並以之與殷墟甲骨做了比較：「遺址所出卜甲，其整治方法和鑽、灼與殷墟卜甲幾無二致。而卜骨，鑽、鑿、灼也與殷墟基本相同。衹稍有不同處，即未切四角和未鋸掉骨版的三分之一，這顯出甲骨整治的較原始性。但這不是地方性，而是時代稍早的原始性而已。」〔註 15〕

于海廣先生指出：「在龍山文化中，文字資料已有發現，與岳石文化年代基本平行的二里頭文化中，文字資料（陶刻文字）也被更多的學者所承認。早於殷墟文化的商代甲骨文在中原地區也被找到，由此說，岳石文化中應該有文字是理所當然的。可喜的是，在史家遺址不僅發現了殷墟文化時期金文、甲骨文字，還在岳石文化祭祀坑內清理出兩片，有人初定爲『六』、『卜』。據

〔註 13〕張光明：《山東桓臺史家遺址發掘收穫的再認識》，《夏商周文明研究》，中國文聯出版社 1999 年版。

〔註 14〕田昌五：《'97 山東桓臺殷商文明國際學術討論會開幕詞》、《殷商文集序》，《夏商周文明研究》，中國文聯出版社 1999 年版。

〔註 15〕王宇信：《山東桓臺史家〈戍寧觚〉的再認識及其啓示》，《夏商周文明研究》，中國文聯出版社 1999 年版。

我們觀察，這兩個字處於骨片的斷裂處，字本身是否完整還需考慮，但這是人們刻寫的文字是絕無問題的。桓臺史家遺址岳石文化甲骨文字的發現，是殷墟以外地區極少見到的甲骨文出土地點，年代又比較早，一方面對中國早期文字的研究固然重要，另一方面，對我們分析史家岳石文化的性質將是有特別意義的。」〔註16〕

在山東地區發現時代較早的甲骨文，並非偶然的事情。自從大汶口文化的一些遺址中發現了陶尊刻劃符號以後，古文字學界普遍認為，最早的漢字可能就出現在生於斯長於斯的善於製陶、喜歡音樂的東夷民族手中。近些年來的考古發現也無不為這一觀點增加證據。

四、鄭州二里岡甲骨文

鄭州二里岡遺址是商代早期的文化遺存，這裡出土的甲骨文在時代上最接近殷墟甲骨文，也是可以與殷墟甲骨文形成比較研究的最好材料。因此這些甲骨文材料自然受到學術界的普遍關注。

（一）鄭州二里岡甲骨文材料介紹

目前，在鄭州商代遺址中共發現了 4 片骨刻文字：

其一，1953 年 4 月中旬，在配合鄭州二里岡黃河水利委員會的建設中，河南省文管會張建中先生在鄭州市二里岡西北部被推土機翻動的土層中揀到牛肋骨一塊，殘長約 7.3cm、寬 3.8cm、厚 0.3cm，上有三豎行刻辭。牛肋骨略呈圓弧形，在其鼓起的弧面上，刻有十個字：〔註17〕「……又土羊，乙丑貞，從，受……七月。」〔註18〕

〔註16〕于海廣：《桓臺史家岳石文化的發現及意義初探》，《夏商周文明研究》，中國文聯出版社 1999 年版。

〔註17〕趙全嘏：《鄭州二里岡的考古發現》，《新史學通訊》1953 年 6 月號；河南文化局考古工作隊《鄭州二里岡》，科學出版社 1959 年版。

〔註18〕文字釋讀從裴明相先生。詳見裴明相：《略談鄭州商代前期的骨刻文字》，《全國商史學術討論會論文集》，《殷都學刊》增刊 1985 年版。

圖 10-1 鄭州二里岡骨刻文字照片、拓本和摹本

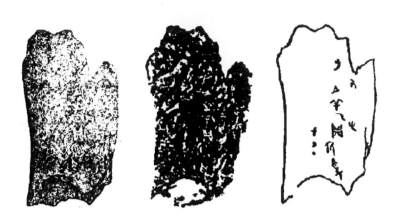

其二，1953 年 9 月，同是在二里岡工地，於開挖的探溝 T30 東端深 50 公分的商代二里岡期灰層內發現了第二塊字骨。這塊扁圓形的字骨，經中國科學院古脊椎動物研究室鑒定，認爲是被鋸下來的牛肱骨的關節部分。在骨上凸起的一面刻一「凵」字。〔註 19〕

其三，1954 年 4 月，鄭州二里岡又「掘獲一條有小孔的薄骨片，上端刻有一字」，文字難以辨識。〔註 20〕報告簡略，不知其詳。

其四，1989 年秋，在鄭州商城內的河南省水利第一工程局的發掘中，發現了一件兩端鋸過的動物肢骨，經現場擦洗，發現在近一端正面有 2 個刻劃文字。字骨發現於二里岡上層時期的地層中，時代應爲二里岡上層。兩字作「彡ふ」狀，刻痕較淺，轉折處無棱角，刀鋒不甚明顯，估計這與刻劃工具有關。從結構來看，兩字確是有意刻劃而成。〔註 21〕據甲骨學家王宇信先生鑒定考釋，此二字可釋爲「玉弜」。〔註 22〕

〔註 19〕 此件字骨未見有正式報道，見引自陳夢家：《殷虛卜辭綜述》，第 27 頁，中華書局 1988 年版；裴明相：《略談鄭州商代前期的骨刻文字》，《全國商史學術討論會論文集》，《殷都學刊》增刊 1985 年版等。

〔註 20〕 趙全嘏：《鄭州二里岡的考古發現》，《新史學通訊》1955 年第 6 期；河南文化局考古工作隊：《鄭州二里岡》，科學出版社 1959 年版。

〔註 21〕 宋國定：《1985～1992 年鄭州商城考古發現綜述》，《鄭州商城考古新發現與研究》（1985～1992）第 56 頁，中州古籍出版社 1993 年版。

〔註 22〕 見引自楊育彬：《華夏古代文明的豐碑》，《紀念王懿榮發現甲骨文一百週年論文集》，齊魯書社 2000 年版。

其五，1990 年夏，在鄭州商城內的鄭州電力學校清理 J3 外側的夯土坑 H10 時，在填土中發現一片殘骨片，上面有切鋸痕跡，正面呈不規則形狀，但表面十分光滑，背面凹凸不平，估計是用動物的肩胛骨做成的。骨料正面上部中間部位發現有 2 個刻劃文字，兩字作「〻〻」狀，刻痕較淺，折轉處刀鋒不甚明顯。該字骨的第一個字與水利局工地發現的字骨的第二字為同一字，兩個工地僅相距數百米。〔註23〕此二字以王宇信先生之釋應為「弜玉」。

鄭州地區出土商代早期甲骨文字一覽表

	發現時間	出土地點	時　代	質　料	甲骨文字刻劃內容
1	1953 年 4 月	二里岡	商代早期	牛肋骨	……又土羊，乙丑貞，從，受……七月
2	1953 年 9 月	二里岡	商代早期	牛肱骨	屮
3	1954 年 4 月	二里岡	商代早期	不詳	不詳
4	1989 年秋	商城內	商代早期	動物肢骨	玉弜
5	1990 年夏	商城內	商代早期	動物肩胛骨	弜玉

對於二里岡刻字卜骨的占卜和文字現象，發掘者裴明相先生作了較為詳細的描述：「兩塊字骨所用的骨料皆為牛骨，一為未經整治的肋骨殘段，它的兩端還存有斷折的殘茬；另一是肱骨上關節面鋸下來的骨片，鋸齒的印痕歷歷可見。這種骨料的形制，與殷墟小屯字骨都經精心整治的牛肩胛骨和龜腹甲相比，顯然帶有較多的原始性」。「骨文的刻道纖細，而小屯的文字刻劃剛勁，行款整齊、勻稱。尤其是鄭州第一塊字骨的第四、五的『乙丑』兩字偏列在上下文行的右側，反映出書刻者拙劣的技藝。」

以上這四片刻字的商代早期的字骨（未見字甲），其中以字多、可以連字成句的第一片為最重要。該辭與商代晚期甲骨文字有比較的價值，所以關於它的文字考釋和時代性質在學術界關注者較多，也多有爭論。

（二）鄭州二里岡甲骨文研究的爭論

1、關於二里岡肋骨刻辭時代的爭議

關於該骨刻辭的時代問題，陳夢家最早對這片商代牛肋骨刻辭作鑒定

〔註23〕 宋國定：《1985～1992 年鄭州商城考古發現綜述》，《鄭州商城考古新發現與研究》（1985～1992）第 56 頁，中州古籍出版社 1993 年版。

時，提出了關於它的時代所屬意見：「這片肋骨所刻的字，和小屯的殷代晚期的卜辭相似，可能也屬於這個時期。它的出土啓示著黃河以南很有可能發現殷代的刻辭卜骨。五月八日記。」〔註 24〕李學勤先生認爲應在甲骨文的第四期即武乙、文丁之時。〔註 25〕這兩種觀點都是將肋骨刻辭的時代定在了商代晚期。即有學者認爲可能屬於殷代晚期，或將其時代判斷在祖甲以後，認爲可能屬於武乙或文武丁時期。

但是自上個世紀八十年代以來，陸續有一些學者對上述意見有了一些不同的認識，如裴明相先生從字骨出土的地層（二里岡期）、字骨骨料形制簡陋、整治簡單粗糙、字體刻劃技藝的拙劣等因素判斷，認定字骨時代爲二里岡期，即商代最早的甲骨文字。〔註 26〕而楊育彬先生則將此刻辭的時代定在二里岡上層。〔註 27〕近年來，李維明先生對此肋骨刻辭又重加研究，也認爲這一刻辭的相對年代在鄭州商文化二里岡上層至殷墟文化早期這一比較寬泛的時間範圍內。〔註 28〕後來李氏又補識這一問題，具體將該骨刻辭時代定在二里岡文化期。〔註 29〕

我們認爲後三者的觀點是正確的，陳夢家先生、李學勤先生僅以字形和詞彙結構而認定爲殷代晚期文字，是與該字骨出土的層位和附近的地理環境不相符合的。當時參與發掘的學者如此描述刻辭出土情況：「被翻動的土層深約半米左右，內含較多的商代二里岡陶器碎片和唐、宋瓷片等。在鏟平後的地面上，暴露出許多邊沿清楚的二里岡期窖穴、灰層和漢、唐、宋時期的瓷片。……絕無鄭州商代人民公園期及安陽殷墟晚期遺存。」〔註 30〕當年的正式發掘報告《鄭州二里岡》中也未見有關二里岡遺址殷墟晚商文化遺存的報導。

〔註 24〕陳夢家：《解放後甲骨的新資料和整理研究》，《文物參考資料》1954 年第 5 期第 6 頁；趙全嘏：《鄭州二里岡的考古發現》最早復述這一意見。又見陳夢家：《殷虛卜辭綜述》第 27 頁，中華書局 1988 年版。

〔註 25〕李學勤：《談安陽小屯以外出土的有字甲骨》，《文物參考資料》1956 年第 11 期。

〔註 26〕裴明相：《略談鄭州商代前期的骨刻文字》，《全國商史學術討論會論文集》，《殷都學刊》增刊 1985 年版。

〔註 27〕楊育彬：《殷墟甲骨文發現的意義與鄭州出土的習刻字骨》，《黃河文化》1999 年第 2、3 期。

〔註 28〕李維明：《鄭州出土商代牛肋骨刻辭新識》，《中國文物報》2003 年 6 月 13 日版。

〔註 29〕李維明：《鄭州出土商代牛肋骨刻辭補識》，《中國文物報》2006 年 1 月 11 日版。

〔註 30〕裴明相：《略談鄭州商代前期的骨刻文字》，《全國商史學術討論會論文集》，《殷都學刊》增刊 1985 年版。

至於被陳、李等人歸於殷墟晚商文化遺存的Ｃ１Ｈ26，因屬 1953 年 6 月 20 日以後公佈方發現，而該刻辭已於 4 月出土，故可以從時間上排除兩者發生聯繫的可能性。

另外，觀察臨近探溝 T51 地層剖面，疊壓在商代二里岡期上面的耕土層厚不過 0.45 米；該刻辭出土兩個月後，在臨近的 T30 東端同樣 50 釐米深的商代二里岡期灰層內，再次出土有刻字骨臼，爲商代二里岡期存有骨刻文字提供了實物佐證。再從鄭州西北郊區小雙橋遺址出土的陶缸殘片上存有 9 字朱書陶文判斷，這一時期商人已經具備了用 10 個左右的字進行記事的能力。所以該刻辭的時代應當是在商代前期的二里岡時期。

2、關於二里岡肋骨刻辭性質的爭議

二里岡出土的這塊字骨是一塊未經整治的天然牛肋骨，不像殷墟出土的那種占卜用骨經過整治，骨面上也未有占卜的灼痕，所以以往多數學者認爲是「習字骨」，即練習刻字的遺存，而非占卜刻辭。

如最早對該骨刻辭做出鑒定的陳夢家先生認爲，「這是在一片牛肋骨上刻著練習契刻卜辭的十個字。占卜祇用肩胛骨，不用肋骨。在肋骨上習刻，從前小屯發掘中也出過一片。安陽出卜用甲骨的區域並不限於小屯，但祇小屯、侯家莊所出的牛肩胛骨和龜腹甲刻了卜辭。小屯周圍出了很多不刻卜辭的甲骨和少數習刻的卜骨。」〔註31〕

早期曾目驗原骨和摹本的甲骨學家李學勤也認爲是習刻文字而非卜辭。〔註32〕該骨刻辭是否爲習刻文字，這涉及到該骨刻辭的性質問題。

但是對此觀點，後來也漸有學者表示了完全不同的看法。據殷墟所見的占卜甲骨中，就有用牛肋骨占卜而其上有刻辭者，如《甲》3629、《合集》31678 等均爲牛肋骨卜辭。如李學勤先生後來就改變了看法，如對於其上有十三條卜辭的《庫方》985＋1106 的牛肋骨，李先生在美國講學期間於匹茨堡郊區梅麗丹研究中心目驗了原骨，發現「刻辭刀法精熟，決非僞刻」，「肋骨未見鑽灼，但字跡毫無倒錯紊亂，又不像是習刻」，於是他進一步指出：「肋骨是可以有卜辭的，鄭州二里岡採集的一片即是實例。一般以爲商代占卜用骨限於

〔註31〕陳夢家：《解放後甲骨的新資料和整理研究》，《文物參考資料》1954 年第 5 期，又《殷虛卜辭綜述》27 頁。

〔註32〕李學勤：《談安陽小屯以外出土的有字甲骨》，《文物參考資料》1956 年第 11 期。

胛骨,肋骨怎樣用於占卜,是值得探討的課題。」〔註33〕近年李先生再次指出:「當時另有使用肋骨的卜法,而且是不施鑽灼的。這種卜用肋骨(也可能有其他的骨)一般不刻文字,從而難於區別出來,刻字的乃是特例。這種解釋的好處是有人類學的依據,如日本、朝鮮的卜骨就有肋骨,或加燒灼,或者不然。」「二里岡肋骨不是實際的卜辭,也是摹寫的卜辭,作為卜辭來理解是沒有錯的。」〔註34〕

上個世紀八十年代裴明相先生對該骨刻辭性質的認識,雖未明言其如何,但從他對該辭的解讀和文字的考辨來看,他是把它當作了真實的占卜刻辭,並作為殷墟甲骨卜辭的前身來看待了。〔註35〕

近年李維明先生對此肋骨刻辭的認識,也對「習字骨」說表示了疑議,認為該骨刻辭開頭的4個字應該讀為「又亳土(社)羊」,卜問在亳社獻羊的可否,是占卜刻辭而非習刻文字。〔註36〕日本松丸道雄先生對此觀點表示認同。〔註37〕

3、關於二里岡肋骨刻辭文字釋讀的異同

由於該骨原骨不易見到,而文字的照相本又模糊不清,一些摹寫本就多有舛訛,所以歷年來學者們對該骨刻辭的隸定和釋讀,也多有差異,因此也引起一些爭議。

陳夢家先生首先釋出了這十個字,但並未言明這十個字為何。〔註38〕1956年李學勤先生將此十字釋作:「又土羊/乙丑貞,從受……/七月」。〔註39〕1959年河南文化局出版《鄭州二里岡》時,隸釋這10個字為:「又屯土羊乙貞從受十月」。〔註40〕雖然還是十個字,但將居於右側的「丑」字釋作「屯」排到了

〔註33〕 李學勤:《論美澳收藏的幾件商周文物》,《文物》1979年第12期。

〔註34〕 李學勤:《鄭州二里岡字骨的研究》,《中國社會科學院歷史研究所學刊》第一集,社會科學文獻出版社2001年版。

〔註35〕 裴明相:《略談鄭州商代前期的骨刻文字》,《全國商史學術討論會論文集》,《殷都學刊》增刊1985年版。

〔註36〕 李維明:《鄭州出土商代牛肋骨刻辭新識》,《中國文物報》2003年6月13日版。

〔註37〕 松丸道雄:《對「鄭州商城」命名的一點看法》,《中國文物報》2005年12月2日版。

〔註38〕 陳夢家:《解放後甲骨的新資料和整理研究》,《文物參考資料》1954年第5期;又《殷虛卜辭綜述》27頁。

〔註39〕 李學勤:《談安陽小屯以外出土的有字甲骨》,《文物參考資料》1956年第11期。

〔註40〕 河南文化局考古工作隊:《鄭州二里岡》,科學出版社1959年版。

「土」字之前；將詞尾的「七月」之「七」改釋作「十」了。這在文字的理解上已經有了不同的看法。

上世紀八十年代裴明相先生將刻辭文字釋讀爲：「……又土羊，乙丑貞，從，受……七月」文字與李氏幾乎相同，但裴氏有自己的理解，他將此骨刻辭分作兩部分：「第一塊字骨的『……又土羊』的『又』字在右側，其上當有字，惜已殘缺，『又土羊』三字，其意完整。『又』在卜辭中，其意有四：即左右之右，有無之有，福祐之祐，以及佐祐之侑。有時，『又』與『𡿧』通用，於此卜辭乃祭祀名。全辭大意是：用羊侑祭土好麼？『土』或釋爲『社』，或釋爲殷之先王先公，尚無定論。……第二辭爲『乙丑貞，從、受……七月』。董彥堂先生說：卜辭習見從字，一爲隨從之義，一爲卜得言吉兆也。前者多在辭中，後者多在辭末，亦有僅書一『從』字者。據此，則此辭可釋爲，乙丑日，貞問其事，得吉兆，故曰『從』。『受』字之下，可補爲『受又』，即卜得吉兆，可得福祐之意。『七月』之『七』。古文皆作『＋』，係指貞卜的月份。」〔註41〕

到 2001 年，李學勤先生對此辭又有了新的解釋：下面一條有七個字，第二個字（即「丑」字）偏右，上面一條有三個字，成彎曲的縱行，釋文是：「乙丑貞，從受/十月。/又土羊。」李先生依據卜辭釋讀規則將刻辭分成兩部分，「乙丑貞……」在先而「又土羊」在後；又從《鄭州二里岡》把「七月」改釋爲「十月」。云：「『十月』的『十』字中央有小橫筆，不同於殷墟『七』字的長橫筆，而同於後世的『十』，也很有特色。」認爲下面辭中「從受」，可有兩種解釋，一，裴明相的說法，卜辭不完整，應補爲「從，受又」；二，卜辭完整，「從」意爲就或自，「受」是地名或人名。上面一辭是用羊祭社的卜辭，「土」即社。除此之外，「丑」字寫作「𠃜」，與殷墟卜辭大都寫作「丑」有區別，認爲這應該是早期的寫法。〔註42〕

2003 年 6 月李維明先生指出 1953 年 4 月鄭州二里岡遺址採集到的牛肋骨刻辭，不是以往學者認爲的 10 個字，而是 11 個字，以往學者們沒有釋出的這個字就是刻辭上部的「乇」字。據此，李先生將整版卜辭分三行：「又/乇土羊乙丑貞從受/七月」，又將這段刻辭釋爲：「又乇土羊乙丑貞從（比）孚（俘）

〔註41〕 裴明相：《略談鄭州商代前期的骨刻文字》，《全國商史學術討論會論文集》，《殷都學刊》增刊 1985 年版。

〔註42〕 李學勤：《鄭州二里岡字骨的研究》，《中國社會科學院歷史研究所學刊》第一集，社會科學文獻出版社 2001 年版。

七月」，此後李氏將「乇土」釋作「亳土」，並據此認爲出土該骨刻辭的鄭州
二里岡遺址應是當時的亳都所在。〔註43〕

但是李先生關於二里岡牛肋骨刻辭的新釋引起了學界爭議，有學者同意
他的看法，有學者則堅持認爲骨頭上祇有 10 個字，所謂的「乇」字並不存在。

4、關於二里岡肋骨刻辭與「亳」字的爭議

近年來對於該辭研究新進展的焦點所在，是對該辭是否漏掉一個「乇」
字的爭議。

2003 年 6 月李維明提出以往的各家論著發表或引述該骨刻辭時漏掉一
字，並將漏掉的「乇」字當作「亳」字的初文或省寫的觀點，〔註 44〕學術界
並未予以充分的關注。至 2004 年 8 月安陽殷商文明國際學術研討會上，李先
生進一步指出「乇土（社）」是殷墟卜辭中「亳土（社）」的源頭，此發現爲
「鄭亳說」提供了更直接的文字證據。〔註 45〕由於這是涉及到鄭州商城的王
都性質的重要問題，所以到了 2005 年 10 月 21 日在河南省鄭州市召開的「紀
念鄭州商城發現 50 週年座談會」上，這一觀點由於日本學者松丸道雄先生的
引述和闡釋，〔註46〕引起了學術界的普遍關注。

也有參加此次座談會的學者在覆查部分材料後認爲，鄭州出土商代牛肋
骨刻辭「乇」字祇是骨紋，不是刻字筆道。

爲此，中國社會科學院歷史研究所孫亞冰博士專門撰文討論了這一問
題。孫亞冰認爲，李維明所依據的材料是《鄭州二里岡》第 38 頁的摹本，從
摹本看似乎是 11 個字，但《鄭州二里岡》的釋文祇有 10 個字，這說明考古報
告的作者並不認爲還有第 11 個字，此摹本不可據。另外，從《20 世紀河南考
古發現與研究》所附照片看，所謂的「乇」字祇是簡單的「ㅿ」形，「ㅿ」形
右下角是一條向左下方斜行的長裂縫，《鄭州二里岡》摹本誤把「ㅿ」形與與
之相接的裂縫連在一起，遂變成「ㄅ」形，李維明先生又把「ㄅ」形的橫筆向

〔註43〕 李維明：《鄭州出土商代牛肋骨刻辭新識》，《中國文物報》2003 年 6 月 13 日
版；《「亳」辨》，《2004 年安陽殷商文明國際學術研討會論文集》，社會科學文
獻出版社 2004 年版；《「乇」辨》，《中原文物》2006 年第 6 期。

〔註44〕 李維明：《鄭州出土商代牛肋骨刻辭新識》，《中國文物報》2003 年 6 月 13 日
版。

〔註45〕 李維明：《「亳」辨》，《2004 年安陽殷商文明國際學術研討會論文集》，社會科
學文獻出版社 2004 年版。

〔註46〕 松丸道雄：《對「鄭州商城」命名的一點看法》，《中國文物報》2005 年 12 月
2 日版。

右拉長，搖身一變爲「乇」字，從而根本否定「乇」字存在的可能性。〔註47〕

　　針對這一批評，陳旭、徐昭峰給予了回應，力陳該骨刻辭確實有「乇」字而各家摹錄漏字，並且較爲詳細地探究了學界以往有關鄭州出土商代牛肋骨刻辭釋文漏字的原因。〔註48〕李維明本人也對此作了論辯，認爲對方以主觀願望爲標準隨意否定考古報告材料，實不足取；同時將這段刻辭釋爲：「又乇土羊乙丑貞從（比）孚（俘）七月」。該文認爲，鄭州出土商代牛肋骨刻辭上首次出現的「乇土」一辭顯示，鄭州一帶至少從商代開始就存在「乇」地，出土文字和傳世古代文獻記載表明，這裡從周代到漢晉時期乇聲地名宅、亳延續不斷，又有甫聲地名並存。這些地名所具音韻聯繫使鄭州商城爲湯都「乇」（亳）說的論據更爲充實。〔註49〕

　　目前關於該辭的相關爭論還在進行之中。

　　5、鄭州商代甲骨文的研究大要

　　除了第一片文字可讀成句，其他三片上雖有文字，但都字數太少而不能盡明其義。

　　第二片中的「㞢」字，也是晚商甲骨文中常見的一個祭祀的名稱「侑」。

　　第四、五片據甲骨學家王宇信先生鑒定考釋，此二字可釋爲「玉弜」和「弜玉」。〔註50〕字體稍顯草率，不過其中有兩個字竟然相同，這種情況非常少見，應該說這兩片字骨的發現並非偶然，它說明在這一地區這個字帶有一定的普遍性，它已經有了一定的流通和交流的文字功能。對於這兩片甲骨刻字的形制和性質，楊育彬先生有過這樣的判斷：「這兩片字骨所用刀具較鈍，刻痕較淺，筆鋒不明顯，波折圓緩，反映了一定的原始性。其字體不同於祭祀時用於記錄的規範文字，或可認爲是流行在民間的一種手寫體。」〔註51〕

　　對於鄭州二里岡骨刻文字所反映的文字與占卜現象以及與殷墟甲骨文字前後影響的關係，裴明相先生有非常詳明的解析：「鄭州字骨是目前甲骨文中

〔註47〕孫亞冰：《對鄭州出土商代牛肋骨刻辭的一點看法》，《中國文物報》2006年1月6日版。

〔註48〕陳旭、徐昭峰：《鄭州出土商代牛肋骨刻辭釋文漏字原因探究》，《中原文物》2006年第3期。

〔註49〕李維明：《「乇」辨》，《中原文物》2006年第6期。

〔註50〕見引自楊育彬：《華夏古代文明的豐碑》，《紀念王懿榮發現甲骨文一百週年論文集》，齊魯書社2000年版。

〔註51〕楊育彬：《殷墟甲骨文發現的意義與鄭州出土的習刻字骨》，《黃河文化》1999年第2、3期。

最早的文字。它的形式基本上爲晚商甲骨文字所沿用。具體的說，有下列幾方面：1、用骨刻字：鄭州字骨開始用原形獸骨字。骨面上未見炙灼痕，在其同時出土的無字卜骨上卻有密集的灼（或鑽）痕。它可能是貞卜在牛胛（也有少數的羊、鹿、豬胛）上，另刻辭在肋骨（或肱骨）上。及至商代晚期，則演變爲廣泛的使用獸的肩胛骨和龜的腹甲作骨料，其法是先鑽、鑿，次炙，後再刻卜辭。2、以干支記日。所謂干支，指十干和十二支。用這種干支交互組合爲 60 個單位。每個單位代表一天。後世殷人一直沿用著這種記日法。同時，在日常生活中還借用古代祭祀卜旬的習慣，每旬十天。每旬最末一天，卜詢下旬的吉凶。3、鄭州骨文的格式，雖不是當時語言的記錄，但卻是卜官根據當時的語言刻寫下來的文字。文法爲日、事、月，晚商甲骨文字基本上承襲著這種格式。」〔註52〕

　　至於商代早期能否發現大批有史料價值的甲骨占卜刻辭文字，至今還是個謎。我們今後且期待著考古工作者手中的那把神奇的手鏟吧。

五、濟陽劉臺甲骨文

　　濟陽劉臺甲骨文是 1982 年在山東濟陽曲堤鎮姜集管理區劉臺遺址中發現的。劉臺遺址主要爲商周時期地層，在發掘 M3 時，於商代地層中發現了 3 件卜骨，可以綴合成一版牛右肩胛骨。卜骨經刮削磨製，正面右下角削去一角。正面和背面均有鑽鑿和灼，與殷墟所出甲骨很相近，「在卜骨正面中間及近右邊緣處有刻劃，……其中有的像甲骨文字中的祖丁、尹、父、二十、十、五。」該卜骨經胡厚宣、李學勤先生鑑定，認爲是商代較早的卜骨。〔註53〕

　　劉臺遺址先後經過多次發掘，發掘了墓地中的六座墓葬，出土了大量的陶瓷器、青銅器、玉器、骨器等，尤以 6 號墓出土器物爲最豐富，組合爲 6 鼎 5 簋，符合諸侯墓級別。這些西周墓葬中出土了多件銘文爲「夆」的青銅器。〔註54〕這爲判斷劉臺甲骨文的族屬和性質提供了參考的綫索。《左傳》昭

〔註52〕裴明相：《略談鄭州商代前期的骨刻文字》，《全國商史學術討論會論文集》，《殷都學刊》增刊 1985 年版。

〔註53〕王爾俊：《山東濟陽劉臺出土的陶文等商代銘刻》，《考古》1989 年第 6 期。

〔註54〕德州行署文化局文物組《山東濟陽劉臺子西周早期墓發掘簡報》，《文物》1981 年第 9 期；德州地區文化局文物組《山東劉臺子西周墓地第二次發掘》，《文物》1985 年第 12 期；山東省文物考古研究所《山東濟陽劉臺子西周六號墓清理報告》，《文物》1996 年第 12 期。

公二十年：「昔爽鳩氏始居此地，季萴因之，有逢伯陵因之，薄姑氏因之，而後大公因之。」《國語・周語》韋昭解：「逢公，伯陵之後、太姜之姪，殷之諸侯，封於齊地」。杜注：「逢伯陵，殷諸侯，姜姓。」晏子所說的「有逢伯陵」之「夆」，爲商代姜姓諸侯。不過，「有逢伯陵」居於逢臺（今山東臨淄一帶），而帶有「夆」字銘文的青銅器則出於濟陽，兩者明顯不在一處。爲此，李學勤先生這樣設想，大概是「姜姓逢國在殷末受東夷薄姑的壓迫，放棄臨淄一帶地區，遷到今濟陽」。〔註55〕

　　如果眞是這樣的話，那麼劉臺甲骨文是在殷商王都之外發現的又一處異族占卜所留下的甲骨文。

六、濟南大辛莊甲骨文

　　濟南大辛莊遺址發現於上個世紀30年代，是一處以商文化爲主要內涵的古文化遺址。50年代以來，山東考古工作者對該遺址做過多次調查和勘探，初步探明遺址面積爲30多萬平方米，是山東省面積最大的一處商代遺址，1977年將其列爲省級文物保護單位。1984年秋，考古工作者又對該遺址進行試掘，初步探明了遺址的文化內涵和年代序列，爲進一步的發掘和研究工作打下了良好的基礎。

（一）大辛莊甲骨文的發現及其意義

1、大辛莊甲骨文的發現情況

　　爲了進一步了解大辛莊遺址的文化性質，2003年3月至6月，山東大學東方考古研究中心、山東省文物考古研究所和濟南市考古研究所聯合，再次對濟南大辛莊商代遺址進行了較大規模的考古發掘，取得重大收穫。自3月18日起，在該遺址陸續發現了時代相當於殷墟文化二三期的晚商甲骨文。〔註56〕因爲有了商代甲骨卜辭的出土和發現，在學術界乃至整個社會上引起較大震動。

　　大辛莊甲骨文出土於遺址東南部距地面0.5米的4個探方土層中，集中出

〔註55〕李學勤：《有逢伯陵與齊國》，《管子學刊》編輯部編《齊文化縱論》，第454頁，華齡出版社1993年版。

〔註56〕方輝：《山東大辛莊遺址發現殷墟時期甲骨卜辭》，《中國文物報》2003年4月18日第一版；山東大學東方考古研究中心、山東省文物考古研究所：《濟南大辛莊遺址出土商代甲骨文》，《考古》2003年6期；方輝：《濟南大辛莊遺址出土商代甲骨文》，《中國歷史文物》2003年3期。

自 T2302、T2402⑤B 層面、T2301⑨B 層、T2401 第②層及其所屬的擾坑以及
T2101H539 內。出土了十多片甲片。經過清洗綴合，共出土帶字卜甲 7 片，
其中 4 片由方輝教授拼合成一大致完整的龜腹甲，其背面有 7 列鑽鑿窠槽。
在這塊長約 15 釐米、寬約 8 釐米的龜甲上，正面殘存卜辭 16 條，共有甲骨
文 34 字，兆序數字 2 個，內容涉及了對「母」進行祭祀等情況。另外 3 塊碎
甲刻有少量文辭。

圖 10-2　濟南大辛莊甲骨及局部放大照片

　　4 月 7 日，山東大學歷史文化學院和東方考古研究中心與《文史哲》編輯
部合作，邀請國內部分知名甲骨學家和考古學家李學勤、朱鳳瀚、李伯謙、
王巍、方輝、徐基、王恩田、欒豐實、徐鴻修、于海廣等人到現場觀摩、座
談，座談會紀要以《「大辛莊甲骨文與商代考古」筆談》形式發表，對大辛莊
甲骨文及有關問題進行專題討論。〔註 57〕

　　《濟南日報》2003 年 4 月 12 日文化週刊《專家評說大辛莊商代遺址及甲
骨卜辭》，報導了李學勤、朱鳳瀚、王恩田、方輝、徐鴻修、徐基、藍野諸先
生的意見。

〔註 57〕　《「大辛莊甲骨文與商代考古」筆談》，方輝：《大辛莊甲骨文的幾個問題》，
　　　　　李學勤：《大辛莊甲骨卜辭的初步考察》，朱鳳瀚：《大辛莊龜腹甲刻辭芻議》，
　　　　　徐鴻修：《大辛莊甲骨文考釋》，王恩田：《大辛莊甲骨文與夷人商化》，李伯
　　　　　謙：《大辛莊甲骨文與商王朝對東方的經營》，王巍：《大辛莊遺址與山東地區
　　　　　商文化》，欒豐實：《大辛莊商代遺址及其綜合研究的意義》，徐基：《大辛莊
　　　　　遺址及其出土刻辭甲骨的研究價值》，于海廣：《大辛莊出土刻辭卜甲之管
　　　　　見》，《文史哲》2003 年第 4 期。下文中未注明者皆出自此座談中的論文。

此後，又有孫亞冰、宋鎮豪〔註58〕、朱歧祥〔註59〕、孫敬明〔註60〕等學者，對大辛莊甲骨文的相關問題撰文考證，提出了各自的新見解。

2、大辛莊甲骨文發現的學術意義

首先，學者們普遍高度評價了大辛莊甲骨文發現的學術意義。多數學者認爲，商代甲骨文過去衹出土於安陽殷墟和鄭州商代都城遺址，其中後者學術界多認爲屬於習刻文字。大辛莊甲骨文是迄今爲止鄭州商城和殷墟都城之外首次發現的唯一的商代地方性甲骨卜辭。大辛莊甲骨文是繼殷墟甲骨文、周原甲骨文之後第三次重大的甲骨文發現，是商周甲骨文發現史上第三座具有歷史意義的里程碑。它的出土，在甲骨學史上具有界標意義，並可視爲甲骨學發展史上一個新起點和學科新分支。

大辛莊遺址歷年出土許多文物，其重要性早已充分證明。現在有了甲骨文，更顯示遺址的性質絕不平常。有學者認爲，大辛莊的甲骨卜辭應該是殷商時期東夷部族所應用的文字。大辛莊甲骨文的發現說明，大辛莊遺址是商代東方的一處中心性聚落，很可能是一處方國都邑。這一發現爲重新審視大辛莊遺址的性質，認識商王朝與周邊地區特別是東方地區的關係，探索商代的政治制度和社會組織，提供了極其重要的資料。從此有關大辛莊一帶發生的商代故事、殷商帝國的東部歷史，有可能由文字記錄直接解讀了，商文化大辛莊類型研究也由此掀開了新的一頁。由大辛莊的甲骨卜辭，還可與商周青銅器銘文進行比較研究，不但可與大辛莊遺址出土的銅器銘文進行比較，進而還可與海岱甚至整個江、河、淮、漢出土的銅器銘文進行比較研究。無論從內容、書體和出土地點等各個方面進行繫聯和綜合比較，相信會有較大的發現。

濟南大辛莊龜甲卜辭的出土，既是商王朝對東方長期經營的結果，也是濟南大辛莊遺址重要地位的標誌。它的發現給予我們的啓示是，甲骨卜辭並不爲商王室所獨有，卜辭的使用在當時高等級貴族階層中可能是相當普遍的。殷墟遺址中出土了大量的「子組」、「𠂤組」、「午組」等一類「非王卜辭」，

〔註58〕　孫亞冰、宋鎮豪：《濟南大辛莊遺址新出甲骨卜辭探析》，《考古》2004 年第 2 期。

〔註59〕　朱歧祥：《讀一版濟南市大辛莊遺址出土商代甲骨的詞彙》，《2004 年安陽殷商文明國際學術研討會論文集》，社會科學文獻出版社 2004 年 9 月版。

〔註60〕　孫敬明：《大辛莊甲骨六義》，《2004 年安陽殷商文明國際學術研討會論文集》，社會科學文獻出版社 2004 年 9 月版。

這些「非王卜辭」是居住在王都的商王室之外的其他貴族占卜的記錄。大辛莊發現的也是「非王卜辭」。「非王卜辭」的存在，表明商王室並沒有壟斷占卜記事的權力，當時具有較高政治地位的貴族也可以使用卜辭。濟南大辛莊遺址作爲當時的高等級聚落，如今也出土了「非王卜辭」，它的主人的地位決不會比住在王都內的貴族低多少，甚至還可能因不受商王室的直接控制而擁有更多的權力。如果實際情況的確如此，那將預示著繼這次發掘之後，大辛莊遺址還會有新的更多的卜辭出土，其他與大辛莊遺址規模差不多的商代遺址也有發現甲骨卜辭的可能。眞正到了那一天，無論是甲骨學的歷史還是殷商社會歷史都將會有一個很大的改觀。

（二）大辛莊甲骨文時代判斷

1、大辛莊遺址的分期情況

關於大辛莊甲骨文的時代，牽涉到大辛莊遺址的年代分期及刻字卜甲在整個遺址年代居於何段的問題。

該遺址主要發掘者徐基教授曾將大辛莊商代遺址初步劃分爲連續發展的七個期段，從商代早期偏晚至商代晚期連續發展沒有間斷，基本上可與鄭州二里岡期後段——小雙橋——洹北和殷墟文化（共五段 10 組）相互對應。在前三期，即相當於鄭州二里岡上層或略晚階段，商文化還與土著的岳石文化共存，並行發展。但到了第五期，即相當於殷墟文化二期時，商文化已基本上同化和融合了岳石文化，形成了商文化的一個地方類型。〔註61〕

對於該遺址原來出土的 500 多版無字甲骨，徐先生也作了分期斷代，共分爲五期：一期屬大辛莊商代文化第一期，有骨無甲，用羊、豬、鹿肩胛骨，骨臼骨脊略作修削，有密集小圓鑽；二期屬大辛莊商代文化之第二、三期，有牛肩胛骨，骨脊骨臼砍削較平，用中圓鑽和大圓鑽，小圓鑽罕見；三期屬大辛莊商代文化第四期，卜骨加工較好，多用大圓鑽，出現卜甲，卜甲不作修飾，鑿挖技術原始，鑿呈不規則棗核形，如殷墟卜骨之𠂤組和午組，挖窩多呈不規則馬蹄形，灼施在鑿與鑽（挖窩）兩處；四期屬大辛莊商代文化第五期，卜甲多於卜骨，卜骨削平骨脊，多大圓鑽而少用鑿，鑽窩佈排無規律，

〔註61〕山東大學歷史系考古專業等：《1984 年秋濟南大辛莊遺址試掘述要》（徐基執筆），《文物》1995 年第 6 期；徐基：《商文化大辛莊類型初論》，《中國考古學會第九次年會論文集》，文物出版社 1997 年版；《關於濟南大辛莊商代遺存年代的思考》，《中原文物》2000 年第 3 期。

卜甲面多經鏟磨，棗核形鑿長而鑽（挖）窩小，灼常施在鑽窩內。五期屬大辛莊商代文化第六、七期，與殷墟四期文化同時，甲多骨少，甲板平整，鑿型多細長而規矩。〔註62〕

2、大辛莊甲骨文時代的研究分歧

對於這次發現的大辛莊有字卜甲，徐基先生從鑽鑿形態上進行型式分析，判斷其時代相當於殷墟文化二、三期。

方輝教授分析這次有字甲骨鑿形細長，兩端圓鈍，同徐基先生所劃分的III型3式相同。該型式鑽鑿流行於大辛莊商文化五、六期，即殷墟文化二、三期。又從這次甲骨文出土的層位來看，上述探方中⑤A、⑤B 有明確的地層疊壓和打破關係，可對其年代做出判斷。開口⑤A 下、打破⑤B 層的灰坑H509，年代不晚於殷墟二期；⑤B 下開口的 H547 年代不晚於殷墟二期。因此，出土大辛莊刻辭卜甲的原生層位的年代上限可定為殷墟二期，下限則不晚於殷墟二期。刻辭的年代應同此。

李伯謙先生則從甲骨文伴出的陶器類型作了時代的分析，這些刻字卜甲，出土於此次發掘的⑤A 層下⑤B 層上，從⑤A 層和⑤B 層出土的陶器鬲、盆、罐等的殘片觀察，大體相當於殷墟文化二期偏晚、三期偏早。殷墟考古分期的二期和三期是與武丁至康丁5位商王基本對應的，這就決定了這些刻字卜甲的年代不會超出這個範圍。

對於大辛莊甲骨文的具體時代，李學勤先生從卜辭文例形式作出了判斷：「甲上卜辭的格式比較簡單，祇有貞辭，而不像殷墟王卜辭那樣有前辭、貞辭、驗辭等等。上一組一辭有『□酉』，疑為所卜御祭的時間，不是記占卜日期的前辭。再有，各辭文字的走向也不一致。這些，都接近殷墟出土的非王卜辭，後者大多屬於武丁時期。」

孫亞冰、宋鎮豪從龜腹甲反面的鑽鑿形態分析，認為有較多的晚期特徵，如鑽鑿排列齊整有序，灼點基本祇在鑽窩當心，有明顯的炭燋圓圈，有的燋痕甚至透過龜版顯露到卜龜正面，鑿槽多不施灼。再如，此卜龜鑽鑿分兩式：一為鑿兩端圓鈍，兩側外鼓，槽寬深，鑽係挖製，但淺於鑽窩，鑽窩

〔註62〕徐基：《濟南大辛莊遺址出土甲骨的初步研究》，《文物》1995 年第 6 期；劉嘉玉、徐基：《大辛莊遺址甲骨特徵及其與臺西、殷墟甲骨的比較研究》，《殷商文明暨紀念三星堆遺址發現 70 週年國際學術研討會論文集》，社會科學文獻出版社 2003 年版。

規整而略呈橢圓形，屬於徐基劃分的Ｉ3式；另一式鑿一端圓鈍，一端較尖，兩側微鼓呈條形，深於鑽窩，較規整，屬於徐基劃分的ＩＩ2式。這些都是大辛莊甲骨晚期特色，屬於大辛莊甲骨五分法中的第四期，相當於殷墟甲骨文第四期武乙文丁時期，分析其文字構形及卜辭句法，尤接近於殷墟三、四期甲骨卜辭。

（三）大辛莊甲骨文與殷墟甲骨文的比較

學者們一致認為，大辛莊甲骨文是商代卜辭，與殷墟甲骨卜辭是同一個系統。不論是甲骨修整、鑽鑿形態，還是字形、文法，大辛莊卜辭都應與安陽殷墟卜辭屬於同一系統，但在甲骨占卜形式、鑽鑿形態以及個別字形的寫法上存在著自身特點。

1、大辛莊甲骨文產生地的分析

那麼，大辛莊甲骨文是本地所為，還是從殷都帶來的，或者是由殷都來的人卜用的？學者們普遍認為應是大辛莊當地產品，理由是：第一，大辛莊甲骨文發現於商代層的活動面上，同一層面上還有兩塊平整的石塊。它們都應當是當時人們活動的遺留；第二，大辛莊遺址此前發現甲骨近 500 片，其中不乏整版或接近整版者，學者已經歸納出當地甲骨整治的特點。刻辭所在的龜版在整治方法上與這些無字甲骨相同，完全可納入當地系統；第三，大辛莊甲骨文有一些自身特徵，如使用一種非常尖銳的工具刻寫文字，某些字形如「允」、「御」等與殷墟卜辭有別，有的字與殷墟相比存在著簡化傾向等；第四，從殷都到此的人，在旅途中專門舉行對「母」的祭祀，也不合乎情理。所以說，惟一合理的推斷，是這些甲骨文屬於當地。

2、大辛莊甲骨文在文字字形和卜辭文例上與殷墟甲骨文的不同

李學勤先生云：「這版腹甲上文字的刻劃，筆道勁直而細，「卯」字的兩圓點十分細小，所用工具一定有刺刃細尖，而且非常堅硬，這說明了有關工藝的發展程度。」此即說明了大辛莊甲骨文筆道細勁的特點和使用工具的情況。

朱鳳瀚先生也指出：「四隻牲中，後兩隻皆是『豕』，如在殷墟卜辭，即會寫成『二豕』，這裡則分列，且『麀』、『豕』、『豕』字腹部均用單綫條，未用複綫表示碩腹，似都是一種特殊的書寫習慣。」此即具體說明了大辛莊甲骨用詞特徵、某些字形的書寫方法和書寫習慣。

徐鴻修先生也從字形特徵和書體風格等方面具體比較了大辛莊甲骨文和殷墟卜辭的異同：「第一，大辛莊甲骨文字結構、字形與殷墟卜辭非常接近而又有自己的特點，如『女』字象婦人跽坐，『彘』字象矢穿豕身，『徙』字之步旁象止少相背，『豭』字加牡器會意等，都與殷墟甲骨文相同。而『允』字先畫上部⇳形再刻下部人形，『女』字屈膝部分窄而特長等又與殷墟文字有別，這說明大辛莊甲骨文與殷墟文字屬於同一系統而又有自己的特點。第二，大辛莊甲文筆劃剛勁挺拔，轉折處尖銳而不圓潤，李學勤先生認爲其風格接近殷墟午組卜辭，是很正確的。第三，大辛莊龜甲的整治、鑽鑿、窠槽的形狀、卜辭的對貞等也與殷墟相彷，但卜辭不書占卜日的干支，又不見『卜』、『貞』等字樣，則與殷墟有別。」

李伯謙先生也指出了一些大辛莊文字的獨特之處，如作爲御祭對象的「母」，不像殷墟卜辭那樣常以「母戊」、「母己」、「母辛」等附以天干爲名，而以四個「豕」字的「豩豩」私名爲名；作爲私名的「豩豩」字，在殷墟卜辭中有以一個「豕」字表示的，有以兩個「豕」字表示的，個別也有以三個「豕」字表示的，但從未見有像大辛莊甲骨文這樣以四個「豕」字表示者。李氏是將「豩豩」當作一個字視爲人名看待了，這與其他各家將其視爲祭牲的「彘豕豕豕」大不相同。

3、大辛莊甲骨卜辭的行款走向與殷墟甲骨卜辭有別

朱鳳瀚先生分析了大辛莊甲骨對貞卜辭的行款特點，認爲：「大辛莊這版龜腹甲上的這組對貞句還是以『不……』、『允……』的形式排列較妥。當然，像這樣將兩句對貞卜辭作上下排列且逆向讀，也屬於大辛莊甲骨刻辭的特點。」但朱歧祥先生對此表示異議，認爲前左甲「不徙」「允徙」二詞不是對貞卜辭，按卜辭的常態句式理解，允字前爲命辭，屬於貞問的內容，應標示問號；允字後則爲驗辭，乃記錄占問事情的結果，得以句號作結；因此，本辭的標點應該是「不徙？允徙。」徐鴻修則指出：「『卯四母』卜辭的 7 個字有 6 個字作單行橫行，更爲殷墟所未見。」

孫亞冰、宋鎮豪分析了殷墟甲骨文字行款的四種走向，「王卜辭」、「子組卜辭」、「午組卜辭」、「花東卜辭」各不相同。而大辛莊卜辭的行款走向與殷墟的四種行款走向略不相同，其最顯著點是每對正反對貞卜辭的行款走向均一致，或左行，或右行，儼然不亂。如「卯四母彘豕豕豕」與「弜卯」、「□酉𡆥」與「弜𡆥」的方向都右行。「不徙」與「允徙」的情況複雜些，前甲的

兩對是左右對貞，位於上的一對都是左行，位於下的一對則都是右行，而後甲的兩對卜辭據所處位置的兆枝和整版規律判斷，應是上下對貞，在左一對均右行，在右一對均左行。

4、大辛莊占卜甲骨的外在形式有其獨特之處

大辛莊甲骨文上有鑽孔現象，對此李學勤先生作了這樣的分析：「值得注意的是，在右甲牆中間偏下的地方有一小鑽孔。殷墟有字甲骨也有個別帶鑽孔的，都是用廢棄甲骨切割改製成飾物，與大辛莊這版腹甲不同。這使我想起以前曾在殷墟午組腹甲上發現刻辭『三冊冊凡三』。揣想是將龜版疊置成冊，每冊三版，大辛莊的腹甲或許也是這樣，把幾版疊置，用繩穿繫固定，以便攜帶或保存。腹甲的左尾甲偏下外緣，還有一個大鑽孔。因爲邊緣在成孔後削平，所以衹見孔的一半。這個孔是在修治完成前做出的，可能是運送龜甲時作穿繫用。這在殷墟也是從未見過的。」

對此孫亞冰、宋鎮豪等也認爲：「大辛莊甲骨的整治也採用了削、鋸、切、錯、刮、磨、穿孔等整治方法，卜龜甲橋上也有一個小鑽孔，與殷墟YH127坑及花園莊東地出土龜腹甲所見類同。特別是此龜版的邊緣，錯磨精細，反面留下了很光滑的斜面，這種現象爲殷墟卜龜所少見。」

5、大辛莊卜甲與殷墟甲骨的大小之別

對於大辛莊占卜龜甲的大小尺寸，孫亞冰、宋鎮豪結合殷墟卜龜提供的完整龜腹甲尺寸比例，進行了復原計算，此版卜龜原長約有 24 釐米，寬約在 13.5 釐米上下。這樣大小的卜龜是當地出產的地平龜。對殷墟來說，這類卜龜比較一般，占卜主體通常爲中層貴族身分的人或一般族氏大家族長，但對商代地方性的大辛莊遺址而言，恐怕就不是普通之品了。大辛莊遺址以往出土的卜龜，以小型龜居多，縱長在 16 釐米左右，還有更小的，相比之下，此卜龜自應躋身當地的大龜之列，屬於族邑內上層權貴採用的卜龜。這從殷墟之外揭示出地方邑聚與商代王都在使用卜龜方面的等差之別。

6、大辛莊甲骨與殷墟甲骨在材料整治和鑽鑿形態方面的差異

很多學者都注意到了大辛莊和殷墟甲骨在甲骨占卜外在形式上的異同之處。如方輝對大辛莊甲骨形式描述道：「龜甲在使用前經過精細整治處理，刮削痕跡明顯，厚薄均勻，正反兩面均較光滑。右甲橋中部偏下的位置有一小穿孔，尾左甲近邊緣處有一半圓形穿孔。背面鑽、鑿、灼俱備，鑽、鑿排

列規整。正面有刻辭。」

　　李學勤先生指出：「腹甲經過相當精細的修治，甲牆外緣削去很多，尾甲外側也去平了。與殷墟腹甲相比，這樣的修治也屬於比較進步的。」「鑽鑿的形態，與 90 年代發表的大辛莊第四期卜甲接近，鑿較短而鑽較大，灼痕也比較大。鑽在鑿側的位置，即兆枝的方向，也類於過去發表的，在千里路兩邊均有兆枝相對的情形，這在殷墟腹甲上是罕有的。」

　　朱鳳瀚先生對大辛莊甲骨的鑽鑿形態有很好的總結：「這塊龜腹甲背面有數個鑽鑿及灼鑽後形成的灼痕。就單個鑽鑿的形狀來看，是與殷墟甲骨上的鑽鑿相近的，鑿作長梭形，鑽作圓形，而且鑽、鑿有小部分相重，鑿位於鑽的一側，從而使龜腹甲正面在灼鑽後能分別沿著鑿底的縱綫和與其垂直的鑽直徑開裂，形成若干個『卜』字形的卜兆。但是，殷墟龜腹甲背面的鑽鑿排列是有固定規律的，即多作數排縱向排列，在龜腹甲中綫（即千里路）兩側的鑽鑿，凡鑽均位於鑿的內側，即朝向龜腹甲中綫，因此，龜腹甲正面的卜兆，橫枝皆朝向中綫。但大辛莊這片龜甲，鑽鑿排列不甚規整，縱向未形成較整齊的排，雖多數鑽是在鑿的內側，可是也有少數鑽鑿，鑽在鑿的外側，並不朝向中綫。以上鑽鑿情況說明大辛莊甲骨的占卜術雖總體上是與殷墟甲骨相近或相同的，屬同一占卜體系，占卜技藝（包括龜腹甲的整治）方面非常接近，但也有自己的特點，有自己地方性或家族性傳統。」

　　王恩田先生也比較了兩者之間的差異和不同：「殷墟卜甲背面的鑽鑿佈局很有規律。一般都是以中縫（『千里路』）為界左右對稱。左半部分鑿在左，鑽在右；右半部分則相反，鑿在右而鑽在左。因此經燒灼後正面左右兩部分所開裂的兆枝一律指向中縫。卜辭讀序則與兆枝呈反方向，即左半部分自右往左行；而右半部分則自左往右行。甲骨學家稱之為『迎兆刻辭』。大辛莊甲骨文鑽鑿佈局衹在局部的左右前甲和左右後甲基本上符合這一規律。但在左右後甲的中縫兩側卻各有一組鑽鑿與此規律相反。而在左右尾甲上的鑽鑿佈局則是雜亂無章，毫無規律可言。因此正面卜辭的讀序就不宜再套用殷墟卜甲的規律，只能按照文意決定讀序。」

　　曾對大辛莊出土無字甲骨做過長時間觀察和研究的徐基先生，則用列表的方式比較了大辛莊、殷墟以及臺西出土甲骨形式方面的異同，使三者的情況一目了然。比較表如下：

表1　大辛莊、殷墟、臺西三地出土甲骨比較表

遺址	卜　骨			卜　甲				
	攻治	鑽鑿	佈局	攻治	鑿	鑽	佈局	兆向
殷墟	鋸除臼角、削平胛崗	用鑿	排列齊整	精細、背甲對剖	早期有芒針、鑿槽長大、型式多	挖製	對貞、鑽近中縫、鑿在鑽外側	兆紋向中縫
臺西	不鋸臼角，削或不削胛崗	少鑿多鑽或鑿鑽結合	多沿兩側排列	粗治、背甲整用	長方形，桑椹形；有橫置鑿	挖製	對貞、鑿近中縫、鑽在鑿外側	兆紋背向中縫
大辛莊	不鋸臼角，削平胛崗	鑽絕多、鑿極少	密集無序	較精少背甲、亦對剖使用	無芒針，有棗核形；長方形，多桑椹形	挖製	對貞、鑿近中縫、鑽在鑿外側	兆紋背向中縫

（四）大辛莊甲骨文的文字考釋

對於大辛莊刻字甲骨內容的解讀和文字的考證，是學術界用力較多且較有爭議的重要問題。尤其是經拼合後最大的一片龜腹甲（標本之一編號 T2302⑤B：1），其上爲數段占卜文字刻辭，分別記錄了當地統治者對某位「母」進行「御祭」、「溫祭」等的祭祀占卜和有關「徙」（或徏）等方面的內容。

龜腹甲刻辭，分佈於前左右甲和後左右甲，成非常工穩的左右對貞。其中後左右甲局部漫漶不清。據方輝教授的研究，可識別的刻辭共 34 字。分區隸定如次：

前左甲：「不徙？允徙？□酉，溫。」

前右甲：「不〔徙〕？允〔徙〕？弜溫。」

後左甲：「〔不徙〕？允〔徙〕？四。御母巂豕豕豕。母一。」

後右甲：「不徙？允徙？弜御。御。屰。」

1、關於「不徙」、「允徙」的爭論

對於其中的一些單字，頗有爭論。如「徙」字，方輝認爲「徙」字見於殷墟卜辭，有遷徙之意，但也有作祭名的；大辛莊卜辭中的「徙」，用法可能與前者同。李學勤也認爲此爲「徙」字。但朱鳳瀚認爲字從「行」旁，從步，不當讀成「徙」字，還應該讀成「徏」字，是「步」字繁化；這種寫法在殷墟卜辭中偶亦得見（《合集》18703、19276）。「不徏」、「允徏」，是卜問「不能夠出行」還是「能夠出行」，不同意將「徏」理解爲占卜者自己可以把握的祭祀之祭名。徐鴻修也認爲該字從彳從兩趾前後相隨，是「徏」字，是「步」

的繁體；步的本義爲行進，但卜辭有時亦用爲祭名，並舉殷墟卜辭中的「庚辰步於母庚」、「辛丑卜古，御步於學戊」等例說明，大辛莊卜辭以「母益」與「徙」相聯，也應與步祭有關，視爲遷徙之事則與辭義不合，恐不正確。孫亞冰、宋鎮豪認爲，「徙」從彳從兩止，且兩止同向，在大辛莊甲骨卜辭中是動詞，可能是卜問神祇是否徙降受享。朱歧祥則認爲，「征」字在殷墟卜辭中有出往、持續和祭祀（接連某種祭祀）三種用法，大辛莊此版卜甲屬祭祀卜辭，其中的徙字應理解爲征字繁體，用爲祭祀類動詞；在「允征」後接「御四母麑豕豕豕」，應理解爲連續的用祭牲祭祀四母。

2、關於「溫」字的考釋分歧

🔆，從母或女，從水從皿，方輝認爲與殷墟卜辭的上從人從水，下從皿之「🔆」字相似，從陳邦懷先生考釋隸定此字爲「溫」，在殷墟卜辭中用爲地名和祭名。「溫」字出現於否定詞「弱」之後，當作動詞用，可能爲祭名。朱鳳瀚也認爲，該字從女從皿，皿中有點示所盛之水。殷墟文字中表示人的符號寫成人，寫成女，有時在不影響文字字義情況下可通用，贊同釋爲「溫」字，在卜辭中爲一種祭祀方法之稱。但徐鴻修雖未單獨考釋此字，卻徑直將此字視爲人名「母益」之「益」字，連詞而成「母益酉允徙」，釋讀爲酉日對母益的步祭。孫亞冰、宋鎮豪認爲，陳氏釋「溫」（溫）乃漢隸構形，不足以直接據之考定甲骨文字形，且釋溫無說，仍當以羅氏釋「浴」爲優；大辛莊🔆字從女從皿從積水在皿內，雖與從人在皿中從水灑落在人身或去身垢的🔆字構形略不同，但古文字從女與從人每每通作，🔆字也像「浴去身垢」意。人辛莊此組二辭正反對貞「🔆」與「弱🔆」，可能與祭祀之際的沐浴盥洗潔身儀式相關。

3、關於「酉」字是否為干支字的研究

對於前左甲「溫」字前一字爲「酉」，學者們也有爭論。方輝認爲「酉」字應即干支，爲卜辭中的前辭。李學勤先生認爲「□酉」，疑爲所卜御祭的時間，不是記占卜日期的前辭。朱鳳瀚認爲「酉」可能是某一干支的後一字，並分析了兩種可能：如是干支字，則此句卜辭或許有前辭；如不是干支字，則應讀成酒，如「酉」可讀爲酒，則是用酒來作爲此祭祀程序中所用之祭品。徐鴻修則詳細分析了該字是干支字「酉」的可能性：「酉」字雖然與「女」字靠得很近，且酉、女合起來與「允徙」二字皆幾乎等大，據此似應與女合辭爲「妸」字。但細察女字下有一「益」字，而右半部「女」字下亦有一「益」

字而其旁並無「酉」字，因此可斷定左半部的「女」、「酉」不應合爲一字，酉字當是獨立的單字，在此似用爲地支名。舉例說明了殷墟卜辭中有以地支字表示時日者，此辭之酉難作他解，故釋爲地支酉日。他將「酉」當作祭祀母的日子而不做卜辭前辭成分。孫亞冰、宋鎭豪認爲「酉」上缺字疑爲「丁」字，「丁酉」爲干支記日。但此版大辛莊卜辭記前辭者僅此「丁酉」一見，又不記貞人名，其餘卜辭也皆祇記命辭，且都不用貞字起句，沒有占辭、驗辭。

4、關於「四母」究為何指的爭議

卸（御），祭名，殷墟卜辭常見，御祭是御除災禍以求祐之祭。對於此字的釋讀，各家均無疑議。祇是對卜辭中御祭的對象是「母」還是「四母」，「母」或「四母」是祭祀犧牲、祭祀對象抑或是「御」祭的受益者，學者們認識不一。方輝雖然隸釋卜辭時將「四」與「母」分離而成「四。御母豷豕豕豕」，認爲後左甲的「四」字刻於「御」字右上部，筆道較淺，可能爲兆序，但亦不排除與其下「母」字連讀的可能，並云：「商代甲骨文中母與女同，『四母』也可做四個女子來解，加之其下的『母（女）一』刻辭，這五位女子也可能與豷、豕、豕一樣，同爲祭牲。」是將「四母」作爲祭牲來看的。李學勤也是將「四母」連讀，但是作爲「御」祭的對象來看。朱鳳瀚認爲，「四母」之「四」位置靠上，學者或認爲是兆序。但本版其它兆枝旁未見有兆序，所以這裡暫計入卜辭文字中。並舉殷墟卜辭中有「多母」、「二母」、「三母」之稱，是指包括占卜主體生母與其父的其他配偶的稱謂。「卸（御）四女（母）豷豕豕豕」，卜問是否要用三類四隻牲（皆屬於豕）來御祭四母，也是將「四母」作爲祭祀的對象。宋鎭豪、朱歧祥等也作如是觀。但徐鴻修認爲，四母當是卜主之母或女，「四」字與「母」字等大，「顯然是對母或女的稱謂而非兆序，御四母即爲四母行御祭禮而攘除災禍，四母爲攘災除禍的受益者而非祭祀對象。」藍野先生認爲這條卜辭是自右左行，讀爲「豕、豕、豕、豷、四女御」，釋母爲女，謂「女乃祭祀所用之女牲」，也將「四女」爲祭牲，其理由是：如果本片果爲御祭某母之卜辭，則辭例當作「御某某于母某」或「于母御某某」，不得逕作「女（母）御」或「御女（母）」。〔註63〕對此，徐鴻修舉殷墟卜辭中「壬寅子卜，卸母小宰」爲例，「御母」與大辛莊卜甲完全一致，以證藍說不確。各家之中，祇有王恩田先生認爲「四」字與「母」字應當分別而論，

〔註63〕 參見《專家評說大辛莊商代遺址及甲骨卜辭》，《濟南日報》2003 年 4 月 12 日《文化週刊》。

云：殷墟卜辭一般都在兆枝旁刻有一、二、三、四……等占卜的序號。大辛莊甲骨文似乎沒有，衹是在以上例舉的「御母豩」，卜辭御、母二字中間的上方有一個醒目的「四」字。而在右甲橋的位置有一個規整的圓孔，推測圓孔的用途應是把數片卜甲編串在一起而成「冊」，即所謂「殷人有典有冊」是也。如推測可信，那麼這個「四」字就應是頁碼編號。

5、對於「彘豖豕豕」解釋的歧異

「母」後三字，方輝考釋爲「彘爲獵獲的野豬，豖爲閹豬，豕則爲普通家豬，在此均爲御祭所用的犧牲。」〔註64〕李學勤也認爲，「御四母，彘、豖、豕、豕。弜（勿）御。」「正卜說祭祀四位母，分別用野豬、閹豬或家豬，反卜則說不進行這樣的祭祀。」朱鳳瀚指出，御祭四母，牲恰好是四隻，不排除一母各用一隻作祭牲的可能。衹是在四隻牲中，後兩隻皆是「豕」，如在殷墟卜辭，即會寫成「二豕」，這裡則分列，且「彘」、「豖」、「豕」字腹部均用單綫條，未用複綫表示碩腹，似都是一種特殊的書寫習慣。其實，在祭祀犧牲中「豕豕」相連者，也曾見之於殷墟甲骨卜辭中，並不是大辛莊甲骨的特例，如《小屯南地甲骨》附錄 3：「御牧于妣乙盧豕、妣癸彘、妣丁豕、妣乙豖豕。」「御祖癸豕、祖乙豕、祖戊豖豕。」徐鴻修將此辭徑直隸定爲「卬（御）四女（母）彘豭豕豕」，指出「彘，原作  ，象矢穿豕身形，穿豕的橫劃象矢而省略箭頭和矢尾，這種省略的刻法在殷墟卜辭中也屢見不鮮……豭字原作  ，豕腹一豎象牡器，與殷墟卜辭也完全相同。彘、豭、豕都是祭牲，全辭意爲卜問御祭四母用彘還是用豭、豕。」孫亞冰、宋鎮豪將四字隸釋爲「彘豖豕豕」，作爲祭牲四者略有區別，「彘」指一般的豬而言，「豖」指去勢的雄豬，「豕」是個新字，豕的頭旁（「豕」字頭部下顎與前肢合爲一筆）有一點，指砍去頭部或鑿除牙齒的豬，「豕」指成年母豬，「四母」與四種豬牲對應，每位母輩配祭數目相同的豬牲。朱歧祥認爲，殷人用牲祭祀有以豕爲主綫，且可以繫聯彘、豭、豚等豕的分類，重迭的或交錯的用爲祭牲，特別是《合集》31993「御某妣某牲」的句式和連用二豕的組合，與大辛莊卜甲是全同的，因此大辛莊卜甲後左甲的「彘、豖、豕、豕」，並列作爲祭牲以祭祀四母的理解應該是沒有問題的。與眾不同的是，王恩田先生認爲「母」後所列象四豕

〔註64〕方輝先生在《考古》2003 年 6 期的考釋又謂：「母後四字或爲人名，也可能是御祭所用犧牲，分別是獵獲的野豬、閹豬和家豬。」觀點有些搖擺不定，可能是受了其他學者將四字視爲人名的影響。

並列，應是《說文》狻字繁體，是母的私名，這兩條卜辭左右對貞，從正反兩方面卜問是否對母狻進行御祭。李伯謙先生也將此辭隸釋爲「御母狻狻」，將「母」後「狻狻」當作「母」之私名看待，這與其他各家將其作爲祭祀犧牲觀點頗不相同。

6、對其餘三片殘甲的文字考釋

對於後右甲的「卪」字，方輝認爲不可識讀，「可能爲人名或地名」。其他學者也對此字多沒有考釋，唯孫亞冰、宋鎭豪文中注云：「後右甲「二」字下有劃痕，方輝誤釋爲「卪」。」

對於綴合大腹甲之外的其他三片腹甲殘片，因爲字少，諸家對方輝隸釋沒有太大爭議：

標本二，編號 T2101H539：1。一字，可釋爲「次」。字用極細尖狀物刻寫而成。對於此字，李學勤先生云：「其一有跽坐人形，以手掩口的字，類於殷墟所見『次』字，『聞』字所從。」但孫亞冰、宋鎭豪指出，方輝釋此字作「次」有誤：按「次」字從欠從水，「次」字在殷墟甲骨文中作張口流涎狀，〔註65〕而原刻辭寫作「」，與「次」不類，此字當是「」的異體，亦見於殷墟甲骨文（《合集》734 正），象一人跪而兩手前持有所祈求之意，應釋作「丮」。

標本三，編號 T2301⑤B：1。二字，釋爲「弜戠」。弜即勿，已如上述。戠，裘錫圭先生認爲有「等待」之意。弜戠，即不要等待。李學勤也作如是觀：「又一有卜辭『弜戠』，殷墟有同樣的辭，應依裘錫圭先生讀爲『勿待』。」

標本四，編號 T2302⑤A：2。三字。一、二當爲兆序；另字殘，不識。李學勤對此略有所論說，云：「一片在兆旁有『二』字，係兆序，這在大片上是沒有的。上述『御四母』的『四』字，對照反卜沒有兆序，恐怕仍不是兆序。」

（五）由大辛莊甲骨文所反映的商代歷史及商夷關係

對於大辛莊甲骨文所反映的商代歷史和商夷之間的關係，也是學者們樂於談論的話題。

朱鳳瀚先生認爲，由大辛莊甲骨文的發現和研究，「可知商代晚期，在大辛莊地區生活的此貴族家族有自己本家族所尊奉的先人，有一套成熟的祭祀系統及相應的禮儀，有自己本家族獨立的社會活動。同時，由出土的龜腹甲

〔註65〕參見張政烺：《殷虛甲骨文羨字說》，《甲骨探史錄》，三聯書店 1982 年版。

及其文字所體現的有特點的占卜方法、卜辭書寫格式與文字形體，均表現出此一貴族家族擁有自己獨立的占卜機構和具有相當高文化水準的卜人與貞人。而且由於占卜方法與文字均可與殷墟文化歸屬同一體系，亦可知這一貴族家族當與商王朝間有著密切的關係。」

徐鴻修先生從兩組較完整的卜辭皆與祭祀有關，御、步兩種祭名又皆見於殷墟卜辭，認為大辛莊卜主與商王室具有「殷人尙鬼」的相同宗教觀念，而且還具有相同的巫術儀式。大辛莊居民的首領與商朝統治者具有共同的語言和共同的文字，在風俗習慣、宗教信仰方面與後者也有共同之點。據此推斷，他們應是商王室的同族，而大辛莊則很可能是商族分支所建立的一個方國的都邑。這個都邑的物質文化發展水平已相當高，至遲在商代後期已成為商王室控制東方的一個政治、經濟重鎮。然而，這個重鎮畢竟建立在東夷地區，因而其物質和文化生活又深受東夷文化的影響，大辛莊甲骨文所表現的種種地方特色，足以證明它不是從殷墟帶來的，而是大辛莊本地原有的。對於大辛莊甲骨祭牲用豕卻與殷墟祭牲以牛羊為主顯然有別，藍野先生認為，這是原為游牧半游牧的商族征服大辛莊原東夷族農耕聚落後，受東夷族文化影響的反映，是很有見地的。

王恩田先生也從大辛莊甲骨文分析了東夷部族的商人化傾向。從山東省內的考古材料來看，商人進入山東是從早商時期後段大約是在商王大戊時期開始的，其前鋒已經到達泗河流域。晚商時期在魯北更推進到濰河流域，在魯南已進入臨沂地區。在商人佔領區內建立了不少「殖民」據點。山東發現的族徽銅器已達 60 餘處，沂水、莒縣一帶出的「爰」卣、壽光古城村出的「己並」器群等都曾在安陽殷墟出土過。濟南劉家莊出土的卸族器群、濰坊出土的「宅止」爵等都可以與殷墟的族徽或複合族徽相繫聯，證明這些氏族與殷都安陽各氏族之間有著共同的血緣關係。大辛莊商代遺址和甲骨文的發現證明商人進入山東後，並沒有對東夷族趕盡殺絕，而是對那些馴服而不表示反抗的夷人採取仍允許其存在的懷柔政策。夷人臣服於商，向商納貢，受商人役使，而商人則允許夷人保留自己的族名和領土，祭祀祖宗並保存自己的族墳墓，而不是把夷人變為種族奴隸。

李伯謙也從大辛莊甲骨文談到了商代對東方的經略，是商王朝自始至終的一貫國策。與殷墟同一系統的甲骨卜辭在遠離商王都城的安陽殷墟以東約300 多公里的濟南大辛莊出土，決非偶然，它是商王朝向東不斷擴張和長期經

營的結果。從殷墟甲骨文來看，甲骨占卜及甲骨文字的產生應發生在都城和規模較大的都邑之中，而濟南大辛莊遺址作爲一處面積達 30 萬平方米的大型聚落，除出土一般生活、生產用的陶器、石器、骨器、蚌器，還出土祇有高等級貴族才能使用的釉陶器（即原始青瓷）、白陶器殘片；除一般規模的房基，也發現了大型夯土臺基的綫索；除出土只隨葬日用陶器的小型墓，也發現了隨葬有青銅兵器戈和青銅禮器鼎的規模較大的墓。在過去的發掘中，還曾發現過數量相當大的無字卜骨、卜甲和一件刻字骨匕。大辛莊遺址的規模和出土的遺跡與遺物表明，它是一座居住有高等級貴族的城邑，其聚落等級雖遠不及商王朝的都城，但亦遠非中、小型聚落可比，如果與已經發現的商代早期、晚期城址或大型邑聚比較，大體與湖北盤龍城商城、山西垣曲商城、河南焦作府城商城、陝西西安老牛坡遺址相若。而就出土過當時祇見於殷墟的白陶來說，其地位可能更高。大辛莊的商代東方重要都邑的性質，是決定它能夠出土甲骨占卜文字的關鍵性因素。

孫亞冰、宋鎮豪也認爲，大辛莊甲骨文表明商代王都與東土的占卜文化有著厚實的共性，表明其時其際的文化影響與交流、控制與滲透是迅速通暢的，文字的使用在商王朝的政治疆域所及已有相當大的覆蓋面，並有效地發揮著相應的內聚作用。

除以上所述以外，在山東濟寧張山窪遺址〔註 66〕、江西湖口下石鍾山遺址〔註 67〕中，也都出土了甲骨文字。限於這些文字材料的零散及地位不大重要，茲不一一。

〔註66〕 濟寧市文物考古研究室、濟寧市任城區文物管理所：《山東濟寧市張山窪遺址發掘簡報》，《考古》2007 年第 9 期。

〔註67〕 劉詩中、楊赤宇：《江西湖口下石鍾山發現商周時代遺址》，《考古》1987 年第 12 期；黃盛璋：《湖北省湖口縣石鍾山遺址發現甲骨文》（筆者按：「湖北省」係江西省之誤），《亞洲文明》第二集，安徽教育出版社 1992 年版。